끝나지 않은 역사

1955년 이화여대 14명의 퇴학사건

김상희 지음

국학자료원

서문

한 독서 모임에 나갔을 때 20대 초반의 여대생이 했던 말이 기억 난다. "우린 뼛속까지 자본주의입니다. 우리에게는 자본주의의 피가 흐르고 있어요. 다른 것을 생각한다는 건 힘들어요."

이름만 대면 알만한 가방, 구두, 지갑, 넥타이, 벨트, 옷 등 일명 '명품'이란 것을 하나쯤 가지고 있지 않으면 오히려 이상한 나라가 한국인 것 같다. 돈이 없으면 하다못해 그와 비슷한 '짝퉁'이라도 가지고 있어야 한다. 명품과 짝퉁의 차이는 무엇일까? 어느 대학교수는 "그 차이는 돈의 차이 그 이상, 이하도 아니다"라고 단언했다. 나 역시 그의 말에 동의한다.

언제부터인가 우리 사회는 어딘가에 속하지 않으면 불안해한다. 남들이 가지고 있는 것을 나도 가지고 있어야 한다. 남들이 본 영화나 드라마라면 나도 그것을 기꺼이 봐야 한다. 그리고 그들의 대화에 끼어들어야 한다. 설혹 그것이 나의 정서와 신념, 취향과 맞지 않다 하더라도 그 대열에 속하기 위해 사람들은 고군분투한다. 왜 그래야만 할까? 아마도 사람들은 동떨어지는 것에 대한 어떤 두려움을 갖고 있는 것은 아닌지 모르겠다. 그래서 자신의 신념대로 사는 것에 주춤해 하는 것은 아닐까? 그래서 그런지 요즘 인문학에서는 자신의 신념을 고수할 수 있는 자, 자신의 생각을 분명히 말할 수 있는 자를 '인간'으로 정의하고 있다.

　수년 전 종교 관련 기자로 일하면서 나는 우리나라의 한 신종교의 신앙인들을 만날 수 있었다. 그들은 그 종교의 초창기 신자들이었다. 우연찮게 듣기 시작했던 이야기 속에서 나는 소나무 나이테와 같은 그들의 삶의 결을 엿볼 수 있었고 진정성의 향기를 맡게 되었다. 그런 관점에서 이 책 『끝나지 않은 역사』에 나오는 9명(강정원, 김경식, 박영숙, 사길자, 서명진, 신미식, 이계순, 정대화, 지생련)의 구술자들은 모두가 이 책의 주인공들이다. 이들은 20대 젊은 날을 자신이 확신하는 그 무엇엔가 아낌없이 바쳤고, 가진 자들이 집착하는 작은 신神이 아닌 모두를 사랑하는 무한한 신을 만나기 위해 통과의례와 같은 시련과 고통에 기꺼이 맞섰으며 마침내 자신들의 영혼을 맑고 빛나게 했다.

　이 책은 우리나라 어느 한 종교의 역사를 말하려는 데만 초점을 맞추고 있지 않다. '오래된 물건들은 그 물건을 사용한 사람들을 닮아 간다'는 말처럼 오히려 그 종교를 지탱했던 사람들의 삶과 숨결을 드러내는 데 집중했다.

남의 나라, 남의 집을 방문할 땐 자기가 살던 방식과 태도를 내려놓고 들어가야 제대로 볼 수 있고 그 안에서 진정한 맛과 기쁨을 누릴 수 있다. 다른 사람의 삶과 그 사람이 믿고 따랐던 종교를 엿볼 때도 마찬가지다. 우리가 고집스럽게 갖고 있는 집착, 관념, 종교적 색깔을 잠시 내려놓자. 그러면 분명 우리는 많은 것을 발견하고 얻게 될 것이며 어쩌면 그 안에서 새로운 화평도 누리게 될 것이다. 이 책은 필자의 지난 2011년 논문을 수정 보완한 것이다. 책의 모양새를 갖추기 위해 제목과 구성을 다시 하였고, 관련 자료를 부록으로 첨부하였다.

책이 세상에 나오기까지 애써 주신 많은 분들께 깊은 감사를 드린다. 무엇보다 '1955년 이화여대 14명의 퇴학사건'의 실제 주인공이며, 집필이 쉼 없이 이어지도록 협조해 주신 구술자들께 진심어린 감사를 드린다. 출생에서부터 지금까지의 얽히고설킨 실타래와 같은 삶을 숨김없이 드러낸다는 것이 얼마나 어려운 일인가. 삶의 여울에서 건져진 구술자들의 이 이야기가 독자들과 공감되어지는 뜻 깊은 시간이 마련되길 바라마지 않는다.

　끝으로 이 책이 나오기까지 애써 주신 국학자료원 정찬용 원장님, 정구형 대표님 이하 출판 관계자 여러분의 노고에 심심한 감사를 드린다. 그리고 나의 삶이 무엇을 향해 나아가야 하는가를 항상 일깨워 주는 아내 이상미와 충현·준성·준수 세 아들에게 더할 나위 없는 사랑의 마음을 전한다.

2015년 5월
김상희

목차

제1장

비주류, 그들의 역사를 시작하며

■ 여기에 관심한 이유

"과거는 어떠한 것에 의해서도 변화할 수 없다. 하지만 과거에 관한 인식은 끊임없이 변화하고 개선되며 진보될 수 있다."[1] 그것은 새로운 자료를 추가적으로 발견하거나 이전과는 다른 관점에서 재조명할 때 충분한 개연성을 가질 수 있다. 이와 마찬가지로 한 종교의 역사도 그 종교가 헤쳐 나온 역정을 오늘의 시점에서 어떠한 인식의 틀과 자료로서 어떻게 연구하느냐에 따라 다양하게 재구성될 수 있다.

우리나라는 1860년 최수운에 의해 동학이 창립된 이래 500여 개의 신종교들이 발흥한 것으로 알려지고 있지만 이에 관한 연구가 본격화된 것은 그리 오래지 않다.[2] 연구의 방향도 교리 및 사상에 대한

---

1) 마르크 블로크, 『역사를 위한 변명』(서울: 한길사, 2008), 89쪽.
2) 김홍철, 「신종교학 연구 어디까지 왔나」, 『해방 후 50년 한국종교연구』(서울: 창, 1997), 143쪽.

해석학적 논의에 국한된 경향을 보여 왔다. 현지 조사를 통한 연구 측면에서 소폭적인 성과가 나타나고 있지만 연구자의 개인적인 종교 성향내지 편견이 배제되지 않은 비종교성과 비진리성의 폭로에 초점을 둔 언설Discours들이 많아 역동성 있는 자료의 발굴 및 결과물에 한계가 많다. 이것은 에드워드 W. 사이드Edwaed W. Said가 지적하는 바와 같이 진실을 규명하기 위한 폭로나 과격한 일규주의一揆主義가 '진실의 토착화'에 중요한 계기를 마련할 수는 있지만 그것 자체가 진실로서 존립하는 것은 아니다. '부정 정신'은 부정을 하기 위한 필요조건은 될 수 있으나 긍정을 위한 충분조건으로 성립될 수는 없기 때문이다.3) 더욱이 그러한 것들이 2차 자료로서 지적 양식의 보고가 되면서 왜곡된 형태로 재설정된 '오리엔탈리즘Orientalism'처럼 파급되어 신종교에 대한 오롯한 이해를 굴절시키는 경우가 위험을 초래하기도 하였다.

8·15해방으로부터 6·25전쟁을 전후하여 천년왕국 운동의 성격을 띠고 태동한 한국의 신종교들은 이미 반세기를 지나왔다. 이것은 창시자와 함께 자신들의 교단을 발흥시킨 1세대 신자들이 현세에서 차츰 그 자취를 감추고 있다는 것을 의미하기도 한다. 우리나라에서 자생한 신종교에 대한 척박한 인식의 지평을 확장시키고 이분법적인 판단 너머의 의미 있는 종교성과 그것을 추구했던 사람들의 신념적 행위들을 통시적 안목으로 바라보기 위한 역사적 연구가 더욱 절실한 시점이다.

이 책은 지난 50여 년간 한국 메시아 운동에 한 획을 그은 것으로

---

3) 에드워드 W. 사이드, 『오리엔탈리즘』(서울: 교보문고, 2003), 25쪽.

평가되는 신종교 가운데 '세계기독교통일신령협회'世界基督教統一神靈協會 (이하 통일교)에 관하여 연구한 것이다. 1954년 5월 1일 창립된 통일교는 현재도 다양한 각도에서 주목을 받으며 대한민국 사회에 존재하고 있다. 신자 숫자의 측면에서만 교세를 기성 종단과 비교한다면 그들은 열세한 입장이다. 그럼에도 그들은 정치·문화·예술·체육·종교 등의 각 분야에서 지속적인 활동을 전개하고 있으며, 특히 경제 부문과 교단의 의례적 특징이 가장 두드러진 축복결혼식은 세간의 끊임없는 관심의 대상이 되고 있다.

이 책은 통일교의 교리와 사상에 대한 해석학적 연구가 아니라 기독교와 세상의 몰이해, 부자연스런 소통으로 후미진 저변에 위치하며 자신의 목소리와 감정을 제대로 표출할 수 없었던 초창기 통일교 신자들에 대한 경험을 역사적인 접근 방법으로 연구한 것이다. 필자는 1955년에 통일교 신앙을 선택, 유지한 것이 원인이 되어 이화여자대학교(이하 이화여대)에서 제적 처분을 당한 14명 중 9명과 심층 면접하여 수집한 구술口述을 주요 자료로 채택, 연구하였다.

통일교에 정식으로 입문하여 신앙생활을 하거나 간헐적으로 출입하고 있던 이화여대 학생들의 숫자는 구술자들마다 다르게 기억되고 있다. 어떤 구술자는 500~600명이라고 언급한 반면, 또 다른 구술자는 400여 명 선으로 기억했다. 또 어떤 구술자는 하루에 보통 40~50명 많게는 100명 이상의 학생들이 통일교에 출입한 것으로 기억했다. 여기에 관한 문헌 자료는 통일교 본부 측에도 전해지고 있지 않은 것으로 파악된다. 단지 구술자들의 기억을 필자가 종합하여 볼 때 최소 400여 명은 되지 않았을까 추측해 본다.

1955년 이화여대의 전교생이 4,038명이었던 것을 감안할 때,[4] 그 중 10%에 해당하는 400여 명의 학생들이 통일교에 집중하고 있었다면 결코 간과할 수 없는 현상이었음은 틀림없다. 더욱이 수 명의 교수가 통일교 신앙을 추구하면서 학생 전도에 적극성을 띠었다는 데 대학 측으로서는 위기감이 더 고조될 수밖에 없었을 것이다. 걷잡을 수 없이 학내에 가열된 통일교 현상을 냉각시키기 위해 이화여대는 1955년 그해 교수 면직과 학생 제적 처분이라는 강경 조치를 취했다. 그 결과 1955년 3월 5명의 교수가 면직을 당하고, 이어서 동년 5월 14명의 학생이 제적 처분을 당했다. 이화여대의 이러한 강경 대응은 학내에 파급된 통일교 과열 현상을 일소시킬 수 있는 분명한 특효가 되었던 반면, 통일교 입장에서는 그 사건을 계기로 교단의 창시자와 그를 따르는 핵심 구성원들이 구속되는 등 교단 창립 1년 만에 최대의 존폐위기를 맞이하였다. 그리고 그 이후 그들의 선교 행태는 이전과는 분명히 다르게 표출되었던 것으로 파악되고 있다.

여기서 필자는 통일교가 직면했던 1955년의 정황, 즉 이화여대에서 야기된 교수 면직과 학생 제적 처분의 인과적 경위 파악에 관심을 가지며 그 영향으로 통일교에 초래된 결과 및 변화에 대해 연구하고자 한다. 본 연구의 목적을 달성하기 위해 필자는 아래의 사항을 논의하고자 한다.

첫째, 통일교 신앙을 한 이화여대 학생들, 그 가운데서도 대학 측의 설득 및 강권에도 불구하고 마지막까지 통일교 신앙을 고수하다가 제적 처분에 이른 학생들의 역사적 정체성과 회심의 경험에 대해

---

4) 이화100년사 편찬위원회, 『이화100년사』 (서울: 이화여자대학교 출판부, 1994), 333쪽.

파악한다. 이를 위해 필자는 제적 처분된 학생들과 심층 면접을 실시하여 그들의 출생과 성장 배경, 이화여대를 진학하게 된 동기, 그리고 그들의 심리 속에서 작용한 종교성의 변화와 통일교 입문 등에 대한 구술사口述史를 연대기적으로 재구성한다.[5]

둘째, 미국 감리교 해외여선교회에 기반을 둔 이화여대 안에서 통일교가 전개한 전도 활동과 그에 따른 학생들의 과열 현상을 고찰한다. 부산과 대구를 거쳐 1954년 서울시 성동구 북학동에 터를 잡은 통일교는 대학가를 중심한 전도 활동에 주력했다. 교수와 학생들의 유입이 증가하면서 지식층을 주축으로 메시아 운동은 기득권층을 긴장시키기에 충분했다. 여기서는 통일교에 대한 기득권층의 편향적 시선과 담론들이 형성된 배경과 과정들을 추적하며 현실 사회와 기독교로부터 배척을 당한 이화여대 통일교 학생들의 갈등과 소외를 살펴볼 것이다.

셋째, 통일교 학생으로서 구술자들이 경험한 역사적 정황의 다양성을 파악한다. 이화여대에 급속히 전파된 통일교의 교리와 과열된

---

5) "구술사(口述史)는 구술(자료)을 활용하여 과거에 대해 해석을 가하는 '역사 서술'이며, 문헌 자료와는 성격이 다른 구술 자료를 활용하기 때문에 독자적 이론과 방법을 갖는다." 이용기, 「구술사의 올바른 자리매김을 위한 제언」, 『역사비평』 58 (서울: 역사비평사, 2002), 378쪽.
　　질적연구방법론의 하나로 손꼽히는 구술사에 대한 개념 정의는 다른 학문 분야에서와 마찬가지로 다양하다. 구술사가 요우(Valerie R. Yow)는 구술사에 대한 정의를 "생애사(life-history), 자기 보고서(self-report), 개인적 서술(personal narrative), 구술전기(oral biagraphy), 회상기(memoir), 증언(testimony), 심층 면접(in-dept-interview) 등을 포괄하는 개념"이라고 했다. 김귀옥, 「한국 구술사 연구 현황, 쟁점과 과제」, 『사회와 역사』 제71집 (서울: 한국사회사학회, 2006), 315~316쪽.

전도 현상을 진화鎭火하기 위해 대학 측은 강경한 대응 수단으로 제적 처분을 단행하였다. 헌법으로 보장된 신앙의 자유를 침해하면서 이들을 정죄할 수 있었던 초법적 배경을 미시적 관점으로 조명했다.

넷째, 구술자들은 통일교에 대한 사교邪敎의 인식은 당시 언론을 주도하고 있던 신문의 보도 변화로 고착화 되었으며, 이화여대와 국가의 핵심 권력이 담합하여 통일교 말살을 시도하면서 공신력 있는 거대 담론으로 구조화 되었다고 강조한다. 당시의 정황을 필자는 구술자들의 사적인 기억, 경험, 그리고 심리적인 해석을 바탕으로 재구성할 것이다.

■ 가려진 것을 찾기 위한 구술사

이 책은 통일교를 선택하여 종교 활동을 전개한 것이 동인動因이 되어 1955년 5월 이화여대로부터 제적 처분을 받은 학생들의 역사적 경험과 기억을 그들 자신의 목소리로 재구성하고 복원하는 데 의의가 있다. 연구 목적의 달성을 위해 필자는 질적연구방법6)의 일환인 구술사를 연구 방법으로 채택하여 역사적 시각으로 접근하였다.

---

6) "질적연구방법은 연구자가 연구 대상이 행위하고 생각하는 일상에 참여하거나 그 일상을 관찰하면서 연구 대상이 갖고 있는 경험 세계와 가치관을 당사자의 주관적 시각으로 이해하는 연구 방식을 말한다. 따라서 질적연구방법에서는 연구자와 연구 대상 간의 상호작용, 연구 과정의 맥락이 연구 방법에 모두 포함된다. 질적연구에는 현지 조사(fieldwork), 문화기술지(ethnography), 민속학, 민속방법론(ethnomethodology), 구술사, 생애사, 현상학, 텍스트 분석(text analysis), 초점 집단연구(focus group interview) 등이 있다." 윤택림, 『문화와 역사 연구를 위한 질적연구방법론』(서울: 도서출판 아르케, 2005), 18쪽.

책 전체를 관통하고 있는 구술사는 1954년 통일교 창립기로부터 1955년 이화여대 교수 면직 및 학생들의 제적 처분, 그리고 동년 7월에 발생한 문선명 선생[7]의 구속과 그 이후 무죄 석방까지를 56년(2011년 현재) 전 이화여대에서 제적 처분된 통일교 학생들의 구술을 통해 미시적으로 추적하며 재구성하고 있다. 지금까지 통일교에 대한 전반적 연구들이 신종교라는 고정된 범주 안에서 연구자의 종교적 성향 및 이념에 바탕을 둔 문헌 중심적 연구였다면 본 연구는 그것에 대한 '대안적 역사쓰기'라 할 수 있다.

역사의 일반적 이해는 과거에 대한 서사敍事이다. 서사는 구조주의자들이 언급하는 이야기와 담론이라는 형식이 있다. 이야기 가운데 어떤 소재를 선택하고 어떤 방법으로 원인과 결과를 구성하느냐에 따라 역사는 달라진다. 그래서 역사 서술의 이면에는 항상 보이지 않게 담론이 개입되어 있다. 역사가는 이 담론을 토대로 자료를 선별하고 강조점을 어디에 둘 것인지를 선택하는 전체적인 플롯plot을 체계화한다. 플롯 그 자체는 사실이 아닌 '이데올로기의 소산'이다.[8]

그런 맥락에서 신종교에 대해 우리가 알고 있는 사실, 즉 역사라는

---

7) 통일교 창시자인 문선명 총재는 1920년 (음력) 1월 6일 출생하여 2012년 (양력) 9월 3일 별세하였다. 문 총재에 대한 호칭은 교단 내부에서도 한 가지로 고정되어 있지 않다. "선생님", "(참)아버님", "참부모님", "천지인참부모님" 등이 대표적이다. 그러나 문 총재가 1960년 한학자 여사와 성혼하기 직전까지는 "선생님"으로 호칭되었다고 한다. 그리고 살아생전 문 총재는 신자들 앞에서 자신을 "선생님"으로 명명하는 경우가 많았다. 이러한 입장을 감안하여 필자는 이 책에서 문 총재를 "문선명 선생"이란 호칭으로 기술하겠다. 그러나 구술자들의 구술 속에는 "선생님", "아버님" 등이 혼재되어 있으며 이를 그대로 반영하였다.

8) 김기봉, 『역사들이 속삭인다』(서울: 웅진 씽크빅, 2009), 131~133쪽.

것도 자기 목소리를 낼 수 있고 공식적인 기록을 남길 수 있는 특권의 위치에 있는 지배층의 사람들이 취사선택하여 형상화한 결과물들이 주류를 이룰 수밖에 없다. 배러 클러프G. Barraclough는 "우리가 배우는 역사는 비록 사실에 기초하고는 있다고 해도 엄격히 말하면 결코 사실 그것이 아니라 널리 승인된 일련의 판단들"이라고 강조하였다.9) 환언하면 신종교의 지나온 자취에 대해 종교학자나 기록자들이 서술한 내용들의 전부가 사실일 수는 없다는 것이다. 여기에는 그들의 합의된 관점과 담론이 배후에 내재해 있고 그에 따른 선택으로 구성된 형상만 존재할 가능성이 높다는 것을 의미한다. 이러한 학문적 견해를 수용하여 필자는 이 책에서 구술사를 연구 방법의 주된 자료원으로 활용하였다.10)

구술사는 개인이 살아온 이야기 또는 현장 목격기와 경험기를 회상하며 풀어내기 때문에 지극히 개인적이고 주관적이다. 이러한 이유로 기존의 역사 연구나 사회과학에서는 신뢰성이 떨어진다고 비판하며 사적史的 가치가 없다고 말하기도 한다.11) 그러나 구술사가 반시나Jan Vansina는 구술자의 기억과 구술 내용뿐만 아니라 존재하

---

9) G. Barraclough, History in a Changing World (1955), 14; Edward Hallett Carr,『역사란 무엇인가』(서울: 까치글방, 2010), 26쪽 재인용.

10) 스테판 테일러(Stephen A. Tyler)는 구술에 대해 "세계를 소외시키는 기호로서가 아니라, 말과 세계가 의지와 행위 속에서 만나는 상식적인 실제들 속에서 모든 재현이 담화와 의사소통에 근거한다는 것을 우리에게 상기시켜줌으로써, 또한 과거를 회생시킴으로써 문어(文語)의 헤게모니에 저항한다."라고 표현했다. Stephen A. Tyler, "On Being Out of Words", in Cultural Anthropology1(2) (1986) 132; 윤택림,「기억에서 역사로」,『한국문화인류학』25 (1994), 276쪽 재인용.

11) 이용기,「구술사의 올바른 자리매김을 위한 제언」,『역사비평』58 (서울: 역사비평사, 2002), 366쪽.

는 모든 역사적 자료에는 초반부터 사적私的인 주관성이 개입되어 있기 때문에 '순수한 객관성'이 성립될 수 없다고 지적한다.

무슨 이유로 어떤 기억은 문헌 기록으로 남아지는 데 반해 어떤 기억은 탈역사화 되는 것일까? 푸코Michel Paul Foucault는 이에 대해 역사가 지식과 권력의 한 형태로 형성되기 때문이라고 말했다.[12] 그러므로 구술사는 기존의 역사학계가 방관해 온 개인성과 주관성을 보완, 강조함으로써 미시적 현상들을 포착하는 데 중점을 두고 있다. 과거의 사건에 대한 단순한 나열이 아니라 현장과 동고동락한 개인의 생생한 사적인 경험, 주관적 기억 등을 포용함으로써 문헌 사료 중심의 역사에서는 기술하지 못하였던 것을 구술 자료를 활용해 역사를 재구성해 볼 수 있는 것이다.[13]

구술 자료가 문헌 자료와 가장 현격한 차이점은 기록화 되지 못한 구술이라는 데 있다. 그러므로 구술의 내용은 구술이 생산되는 현지의 상황에 따라 얼마든지 변화될 수 있다. 그 이유는 구술이 심층 면접이라는 구술자와 면담자의 공동 작업으로 이루어지기 때문에 서로 간의 인격적 문제, 분위기, 환경 등 모든 것이 변수로 작용하여 이야기를 전개해 나가는 구술자를 통해 고스란히 나타날 수 있기 때문이다.[14]

구술은 구술자가 갖는 언어 표현의 특성, 성별, 구술 중간의 침묵, 음성의 고저, 그리고 떨림 등 그가 갖는 모든 것을 나타낸다. 또한 구

---

12) 김귀옥, 「한국 구술사 연구 현황, 쟁점과 과제」, 『사회와 역사』 제71집, 321쪽.

13) 염미경, 「지방사 연구에서 구술사의 활용 현황과 과제」, 『역사연구』 제98집 (서울: 역사교육연구회, 2006), 243쪽.

14) 류방란, 「구술사 연구의 방법과 활용」, 『한국교육』 25 (서울: 한국교육개발원, 1998), 37쪽.

술은 상황적이기 때문에 구술자가 면담자에게 느끼는 친화감, 구술자가 언급하고자 하는 방향과 목적에 상당한 영향을 받게 된다. 따라서 구술은 언제, 어디서, 누구로부터, 어떻게, 무엇 때문에 이루어졌느냐에 따라서 많은 차이가 발생한다는 지적에서 자유로울 수 없다.[15] 그럼에도 불구하고 구술사 연구의 의의는 문헌 사료에서 나타나기 어려운 생생한 체험의 사례가 복원될 수 있다는 점, 역사 속으로 묻혀버릴 염려가 있는 지배 권력층의 가해실상加害實狀 등을 밝힐 수가 있다는 점 등에 있다. 그러므로 구술사는 증언자가 경험한 근·현대기의 민감한 사안들에 대해 다루고 밝히는 경우가 많다.[16] 필자가 다루고자 하는 이화여대 통일교 학생들의 제적 처분 사건도 여기에 해당된다고 볼 수 있다.

---

15) 한국구술사연구회,『구술사』(서울: 선인, 2005), 31~32쪽.
16) 김용의,「일본 구술사 연구의 동향과 쟁점」,『日本語 文學』第12輯 (한국일본어문학회, 2002), 212쪽.

■ 앞선 연구들

    통일교와 관련된 진정성 있는 선행 연구들을 발견하는 것은 쉽지 않다. 대부분이 기독교계에 적籍을 둔 지식층의 비우호적 연구 또는 상업성을 염두에 둔 언론의 폭로성 기사들이 주류를 이루고 있다. 그러나 통일교에 관한 연구물이 많지 않은 상황에서는 이러한 자료들이 주는 비판적 견해도 배제할 수는 없었기 때문에 기본적인 참고가 되었다. 한편, 한국의 자생 신종교라는 입장에서 통일교를 객관적으로 연구하고자 노력한 주요 연구자들로는 강돈구, 이진구, 노길명, 정진홍 등을 거명할 수 있다.

    강돈구는 오랜 기간을 두고 통일교에 대해 현지 참여조사를 실시해 온 바 그 결과를 심층적으로 분석하였다. 강돈구는 1980년대 후반 서울 잠실 올림픽경기장에서 거행된 통일교 합동결혼식에 참관

하였고, 1990년대 중반에는 통일교 본부교회의 주일예배 참석, 2006년 3월 통일교 핵심 성지 청평 시설의 방문[17] 및 1박2일 조상 해원식 · 조상 축복식 참가, 2006년 4월에는 대학원생 4명과 함께 경기도 구리시에 위치한 통일교 수련소에서 2박3일 동안 교리 교육의 일환인 '원리 수련'에도 참여하였다. 그리고 2006년 8월에는 일본 후쿠오카에서 개최된 4박5일 '국가 지도자 세미나'에도 참석하였다. 이러한 현지 참여를 토대로 강돈구는 통일교의 경전, 신관, 역사관, 인간관을 분석하였고 복귀되고 완성된 에덴동산으로 일컬어지는 천주청평수련원의 운영 목적 등을 관찰자적 입장에서 객관화하려고 노력하였다.[18]

이진구는 기독교계와 통일교의 논쟁 과정에서 대두된 정통과 이단, 기독교와 비기독교, 참종교와 사이비의 분류 체계와 그에 따른 작동 방식에 관심을 가지며 신종교인 통일교가 기존의 종교 지형을 파고드는 진입 과정에서 어떠한 담론 체계를 생산하고 해석, 활용하는가에 주목했다. 또한 기독교 진영으로부터 신종교로서 인정받기 위해 통일교가 전개한 인정 투쟁과 종교 통일의 담론들을 분석했다. 이진구는 1997년 4월 통일교가 교단의 명칭을 '세계기독교통일신령협회'에서 '세계평화통일가정연합'으로 변경한 사건에 대해 통일교가 자체 생산이 가능할 만큼 충분한 인적, 물적, 제도적 기반

---

17) 통일교의 핵심 성지인 청평에는 청심국제중 · 고등학교, 청심대학원대학교, 청심 국제병원, 천주청평수련원, 천정궁박물관, 청심평화월드센터, 청심청소년수련원, 청심빌리지 등의 시설이 밀집되어 있다.
18) 강돈구, 「세계평화통일가정연합의 현재와 미래: 천주청평수련원을 중심으로」, 『한국 종교교단 연구』 II (경기도: 한국학중앙연구원, 2009), 9~46쪽.

이 확보된 상황에서 기독교와 더 이상의 불필요한 갈등을 빚으면서 기독교라는 용어를 사용할 필요가 없어졌기 때문에 과감히 제거했다고 분석했다. 덧붙여 이진구는 통일교가 초종교·초국가적 담론을 통해 전통적인 종교와 국가의 경계를 넘어서면서 보다 일반적인 사회의 단위인 가정을 준거점으로 삼아 보편적인 세계를 구축하려는 것 같다고 해석했다.[19]

　　노길명은 통일교 창시자인 문선명 선생의 출생과 성장 배경, 교단 창립의 연혁 등을 연대기적으로 기술했다. 그리고 통일교의 종교적 신행 등을 다루었고 경전으로 일컬어지는『원리강론』의 주요 개념들을 정리 분석하였다. 통일교에 대한 그리스도교 논쟁에서는 통일교가 그리스도교냐 아니냐의 논쟁과 관계없이 통일교는 역사적 관점에서 한국의 고유 사상과 문화유산들을 계승함으로써 한민족이 받은 고난과 역경을 섭리적인 해방과 구원의 연결 통로로 한 차원 높이 승화시키려 노력했다고 평가했다.[20]

　　정진홍은 통일교를 연구함에 있어서 하나의 신종교 현상에 대해 비판과 정죄보다도 이해하기 위한 노력들이 선행되어야 함을 강조하면서 통일교의 주요 의례 가운데 하나이며 구원의 실제적 의식이 되고 있는 성혼과 혼례가 지닌 제의적인 구조와 상징 기능의 의미를 면밀히 분석했다. 여기서 정진홍은 통일교의 제의적 상징은 모든 면에서 통일과 재생의 기능을 수행하고 있으며 그 제의적 기능을 위한 통로가 성(性)이라고 파악했다. 그러나 성혼을 중심한 제의적

---

19) 이진구,「통일교의 기독교 인정 투쟁과 종교 통일 담론」,『한국 기독교와 역사』제20호 (서울: 한국기독교역사연구소, 2004), 151~175쪽.
20) 노길명,「통일교」,『한국의 신흥종교』(대구: 가톨릭신문사, 1988), 189~242쪽.

기능이 종교 경험으로 현실화 되는 것에 대해 비판 받아야할 근거는 어디에도 없다고 지적했다.21)

---

21) 정진홍, 「종교 제의의 상징기능: 통일교 제의를 중심으로」, 『종교학서설』 (서울: 전망사, 1980), 161~187쪽.

■ 연구 대상의 일반적 특징

　필자가 이화여대 통일교 학생들의 제적 처분 사건을 연구하고자
했던 것은 2002년 무렵부터였다. 통일교가 비종교성 집단으로 기독
교계와 사회로부터 몰이해된 단초가 이화여대의 제적 조치였다고
보았기 때문이다.

　연구의 방법적 측면에서 구술사를 토대로 이 사건을 접근하기 위해
필자는 구술 자료를 제공해 줄 구술자를 선정, 확보하는 것이 급선무
였다. 일단은 그 당시에 통일교를 출입한 경험이 있는 400여 명의 학
생들 모두가 심층 면접의 대상자가 될 수 있다는 가능성을 열어 두었
다. 그러나 당시의 통일교가 처한 여러 상황과 이화여대의 제적 처분
전반에 걸친 정황을 이해하고 인과적 측면에서 자신의 경험과 기억을
구술로 재현해 줄 대상자를 찾는 것은 현실적으로 어려운 일이었다.

필자는 제적 처분 사건을 중심하고 연구를 진행하고자 했던 목적에 가장 적합한 대상자가 역시 제적 처분된 당사자들임을 직시하고 이들의 구술을 확보할 1차적 계획을 세웠다. 이것은 또한 이화여대에서 나타난 통일교 과열 현상, 제적 처분의 정황, 그리고 기득권층의 강경 처사에 대한 대항 경험을 피지배층의 감정과 기억으로 구술해 줄 수 있다는 데도 제적생들이 합당했다.

이화여대는 통일교 학생들 14명에게 제적 처분을 단행했다.[22] 이 가운데 필자는 국외 지역의 거주자를 포함하여 9명과 심층 면접을 실시했다.[23] 제적생 14명 중 현재 생존자는 13명이다. 지난 2009년 10월 17일 일본의 지바 현千葉県에서 박승규가 타계했다. 그리고 김정은은 치매로 언어와 기억 장애를 앓고 있었다. 필자는 아쉽게도 이

---

22) 신미식(약대 4년), 사길자(약대 4년), 김정은(약대 4년), 서명진(약대 4년), 김경식(약대 4년), 김연례(가정학과 2년), 정대화(가정학과 3년), 박승규(의학본과 3년), 최순화(국문과 1년), 김숙자(사학과 1년), 박영숙(정외과 2년), 이계순(법과 2년), 강정원(법과 2년), 임승희(정외과 2년), 지말숙(법과 4년) 이상 15명. 『서울신문』, 1955년 5월 15일자.
위와 같이 처음에는 15명이 제적 처분 되었다. 그러나 그 이후 김연례는 통일교 신앙을 포기한다는 서약을 하였고, 이화여대는 그녀를 복학할 수 있도록 허가하였다. 15명 중 1명을 제외하여 최종적으로 14명이 제적 처분 되었다.

23) 본래는 10명과 심층면담을 실시하였다. 그러나 김정은(약대 4년)이 치매로 인하여 언어와 기억에 대한 장애를 심하게 앓고 있었기 때문에 그녀의 남편(한상길)과만 간단히 면담을 실시하였다. 남편 한상길에 따르면 김정은은 경북 울산에서 출생하였고, 그녀의 부친은 울산에서 법관으로 재직하였다.
한상길은 1961년 김정은과 통일교 축복결혼을 받았다. 문선명 선생의 지시로 1972년 혼자서 미국 선교길에 올랐고, 그로부터 10년 무렵 김정은도 미국 선교길에 나섰다. 이들 부부는 오랜 미국 생활을 마치고 2012년 한국으로 귀국, 현재 서울에 거주하고 있다.

들에 대한 심층 면접의 기회를 잃고 말았다. 필자는 앞으로 임승희, 최순화, 김숙자에 대해 심층 면접을 실시해야 할 연구자로서의 책무를 느끼고 있다. 그러나 아직까지는 시도하지 못하고 있다. 그 주된 이유는 이들에 대한 정확한 행방을 파악하지 못하고 있기 때문이다. 이들 3명은 현재 통일교 신앙을 유지하고 있지 않은 휴교 또는 탈교 상태에 있다. 필자가 심층 면접한 구술자들도 이들 3명에 대한 거취는 제대로 알지 못하고 있었다.

필자는 3명 중 특히 최순화와의 심층 면접이 이루어지기를 고대하고 있다. 그녀는 통일교가 서울 북학동에 창립되기 이전 그녀의 어머니 이득삼을 통해 부산에서부터 문선명 선생을 중심한 신앙생활을 하였던 것으로 전해지고 있어 심층 면접의 필수 대상이 될 수밖에 없다. 한국 메시아 운동사를 연구하고 있는 최중현 교수를 통해 최순화를 알고 지냈던 미국의 한 지인에게도 연락을 취했지만, "수년 전 애리조나로 거취를 옮긴 것까지만 알고 있어요. 지금은 그분의 거취를 잘 몰라요. 알게 되면 연락을 줄게요"라는 대답까지만 들을 수 있었다. 필자는 앞으로도 최순화를 비롯한 나머지 이화여대 통일교 제적생들에 대한 심층 면접을 추진해 나갈 계획이며 이들에 대한 거취 및 연락처 파악이 하루 빨리 이루어지기를 기대한다.

면담을 위해 일부 구술자에 대해서는 몇 년에 걸쳐 수소문을 하였다. 한 구술자의 경우는 "나는 할 말이 없어. 다른 사람들에게 물어봐"라며 면담 자체를 완강히 거부하여 그로부터 4년의 시간을 기다려야만 하는 경우도 있었다. 그러나 친밀감이 원만히 형성된 이후에는 녹음기 사용까지 허락을 받아서 구술을 무사히 자료화 할 수 있었다.

9명에 대한 심층 면접과 최종적인 구술 자료의 확보까지에는 오랜 시간이 소요되었다. 9명 중 6명은 1954, 55년 통일교 입문 이래로 지금까지도 신앙을 유지하고 있었지만 나머지 3명은 짧게는 10여 년, 길게는 50년 이상 통일교와 결별한 상태로써 외부자적 입장에 있었다.[24] 필자는 9명의 구술자 중 통일교 신앙을 현재 유지하고 있지 않은 3명과의 심층 면접에 보다 깊은 주의와 관심을 기울였다.

구술사에서 중요한 지점指點은 "기억과 문화 간의 상호 작용"이다. 동일한 사건에 대한 경험이라 할지라도 구술자가 처한 사회적 위치와 상황, 심리 기반에 따라서 기억은 다르게 형성될 수 있기 때문이다.[25] 그러므로 통일교인으로서 내부자적 위치에 있는 6명에 비하여 3명은 그 상태로부터 이탈해 있는 상황이므로 기억의 재현에서 사적인 경험과 심리적인 여러 정황들이 더 세밀하게 생산되고 포착될 수 있다. 휴 · 탈교자 3명 중 2명은 고령임에도 불구하고 여전히 사회적 활동들을 활발히 전개하고 있었다. 1명은 약사로서 약국을 운영하고 있었고, 1명은 모 대학에서 교수로 재직하다가 정년퇴임하였다. 그리고 내부자적 입장에 있는 6명은 통일교에서 회장 또는 원로의 대우를 받고 있었다.[26]

9명의 구술자 중 4명과는 외부에서 심층 면접을 하였고 5명과는

---

24) 통일교 신앙을 여전히 유지하고 있는 구술자들은 통일교를 탈교한 이화여대 제적 동료들에 대하여 "힘이 들어서 지금은 그냥 쉬고 있는 중"이라며 '탈교'보다는 '휴교'라는 표현으로 언급되기를 바랐다.
25) 염미경, 「여성의 전쟁기억과 생활세계」, 『전쟁과 기억』 (서울: 도서출판 한울, 2009), 146쪽.
26) 구술자들은 통일교의 산하 기관에서 최고 책임자의 역할을 수행하였다. 그들의 대부분은 통일교의 신자들로부터 "회장님"으로 호칭되고 있다.

그들의 자택에서 평안하고 자연스러운 분위기 속에서 실시하였다. 심층 면접을 통해 필자는 초창기 통일교의 교세, 경제적 여건, 전도의 분위기, 제적 처분 사건을 전후한 이화여대와 통일교의 긴장 관계, 그리고 통일교 신자들[27]의 심리 상태 등에 대한 자세한 구술 자료를 확보할 수 있었다.

9명 중 최초의 심층 면접은 2002년 2월 지생련과 이루어졌다.[28] 지생련은 남편이 타계한 후 1973년 미국으로 이민을 떠나 간헐적으로만 한국을 방문하고 있었다. 그런데 한국에서 거행하는 교단의 연초 행사에 그녀가 참석하기 위해 일시 귀국했다는 소식을 접하고 통일교 산하 기관인 역사편찬위원회Unification Church History Committee 직원과 함께 공동으로 심층 면접을 실시하게 되었다. 그 밖의 구술자들과의 심층 면접은 필자 혼자서 2010년과 2011년 사이에 중점적으로 실행하였다.

---

27) 통일교는 기독교에서 일반적으로 '신자'를 지칭하는 형제, 자매 용어 대신에 "식구"라는 표현을 사용한다.
28) 지생련의 본명은 지말숙이다. 1955년 5월 이화여대 제적 처분을 보도한 신문지상에도 지말숙으로 게재되어 있다. 그러나 구술자들에 의하면 통일교 내에서 그녀는 지생련으로 불렸다고 한다. 이에 근거해 이 책에서는 구술자들과 교단에서 실제로 명명된 지생련이란 이름으로 기술한다.

〈구술자들의 일반적 특징〉

순	이름	전공 · 학년	출생지	아버지 직업 (경제 상황)	거주 (현재)	종교적 배경
1	강정원	법과 · 2	서울	재력가(부유)	천안	무교
2	김경식	약대 · 4	평양	사업가(부유)	서울	기독교
3	박영숙	정외과 · 2	전북 옥구	사업가(부유)	청평	무교
4	사길자	약대 · 4	함경남도 함흥	변호사	서울	기독교
5	서명진	약대 · 4	전북 전주	전매청장 (부유)	파주	기독교
6	신미식	약대 · 4	황해도 옹진	수산학교장	미국	무교
7	이계순	법과 · 2	함경남도 원산	사업가(부유)	부산	기독교
8	정대화	가정과 · 3	황해도 장연	사업가(부유)	서울	기독교
9	지생련	법과 · 4	경남 김해	면장(부유)	미국	불교
10	김정은	약대 · 4	경북 울산	법관	서울	지병으로 심충면접 불가
11	임승희	정외과 · 2	향후 심층 면접 대상		미국	
12	김숙자	사학과 · 1			한국	
13	최순화	국문과 · 1			미국	
14	박승규	의학 본과 · 3	2009년 일본 지바현千葉県에서 타계 심층 면접 실패			

■ 라포 형성과 녹취 과정

구술자들과의 심층 면접은 필자의 연구 목적을 밝힌 가운데 인터뷰에 관한 녹음의 동의를 얻어 구술 자료의 일체를 확보할 수 있었다. 또한 제적 사건이 발생한 1955년에만 한정된 것이 아닌 생애사 Life history[29] 관점에서 출생과 성장 배경, 학창 시절, 통일교 입문, 이화여대로부터의 제적 처분과 그 이후의 삶 등 생애 전반에 관한 구술 자료를 수집하게 되었다. 구술자들로부터 이와 같은 구술 자료를 이끌어내기까지의 과정에는 무엇보다 심리적인 거리를 단축하는 라포

---

[29] "구술사의 사적 기억들은 개인적 생애사라는 형태로 나타난다. 생애사는 개인적 서술로서 구술자의 개인적 경험과 자신과 타자들에 대한 개념을 그 주제로 하는 자기 성찰적인 1인칭 서술을 말한다. 생애사는 시간에 따른 삶의 과정과 역사적 문화적 맥락에서 그 삶의 과정에 대한 해석을 보여준다." 윤택림·함한희, 『새로운 역사 쓰기를 위한 구술사 연구방법론』(서울: 아르케, 2006), 97쪽.

Rapport[30] 형성에 오랜 시간이 소요되었다. 그런 견지에서 심층 면접은 2010년과 2011년이 아닌 그 이전에 이미 시작되고 있었다고 말할 수 있겠다.

라포가 어느 정도 조성되었다고 판단된 이후 본격적인 심층 면접을 위해 필자는 작성해 둔 질의서를 구술자들에게 미리 제공하여 갑작스러운 진행이 되지 않고 여유 있고 안정된 분위기 속에서 당시의 기억을 복원, 재형성할 수 있도록 배려하였다. 실제로 심층 면접을 갖게 되었을 때는 구술자의 침묵, 손짓, 한숨 소리, 얼굴 표정, 목소리의 고저 등도 하나의 감정적인 언어로 받아들이며 적극적인 호응 관계를 유지하였다.

면담이 끝난 후 녹음한 구술 자료에 대한 녹취 작업은 외부인에게 의뢰하지 않고 필자가 장기간에 걸쳐 직접 실시하였다. 구술자가 지닌 특유의 간투사, 사투리, 문법상 잘못된 표현도 그대로 반영하였다. 부정확한 발음 또는 외부 소음으로 인해 인명, 지명, 날짜, 인원수 부분에서 녹취가 어려운 경우에는 구술자에게 다시 문의하여 정확도를 높였다. 또한 녹취 자료를 분석 정리하며 추가 질문이 필요한 경우에는 2, 3차의 면담을 실시하여 구술사 구성의 완성도를 한층 높여 나갔다.

---

30) "현지 조사를 동반하는 구술사 연구에서 구술사가는 인류학자와 마찬가지로 자신을 연구의 도구로 삼아서 연구하고자 하는 연구 대상, 즉 사람들, 집단, 조직과 관계를 맺어야 한다. 이렇게 연구자가 현지민(구술자)들과 관계를 맺을 때 가장 중요한 것이 바로 라포다. 라포는 감정 이입, 상호 신뢰, 이해, 공감대, 우정 등으로 해석되기도 하지만 정의를 내리기는 쉽지 않다. 왜냐하면, 라포는 측정될 수 없는 인간관계의 한 면에 대한 개념을 말하기 때문이다." 윤택림 · 함한희, 『새로운 역사 쓰기를 위한 구술사 연구방법론』, 80쪽.

■ 구술자의 개인사적 특징

　9명의 구술자들은 1930년대부터 1950년대까지 시대 및 국가적 위기 상황을 겪어왔다는 점에서 거시적인 공통분모를 가지고 있다. 그러나 이것만으로 구술자들의 개인사적 특징을 구체화하기에는 무리가 따른다. 이와 함께 출생 및 성장의 지리적, 경제적 배경을 알아야 한다. 그리고 가족 구성원들과의 관계 속에서 형성된 정신적 요소와 시대 상황에 대한 인식과 대처 등을 파악해야 한다. 이것들은 구술자들의 개인사적 특징과 종교적 심성을 살펴보는 데 중요한 요소가 된다.

　강정원은 1935년 10월 서울에서 출생했다. 그녀의 집은 매년 쌀 2만석을 출하할 만큼 많은 토지를 소유하고 있었고, 일가친척과 인부들을 포함해 50~60명이 함께 생활할 만큼 집의 규모도 상당히 컸다고 한다. 그녀의 아버지는 사업적으로 대단히 성공한 재력가였으며 정치가로서의 꿈을 품고 있었다. 그러나 1950년 제2대 국회의원 선거에 낙선한 이후에는 결코 정치계에 관심을 갖지 않았다고 한다.

8·15해방 직후 좌·우익의 이념적 갈등이 첨예했던 사회적 분위기 속에서 공산주의 추종 세력들의 약탈로 그녀의 가정은 상당한 피해를 입었다고 한다. 이러한 사회적 구조 변화와 위기감, 아노미anomie 상태는 강정원에게 종교성을 갖게 하는 계기가 되었다. 당시의 심경을 그녀는 이렇게 이야기했다.

> 그때 그 열한 살 된 나로서는 "왜 같은 민족끼리 이렇게 싸워야 되느냐? 민주는 뭐고 공산주의는 뭐냐?" 물어보면 아무도 내가 원하는 답을 안 해주더라고. 그런데 어느 날 우리 친척 아주머니가 오셨는데 내가 그런 얘기를 하니까 "교회에 나가라. 만인은 평등하다. 하나님과 예수님 앞에 만인은 평등하니까 교회에 나가라" 그래서 주일날 간 곳이 (통일교) 전 본부교회 자리 성결교 청파교회였거든. 그래서 거기에 가서 예배를 보는데 목사님이 뭐라고 그러느냐 하면 "서기 2000년이 되면 이 땅이 다 멸망하고 재림 예수님이 구름을 타고 온다. 그런데 마음을 정결케 가진 자는 주님을 만날 수 있다" 그러더라고. 그때 어렴풋이 계산하니까 '육십사오 (64, 5)세면 주님을 만날 수 있겠다' 그런 생각이 들었어요. 그렇지만 내가 뭐 꼭 신앙생활을 해야 된다는 그런 어떤 의무감이나 책임감 같은 건 느끼지 않았고 단지 '민주주의와 공산주의가 뭐냐? 왜 싸우느냐? 그리고 가난한 자와 부자는 뭐냐? 빈부의 격차는 뭐냐? 누구는 가난한 사람, 누구는 부자로 운명적으로 그렇게 태어나야 되느냐?' 그런 걸 어린 마음에 질문을 하면서 살다가 또 6·25사변을 통해서 동족상쟁의 비극을 보고 공산주의자들의 그 무지몽매한 그런 행위를 보면서 여러 가지로 정말 '우리나라가 어떻게 하면

평화로운 세계가 이루어지고 아름다운 나라가 될까?' 그런 것을 항상 학생 시절에 생각하게 됐죠.

김경식은 평양에서 1933년 7월 4남 2녀 중 셋째로 태어났다. 그녀의 아버지는 연희대학교(현 연세대학교), 어머니는 숭의여고를 나온 엘리트 출신들이고 삼촌들도 미국 유학까지 다녀온 수재들이었다고 한다. 그녀의 집안은 경제적으로 상당한 부유층에 속했으며 기독교 신앙을 3대에 걸쳐 유지해 나왔다.

김경식의 아버지는 평양과 서울을 오가며 지물포 사업을 통해 경제적인 부를 축적할 수 있었다. 그러나 그녀의 가족은 해방 이후 모든 부분에서 공산당의 제1표적이 되어 어려움을 겪게 되었으며 그 이유로 1949년 여름 남한으로 이주했다고 한다. 김경식은 그때의 정황을 이렇게 술회했다.

> 이북에서는 아주 표적이지. 이제 인텔리에다 기독교인에다가 또 돈도 좀 있고. 그러니까 완전히 숙청대상 1호잖아. 그러니까 거기 있었으면 완전히 다 죽었을 거야, 우리는. 근데 우리를 8월 15일 날 그 평양 경찰서 밑에다가 전기 의자 해놓고 다 죽일라고 했어. 그 유명 인사들. 그래가지고 다 버리고서 야간도주해서 삼팔(3·8)선 넘어왔지. 그러니까 그때는 우리 아버지가 이제 뭐 재산도 이렇게 많으니까 그게 아까워서 못 오다가 나중에 급하니까 그냥 도망친 거지. 다 내버리고. 그래서 야간도주해서 3·8선 넘어 나왔는데, 그것도 그냥 못 오고 짐짝으로 실려 …(중략)… 또 우리가 이제 6남매였어. 근데 나는 만딸, 내 위로 오빠 둘 있고, 나 있고 동생 셋. 그러니까 4남 2녀. 그래, 3·8선 넘어올 때도 고생 많이 했지.

3·8선을 넘을 때 검열을 당했는데 김경식의 아버지와 오빠는 의심을 피하기 위해 상복을 입었고 자신은 한 번도 신어본 적이 없던 고무신과 치마저고리를 입었다고 한다. 아버지와 오빠는 무사히 통과했지만 자신은 어색한 옷차림으로 인해 검문에 걸렸다고 한다. 그녀는 공산군의 눈치를 살피다가 뒷걸음질을 쳐서 달렸는데 그때 달리지 않았으면 아마 죽었을 지도 모르겠다고 회상했다. 3·8선을 넘은 김경식의 가족들은 개성수용소에 머물렀다. 그녀의 아버지는 남하 도중 붙들려서 다시 평양으로 되돌아갔다가 트럭의 짐칸에 몸을 숨겨 남하에 성공했는데 그것은 "하나님이 도왔기 때문"이라고 했다. 그 후 그녀의 가족들은 개성수용소에서 모두 상봉하여 서울까지 내려왔다. 당시 그녀는 중학교 3학년이었으며 남하 후 스스로 학교를 찾아가서 편입 신청을 했을 만큼 학구열과 자립심이 강했다고 한다.

 서울에 터를 잡았던 그녀의 가족들은 6·25전쟁 발발 후 부산으로 피난을 떠났다. 김경식은 전쟁 속에서 수많은 주검들이 곳곳에 널려 있는 것을 목격하면서 참혹함을 느꼈다고 한다. 피난 행렬에 합류했을 때 그녀의 가족들은 트럭을 대절했다. 그러나 트럭 기사의 사기 행위로 천안에서부터는 열차 지붕 위에 간신히 몸을 싣고 부산까지 향했다. 김경식은 부산에 가서도 공부를 하기 위해 스스로 학교에 찾아가 등록을 하였다.

> 피난 갔는데 이제 학교가 없잖아. 근데 그때 수도여고라고, 천막치고 학교를 열었어. 임시 학교를 부산에서. 그래서 무조건 그리로 가서 "나 공부 좀 하겠다"고 그러니까 "그러면 견습생으로 들어와라" 그래서 거기서 공부해 가지고.

박영숙은 전북 옥구군 개정면 발산리에서 1935년 음력 1월 1남 2녀 가운데 첫째 장녀로 출생했으며 별다른 어려움 없이 유년 시절을 행복하게 보냈다. 그녀는 아버지가 근대화의 영향으로 "깨어있는 분"이었기 때문에 집안은 전반적으로 신식이었고 유교적 분위기는 거의 없었다고 말했다. 한편, 외조부가 근대 문명과 기독교를 받아들였기 때문에 어머니는 군산에서 선교사들이 세운 메리볼튼 여학교를 다녔다고 한다. 그녀의 어머니 역시 외조부의 영향으로 자연스럽게 기독교인이 되었으나 결혼 후에는 신앙생활을 유지하지 못했다고 한다.

　　박영숙의 아버지는 전라북도 의회 의장을 역임했다. 그녀의 아버지는 도의회에서 제공받은 관용차를 공무 목적 이외에 사적으로는 한 번도 사용한 적이 없었다고 한다. 박영숙은 공과 사의 구별이 철저했던 아버지에 대해 자부심을 느낀다며 다음과 같이 말했다.

> 　　우리 아버지는 좀 뭐라고 그럴까 굉장히 신식, 신식인 아버지. 한마디로 말하면 노동자 운동. 노동자를 위한 운동 있지. 요즘으로 말하면 아나키즘anarchism이라고 무정부주의자였어요. 그래서 막 노동자들 편에 선 일을 많이 했어요. …(중략)… 옛날에 거지들도 많이 데려왔고. 뭐 아무튼 좀 특별하셨어요. 특별하신 분이었어요. "내가 사업을 하다 보니까 가난한 자의 옆에 서서 일을 한다고 했는데 돈이 생기다 보니까 이거 아닌데" 그렇게 가난하게 살려고 하셨던 사람이에요. "돈을, 돈을 축적하면 안 된다"는 스스로의 그냥 자책이 있었던 사람이에요. 그걸 남을 위해 써야지. 돈에 대해서 축적이란 걸 몰랐던 사람이에요.

사길자는 1933년 10월 함경남도 함흥에서 출생했고 4살 무렵 전북 전주로 이사를 왔다. 그 후 사길자의 부모는 그녀 아래로 5명의 아이를 더 낳았다. 그녀가 8살 때는 아버지와 작은 숙부가 조선인으로서는 최초로 고등고시에 합격하여 상당한 유명세를 탔다고 한다. 이 시험은 일본 동경에서 치러졌는데 두 형제가 동시에 합격하여 현지 신문에까지 보도되었다고 한다. 경성제국대학교 법대 출신인 그녀의 아버지는 검사로 임용되어 부산, 군산, 전주 지방법원 등에서 근무하다가 사임 후에는 변호사로 일했다. 사길자는 아버지가 변호사를 하게 된 것은 경제적인 문제가 주된 원인이었다며 이렇게 피력했다.

내가 2학년 때인가 봐. 1학년 때 전주에서 입학을 했다가 2학년 때 부산에 갔어요. 온 가족이 부산에 가서 거기서 아마 4학년 때 다시 우리 아버지가 군산으로 발령이 났어. 전북 군산. 그래가지고 군산에서 검사가 돼 가지고 해방을 군산에서 맞이하고 일본 사람들이 다 이제 부장 자리에 있던 사람들이 검사장이라든가 다 이제 쫓겨 가니까 일본으로. 우리 아버지가 전주에 와 가지고는 아마 부장검사가 됐을 거요. 평검사에서 부장검사. 그래가지고 좀 하다가 너무 청렴결백해서 뇌물은 전연 안 받는 사람이거든. 지금 내가 판검사가 잘산다고 하면 '아, 저 놈 뇌물 먹었구나' 그런다니까. 공무원이기 때문에 판검사도 여지없이 박봉이죠. 그러니까 바로 밑에 내 동생이 병원에 갈 돈이 없었어요. 겨우 밥도 먹는 판에 아버지가 할 수 없이 눈물을 머금고 동생(사길자의 작은 숙부)한테 "그래, 너는 명예를 위해서, 내가 변호사 해서 돈을 계속 댈 테니까 그대로 판사해라" 그래서 그 양반은 대법관까지 되었지요.

사길자의 가족은 이북 출신이면서 남하한 월남민이자 법조인이었기 때문에 역시 공산주의자들의 제1 표적이 될 수밖에 없었다. 6·25전쟁 당시 그녀의 아버지와 작은 숙부는 동료 법조인들과 함께 피난을 떠났다. 그 후 공산주의자들이 그녀의 아버지를 연행하기 위해서 집으로 들이닥쳤고 수시로 감시가 이루어졌다고 한다.

6·25사변 때 내가 고등학교 2학년이었거든. 우리 아버지가 그때 이제 검사하다가 변호사 되고 작은 아버지가 또 서울에서 한강다리 폭파하기 직전에 형이 있는 전주로 가서 둘이 도망갔어. 이북에서 피난, 우리 할아버지 할머니가 또 피난 와서 우리 아버지가 6·25고 이제 하는 판인데 우리가 피난 가족, 월남 가족하면 굉장히 반동분자에다가 이 판·검사가 뭐하냐 하면 그때는 공산주의 같은 거 죽이는 거잖아, 무조건. 그러니까 아주 "악질 반동분자 이 사씨 형제를 잡아라" 아주 어떤 뭐를 가지고 왔나봐. 지시를 받고 왔는가. 그러니까 그냥 국군이 이제 물러가고 나서 그네들 세상이 되니까 6·25사변이 나고 3일 만에 전주 들어왔지.

그때는 뭐 무인지경이니까. 막 사람들이 와 가지고 우리 집안을 꽉 둘러싸고는 "아버지 어디 갔냐? 삼촌 어디 갔냐?" 다 알고 왔더라고. 모른다고. "남쪽으로 도망갔다"고 하니까 그때는 집 구조가 이상하게 구들돌 뜯고 사람을 감추는 데도 있었고 창고나 다락에 갑자기 도망 못가니까는 그런 데 이제 숨었다가 끌어 잡아내는 거야. 그런데 우리 아버지하고 삼촌은 판·검사들이 도망갈 때 트럭을 타고 마지막 올라타면서 "절대로 공산주의자들은 사람을 죽이니까 숨어도 안 되고 빌어도 안 된다"고 가자고. 그래서 우리 아버지하고 삼촌하고 판·검사들이 같이. 이제 나중에 알고 보니까 경주로 해서 대구로 해서 부산에 피난 갔다가 살아오셨죠.

서명진은 전라북도 전주시 고사동에서 1933년 2월 1남 2녀 중 두 번째 차녀로 태어났다. 그녀의 아버지는 전주에서 농업고등학교를 졸업한 후 전매청에서 공무원 생활을 하였고, 어머니는 군산지역 출신으로 서울에서 숙명여고를 다닌 엘리트였다. 그녀의 남동생은 초등학교 1학년 때 장질부사를 앓다가 요절했다고 한다. 서명진의 어머니는 아들의 죽음으로 실신하여 3일 만에 깨어날 정도로 실의에 빠졌고 집안 분위기는 그로 인하여 침울했다고 한다. 그러나 그 후 그녀의 어머니는 자녀 교육에 전념하며 마음을 추슬렀고, 공무원 가정으로서의 경제적인 어려움을 해소하기 위해 피복 공장을 경영하였다고 한다. 어머니의 사업 경영으로 그녀의 집은 이전보다 훨씬 윤택한 생활을 누리게 되었다.

한편, 서명진의 외할머니는 전라북도 남원에 몇 채의 절을 지을 만큼 독실한 불교 신자였다. 외할머니의 영향으로 외가의 대소사는 전부 불교식으로 행해졌으며 그녀의 어머니 역시 불교 신자였다고 한다. 이에 반하여 서명진의 아버지는 유교적인 전통과 문화가 생활화된 분이었다고 한다. 젊은 시절, 고향에 기독교 선교사들이 들어왔을 때 그녀의 아버지는 사랑방을 내주기까지 하였으나 기독교로 전향할 만큼 그것에 관심을 갖지는 않았다고 한다.

부모의 종교 성향에 관계없이 초등학교 시절부터 서명진은 혼자서 교회를 다니기 시작했다. 그 동기는 일제 식민치하였지만 교회만큼은 한글을 사용할 수 있는 어느 정도의 자유로운 분위기가 조성되어 있었기 때문이라고 한다. 그녀는 다음과 같이 말했다.

제가 성장할 때는 국민학교 들어가서 어렸을 때부터 교회가 바로 집 앞에 있었어요. 그래서 교회를 나가기는 나갔지만서도 어느 날 기독교의 하나님 섭리를 안다든지 기독교 사상에 철저하게 사상이 배겨가지고 나간 것이 아니라 교회가 말하자면 그때 일제 시대이기 때문에 교회 나가면 크리스마스 때 노래를 부르게 하고, 또 춤추게 하고. 이제 그런 입장에서 그게 좋아가지고 또 한글을 쓰게 하고 그때 일본말 쓸 때였거든요. 근데 한글을 쓰게 하고. 그래서 이제 교회로 나가기 시작했지. 그래가지고서는 쭉 국민학교 시절 에는 교회가 집에 가깝고 교회가면 이제 그런 분위기. 노래 가리켜 주고 춤 가리켜 주고 이제 한글을 쓰게 하고 그런 분위기에서 교회 에 나왔죠.

서명진은 중·고등학교 시절에도 계속해서 기독교 신앙을 유지하였다. 그러나 그것은 신앙적인 내용보다 교우와의 관계 유지에 더 많은 이유가 있었다.

우리 집 앞에 있는 교회가 감리교. 100미터 떨어졌나. 제가 교 회를 나왔지만서도 하나님을 정말로 그 존재성을 믿고 하나님에 게 내가 내 전신을 바쳐서 믿는 것이 아니었어. 그냥 뭐랄까. 흥미 꺼리로 믿었다고 할까. 습관적으로 믿었다고 볼 수 있을까. 또 어 머니 아버지가 기독교인이 아니고, 나 혼자 이제 집이 가깝고 교회 가면 너무 친절하게 해주고 한글을 가르쳐 주고 노래와 춤을 가르 쳐 주고 하기 때문에 그런 흥미 있는 입장에서 나가기 시작했죠. 중학교, 고등학교 때는 친구 따라 가지고 교회에 나가게 되고 친구 와의 교류 관계로 또 목사와의 인연 관계로 해서 중학교, 고등학교 때 다니고 했어요.

신미식은 1932년 2월 황해도 옹진군 영호도에서 1남 3녀 중 막내로 출생했다. 그녀의 아버지는 영호도에서 수산전문학교장으로 재직하였다. 신미식이 7살이 되던 해 그녀의 가족은 영호도에서 만주로 삶의 터전을 옮겼다. 아버지가 사업가가 아닌 수산전문학교장이었기 때문에 그녀의 가정은 경제적으로 그다지 풍족하지는 않았지만, 정신적으로는 건강한 삶을 살았다고 한다. 영호도에서의 생활을 신미식은 이렇게 언급했다.

> 공무원이니깐 뭐 그렇게 부유하거나 그렇지는 않았지만 그러나 이제 그 조그만 섬에는 수산전문학교가 있고, 수산 무슨 연구소인가 그래서 거기 일본 사람들이 많이 있었어요. 그러니까 전문학교에서는 뭐 고기 잡는 것도 가르쳤지만 또 캔 만드는 거, 가공품들 그런 거 학생들한테 다 가르치고 원양 항해도 하고. 이제 그러니까 저의 아버지가 동경에서 지금은 수산대학으로 돼 있겠지만 그때는 수산전문학교로 돼 있는 거기를 나왔거든요. 그래서 아주 뭐라고 그럴까요. 조그만 한 어촌이니까 저의 아버지가 제일 머리니까 꼭대기니까. 조그만 한 그거지만. …(중략)… 부모의 사랑이나 그 이웃 간의 사랑이나. 그러니까 한국 사람이나 일본 사람이나 다 같이 어울려서 살았지만 이제 저의 어머니가 일본 사람이고, 아버지는 거기에서 지도자적인 입장에 있으니까 아주 그 좋은 환경에서 자랐지요.

신미식의 가족이 만주로 이주하게 된 이유는 그녀의 아버지가 청년 시절 일본 동경에서 공부할 때 알고 지냈던 전라도 출신의 갑부 친구가 만주로 진출하여 방직공장을 운영하면서 도움을 요청한 것이 계기가 되었기 때문이다. 더욱이 그녀의 어머니는 당시 건강이 좋지 못하여 몇 번에 걸쳐 병원에서 수술을 하였고, 집안 친척들의 살림 또한 어려운 형편이었다. 경제적인 해결책 마련에 고심했던 그녀의 아버지는 결국 수산학교장 직을 내려놓고 친구의 제안에 응하게 되었던 것이다.

신미식은 중국 대련에서 언니와 함께 유학 생활을 하였고 그녀의 부모는 길림성 인근의 반석에서 살았다. 대동아 전쟁이 끝나고 일본이 패망하면서 한동안 무정부 상태가 된 중국에서 중학교 2학년의 신미식은 언니와 함께 반석으로 가려고 했으나 이동의 통제를 받았다. 그래서 압록강과 개성을 지나서 가까스로 남한 서울까지 오게 되었다고 한다. 서울에서 가족들과 상봉한 신미식은 어머니가 만주 내륙에서 심장마비로 돌아가셨음을 알게 되었다.

8·15해방 이후 정부가 수립되기까지 여러 정치적인 사건과 6·25 전쟁 등의 불가항력적인 시대 상황을 맞으면서 신미식은 인생에 대한 근본적인 물음에 골몰하게 되었다고 한다. 그녀는 그때를 이렇게 회고했다.

> 이제 한국으로 나왔는데, 나와서도 우리 어머니가 안 계시니까, 좀 가정도 불안하고 여러 가지 그러는 상태에서 6·25를 겪어서 피난을 부산으로 가게 되고. 뭐 이제 이런 거를 당하면서 제가 근본적인 문제를 의심을 하기 시작을 한 거예요. 그것은 '도대체 왜 살아야 하느냐? 무엇 때문에 살아야 하느냐?' 그 목적과 이런 거를 모르는 거죠. 그런 데 대한 의심. 그야 뭐 젊었을 적에 다 누구든지 그렇게 되지만 그런 전쟁을 겪으면서 해결, 말하자면 그 머리로서는 이렇게 해결할 수 없는 문제가 닥치니까 그랬죠. 그래가지고 또 6·25가 났는데 6·25가 나기 전후 해 가지고도, 뭐 독립한다고

김구 선생이다 뭐 누구다 하면서 이제 막 그러다가 보면 또 막 총
살하고 어쩌고 또 그랬잖아. 그러니까 뭐가 옳은 것인지, 그른 것
인지 자기들은 다 자기네가 옳다고 주장을 하지만 도대체 그게 뭔
지를 모르겠는 거예요. 그러니까 도대체 친구들 어머니는 폭격에
맞아서 죽고 뭐 어쩌고 이런 일이 허다하고. 그러니까 이렇게 도대
체 인생에 대한 어떤 그 답이 없는 거예요. 뭔지, 왜 살아야 하는
지, 왜 이렇게 되는 건지.

이계순은 1935년 10월 아버지의 직장 관계로 함경남도 원산에서
태어났다. 2남 4녀 중 넷째 3녀로 태어난 그녀는 어려서는 천주교 유
치원을 다녔기 때문에 천주교 신앙을 하였다고 한다. 그녀의 외할머
니와 어머니는 권사, 이모는 전도사였다. 그녀는 외가를 중심하고 3
대로 이어지는 기독교 신앙의 기반 속에서 초등학교 때부터는 개신
교를 다녔고, 노래를 무척 좋아하여 교회에서는 "노래하는 아이"로
불렸다고 한다.

반면에 친가親家는 유교 문화가 지배적이었다. 그러나 그녀의 아버
지도 돌아가실 무렵에는 기독교를 받아들였다고 한다. 이계순의 아
버지는 고등학교 졸업 당시 국비 장학생으로 발탁이 되어 중국 대련
공과대학으로 유학을 떠났고 졸업 후에는 경상 계통에 종사하였다.
직장은 함경남도 원산을 거쳐 중국으로 이어졌다고 한다. 아버지의
영향으로 그녀는 10살 때까지 중국에서 생활하였고 해방을 맞으면
서 부모와 함께 귀국하여 서울에서 초·중·고등학교를 다녔다.

그녀의 아버지는 직장을 그만 두고서 금광 사업에 몰두하여 상당
한 부를 축적하였던 적도 있었다. 그녀는 아버지의 사업이 한창 잘

될 때는 실제로 금 방석에 앉아서 살았던 적도 있었다고 한다. 그녀는 자신이 대학교 교육까지 받을 수 있었던 것은 집안의 경제적 여건이 뒷받침되었기 때문이라며 다음과 같이 말했다.

> 옛날에는 부유했고. 어, 아버지가 광산을 했기 때문에 광산, 무역 이런 걸 하셔서. 잘 안 될 무렵에 대학 시절에는 조금 어려웠어요. 그 전에는 굉장히 부유했지요. 그러니까 대학까지 꿈을. 다니고 할 수 있었겠지. 조금 어려운 시기가 있었어요. 그랬어도 뭐 바탕이 있었으니깐 자동적으로 자식들을 다, 뭐, 그 시절 여자 아이들 대학 안 보내던 시절에 다 대학을 보냈으니까 식구들을.

정대화는 외가外家가 위치한 황해남도 해주에서 1932년 음력 12월 30일 1남 2녀 중 장녀로 태어났다. 그녀의 외할아버지는 해주에서 이름난 갑부이자 유지有志였으며 신성당이라는 한약방을 운영하였다. 또한 그녀의 친할아버지 역시도 상당한 갑부였는데, 황해남도 장연에서 목재상을 크게 함과 동시에 그 지역에서는 처음으로 목욕탕 사업까지 하였다고 한다.

이에 반해 군청 공무원으로 근무하고 있던 정대화의 아버지는 경제적으로 그다지 넉넉한 형편이 아니었다. 미래에 대한 희망이 보이지 않자 아버지는 그녀가 초등학생일 때 중국으로 건너가 서주·양구·상해 지방에서 곡물사업을 하였다. 정대화의 아버지는 곡물사업으로 많은 돈을 벌었고, 그녀의 할아버지는 그 돈으로 계속해서 토지를 사들였다. 그러나 해방된 이후 북한에 공산정권이 들어서면서 구입했던 토지들은 모두 압수당하고 말았다고 한다.

한편, 해주에서 행정여자중학교를 다녔던 정대화는 공산주의 지배 체제로 전환된 당시의 학교생활과 자신이 처한 상황에 대해 다음과 같이 이야기했다.

절대적인 공산 치하에 있기 때문에 그 교육을 받지 않을 수 없었어요. '독보회'라고 해 가지고 수업 첫 시간엔 노동신문을 읽게 했어요. 그리고 때때로 공산당 간부들이 와서 질문도 했어요. 예를 들면, "스탈린이 언제 생일이냐? 김일성 생일이 언제냐?" 그런 것들이죠. 공산당에 대한 교육을 시켰던 것이죠. 그리고 학교에서 오후에는 노동을 했어요. 우리들은 주로 가마니가 아니고 푸대, 푸대가 산더미 같이 쌓여 있는데 그걸 다 꺼내 가지고 썼으니까 해진 걸 깁는 거예요. 거기다 아침 식사로 죽을 먹고 와서 배도 많이 고팠어요. 그 시절 해방 직후에는 학교에 우수한 선생님들이 계셨는데, 하나씩 하나씩 월남하는 거예요. 근데 나도 거기에서 월남할 수 있는 기회만 본거죠. 부모들은 다 월남했기 때문에요.

정대화가 해주에서 중학교를 다니고 있는 동안 그녀의 가족들은 남한으로 옮겨갔고, 1947년 11월경 그녀도 남하에 성공하여 서울에서 가족들과 상봉하였다. 그러나 정대화는 그 후로 오랜 투병 생활을 해야만 했다. 그것은 해주에 있을 때부터 앓기 시작한 늑막염 때문이었다.

(19)47년도 11월에 월남을 했는데요, 그 전에 거기서 너무 일은 심하고 먹을 건 없고. 죽을 쒀 가지고 반은 아침에, 낮에도 반 먹고, 그런 정도였으니까요. 그래서 그런지 영양 부족과 과로로 인해서 늑막염이 온 것 같아요. 해주병원에 입원도 하고 소련 의사한테 진찰도 받고 그랬거든요. 그런데 용케 기회를 타 가지고서 월남을 했어요. 서울에서 가족들을 다 만났지요.

서울에 정착한 후 정대화는 숙명여중 3학년에 편입했다. 학교 생활을 하면서 그녀는 많은 실망과 염려를 갖게 되었다. 그것은 공산주의 사상으로 하나 된 북한에 비해 남한이 사상적으로 많은 혼란을 겪고 있다고 생각했기 때문이라고 한다. 정대화는 당시를 이렇게 이야기했다.

> 서울에 와 보니까 학교 분위기가요, 이거는 사상이 엉망이에요. 이북은 어떻든지 간에 공산주의로 김일성 사상으로 하나가 되어 있는데, 통일된 모습인데. 여기는 공산당 또 민주주의, 신앙인, 비신앙인. 이게 다 얽혀져 가지고 통일된 사상이 하나도 없는 거요. 이쪽(북한)은 어떻게든지 이 남한을 적화시킨다는 것을 그때부터 강조했거든요. 근데 남한에서는 자기 아버지나 친척이 빨갱이 사상으로 감옥에 들어갔다는 게 자랑거리예요. 그런 환경 가운데서 자유롭게 공부는 하면서 '야, 이게 통일이 되면 아무튼지 이남은 이북에 사상적으로 먹혀 들어갈 게 뻔하다'고 우려하면서 제가 고민을 좀 했어요.

6·25전쟁이 발발하자 학교도 휴교를 하고 모두가 피난을 떠나기 시작했다. 그러나 정대화의 가족들은 떠날 수가 없었다. 전쟁이 일어나기 보름 전 어머니가 아이를 출산하여 거동이 힘든 상황이었다고 한다. 하지만 어머니의 출산은 오히려 전화위복轉禍爲福이 되었다. 북한에서 월남한 입장이라 위험할 수도 있었지만 대문 앞으로 출산을 알리는 금줄을 쳐 놓았는데 그 사정을 북한군들도 동정하며 간섭하지 않았다고 한다. 서울에 머물렀지만 이처럼 그녀의 가족은 비교적 안전한 생활을 하다가 1·4후퇴 때 부산으로 피난을 떠났다.

전시 중 정대화의 아버지는 광산업을 하여 크게 성공하였다. 전쟁으로 무연탄, 동광, 주석 등이 절실히 요청되었던 것을 간파한 그녀의 아버지는 광산업에 뛰어들어 큰 이윤을 남겼다. 그래서 피난살이 중에도 부산에서 집을 마련했고, 마산으로 이사했을 때도 주거의 어려움은 전혀 없었다고 한다. 학업은 피난 과정에서도 유지되었다. 정대화에 따르면 마산에는 서울에서 피난 온 학생들을 위한 임시 학교가 개설되었다고 한다. 당시 마산여고 건물은 군부대에 제공되어 학생들은 임시 천막에서 공부를 할 수밖에 없는 형편이었다고 한다.

지생련은 1931년 음력 9월 경남 김해에서 1남 5녀 중 셋째 딸로 태어났다. 그녀의 아버지는 김해에서 3번이나 면장을 역임하였고 토지를 많이 소유하고 있었기 때문에 경제적으로 상당한 부를 축적하고 있었다. 지생련은 어릴 적 아버지로부터 예절 교육을 철저히 받았으며, 어머니로부터도 검소한 생활 습관과 독서 등 바른 인성을 갖추는 데 필요한 지도를 많이 받았던 것으로 기억했다.

지생련의 집안에는 승려가 많이 배출되었다. 그녀의 할머니도 독실한 불자로서 30세에 이미 사찰寺刹을 세워 김해 인근에서는 상당한 유명세를 탔다고 한다. 할머니의 영향으로 어려서부터 지생련은 불교를 종교가 아닌 하나의 생활 문화로서 받아들였고, 그녀는 할머니의 영향으로 신앙이라는 것은 편안한 환경에서는 결코 깊어질 수 없고 고된 정성이 동반되어야 함을 느꼈다고 한다. 또한 어릴 적부터 그녀는 할머니로부터 한국에 석가모니불이 탄생한다는 이야기를 자주 들었다고 한다. 그것은 미륵불의 재림을 의미하는 것이었고, 기독교적으로 말하면 메시아 재강림 사상이었다. 할머니가 들려준 이야기를 지생련은 이렇게 기억했다.

우리 한국에서는요, 네 시가 되면 인시예요. 인시면 석가모니불이 탄생을 한다는 거예요. 벌써 우리는 메시아 사상을 그때 배운 거예요. 할머니는 메시아가 한국으로 온다는 거예요. 석가모니불이.

■ 소결

필자는 구술자들과 출생 및 성장 배경에 대해 심층 면접을 진행하면서 이들 대부분이 재력가, 공무원, 교육자 등의 자녀로 태어나서 생활적으로 상당히 안정된 구조에서 성장해 나왔음을 알 수 있었다. 부모의 학력도 시대적 상황과 비교할 때 월등히 높은 수준에 있음으로써 결국 구술자들의 교육 환경에도 지대한 영향을 끼쳤던 것으로 파악된다.

심층 면접을 통해 필자는 시대적 위기와 혼란이 구술자들에게 종교성의 발현을 유도하는 데 반드시 필연적인 요소로 작용하지는 않았음을 확인할 수 있었다. 구술자 9명 가운데 5명은 부모의 종교적 배경을 그대로 계승하여 자신의 신앙으로 소화했다. 김경식, 사길자, 이계순, 정대화는 기독교 그리고 지생련은 불교가 출생 때부터 그들의 종교적

토양으로 자연스럽게 형성되었다. 그와 달리 서명진은 초등학교 시절 부모의 종교관에 관계없이 스스로 기독교를 추구했다. 이 경우는 시대적 위기 의식에서 도출된 종교성이 아닌 교우 관계 형성 및 유지가 주된 원인이었다. 그 이외 나머지 구술자들에게는 유년 시절부터 사춘기까지 종교적 심취의 흔적이 특별히 발견되지는 않았다.

출생과 성장 배경에 대한 심층 면접에서 필자는 구술자들이 일제 식민지와 해방 정국, 6·25전쟁과 피난 생활 등 사회적 위기 상황에 직면했던 것은 사실이지만 그것으로 이들의 정신적 세계가 황폐화되거나 막대한 영향을 받지는 않았던 것으로 보인다. 국가적 차원의 시련이 그 시대를 살아가는 모든 사람들에게 영향을 미친 것은 사실이지만 각 개인들, 특히 성인으로 독립하기 이전 단계에서는 오히려 가정적 환경의 여러 요소들이 더 큰 영향을 끼치게 됨을 확인할 수 있었다. 성장기에 구술자들의 지력智力 발달, 인성 발달, 종교성 등의 중요한 토대는 역시 부모와 가정환경이었다. 부모의 안정된 경제적 배경, 사회적 지위, 학력, 종교관 등이 총체적으로 구술자들의 성장의 자양분이 되었고 이들을 고등 교육으로 이끌었으며 종교성 형성에도 많은 영향을 끼쳤다.

제2장

새로운 세계와의 만남

　본 장은 구술자들이 중·고등학교의 시기를 지난 이화여대에 입학하기 직전으로부터 통일교 입문의 경험까지를 심층 면접을 통해 수집한 구술 자료를 중심으로 재구성한다. 이해를 돕기 위해 우선은 이화여대와 통일교의 창립 배경에 대해 기술하며, 그 다음으로 구술자들의 이화여대 진학 동기와 통일교 입문의 배경에 대해 재구성한다.

■ 이화여대 창립과 그 과정

이화학당

이화여대는 1886년 5월 31일 미국 감리교 해외여선교회W.F.M.S.[1]
로부터 파견된 스크랜톤 부인이 한 학생을 놓고 수업을 시작한 날을
창립일로 삼고 있다. 1884년 52세의 스크랜톤 부인은 W.F.M.S.의
강권으로 첫 선교사의 임명을 수락하고, 1885년 8월 한국에 온 이래

---

1) Woman's Foreign Missionary Society of Methodist Episcopal Church(이하 W.F.M.S.)는
1869년 3월 23일 남보스톤에 있는 트리몬트 스트리트 감리교회에서 인도의 소녀와
여성들을 위한 의료 교육과 고아 사업을 돕기 위한 기구로 출발하였다. 이 기구는 여
성을 위한 문맹퇴치 사업을 펴는 한편 이사벨라토번학교와 같은 여성 교육기관을 설
립하여 인도 여성들을 깨우쳐 갔으며 활동 영역을 중국, 일본, 조선 및 동남아의 여러
나라로 확장해 나갔다. 이화100년사 편찬위원회, 『이화100년사』, 40쪽.

여성 교육과 의료 사업에 몰두하였다. 그녀는 여성 전용 학교와 진료소의 필요성을 W.F.M.S.측에 역설, 지원을 받아 감리회 선교부가 위치해 있던 서울 정동 일대로 6,120여 평의 토지를 매입하였다.

교사校舍로 쓰이게 될 기와집은 건평 200평 규모에 전면 88피트, 측면 80피트(27×24m) 크기로 1886년 2월 착공하여 그해 11월 완공되었으며, 35명의 학생을 수용할 수 있는 교실과 교사敎師들의 숙소를 갖추었다. 그러나 스크랜톤 부인은 공사가 한창이던 1886년 5월 말 이미 첫 학생을 받아 수업을 개시하였다.

학교의 공식 명칭은 1887년 2월 중순 무렵 국왕 고종이 '이화학당梨花學堂'이라 지어 당시 외교 사무를 맡아보던 통리아문을 통해 하사되었다. 해외선교사에 의해 운영되는 교육 기관에 왕이 직접 교명을 하사한 것은 국가적 차원에서 학교를 신임한다는 중요한 의미가 담기게 되었다. 이를 통해 이화학당은 1886년 5월 학생 1명으로 출발하여 1887년 가을학기 개강 때는 12명, 1890년 1월에는 28명, 20세기에 들어선 1901년에는 76명의 학생이 재학하였고 대부분이 기독교 가정의 출신들로 구성되었다.[2]

---

2) 이화100년사 편찬위원회, 『이화100년사』, 42~59쪽.

■ 학교 초기 시설

이화학당은 1886년 11월 교사校舍가 완공된 이후 3년이 지난 1889년 여름, 교실 1개를 증축하였다. 그러나 개설이후 10년이 지난 1896년에는 52명으로 재학생이 늘어났기 때문에 학당의 수용 능력은 이미 초과 상태에 있었다.

미국 W.F.M.S.의 노스웨스튼, 필라델피아, 뉴욕, 신시내티, 뉴잉글랜드 5개 지부의 기부금을 통해 이화학당은 1897년부터 1900년까지 4년에 걸쳐 붉은 벽돌로 된 2층 양옥을 건축하였으며 이것은 본관 건물로 사용되었다. 건물 전면의 우측으로는 채플을 겸한 강당, 좌측에는 선교사의 숙소가 배치되어 있었고 건물 뒤편으로는 120명의 학생을 수용할 수 있는 기숙사를 비롯하여 교실, 식당, 목욕탕 등 최신 서구식 설비가 그 위용을 자랑했다.[3]

---

3) 이화100년사 편찬위원회, 『이화100년사』, 61쪽.

■ 학교 교육 이념

　이화학당의 당장堂長 스크랜톤은 한국에서 여성교육 사업을 실시하는 목적에 대해 다음과 같이 말했다.

　　우리의 목표는 한국 소녀들로 하여금 우리 외국 사람들의 생활, 의복, 환경에 맞도록 변화시키는 데 있지 않다. 우리는 한국인을 보다 나은 한국인으로 만드는 데 만족한다. 우리는 한국적인 것에 긍지를 갖는 한국인이 되기를 희망한다. 나아가서 그리스도의 교훈을 통하여 완전무결한 한국인을 만들고자 희망하는 바이다.[4]

　스크랜톤은 한국 여성이 인간다운 풍요로운 삶을 영위하는 데 교

---

[4] The Gospel in All Lands (1888), 373쪽; 이화100년사 편찬위원회, 『이화100년사』, 78쪽 재인용.

육이 최선의 길임을 확신하며, 억압과 고통 속에서 신음하는 여성들을 기독교 진리로 해방하고자 하였다. 그리고 그것을 실현하기 위한 교육 이념을 희생 · 봉사 · 사랑을 기본으로 하는 기독교 정신에 두었으며 보다 구체적으로는 W.F.M.S.의 선교적 목표에 일치시켰다.[5]

이화학당은 1886년으로부터 20여 년 동안 학제와 학년의 구분 없이 운영되었다. 그것은 그렇게 구분할 만큼 연령대와 수준이 고려된 학생들이 입학한 것이 아니었고 무엇보다 여성의 교육에 관한 사회적 인식이 부족한 탓이 많았다. 이화학당은 학생이 입학하면 특별한 사정이 없는 한 기숙사 생활을 원칙으로 하였고, 조혼이 사회적 풍습이었기 때문에 졸업의 시기는 결혼하는 그 시점이 되었다고 할 수 있다. 그러나 본관이 완공된 1900년에 들어서 이화학당은 학제를 정비하기 시작하였고, 1904년 최초로 국가의 인가를 받아 4년제 중등과를 개설하고 그로부터 4년이 지난 1908년 6월 졸업식을 실시했다.[6]

---

5) 이화100년사 편찬위원회, 『이화100년사』, 77~78쪽.
6) 이화100년사 편찬위원회, 『이화100년사』, 62~63쪽.

■ 학제 변경과 종합대 확립

　이화는 1886년부터 1909년까지 학당시대를 거쳐 1910년 봄부터 본격적인 고등교육 기관으로 발돋움한다. 이때를 이화는 '대학과 시대'라고 일컬으며 1925년까지로 상정한다. 1904년 중학교령에 의하여 중등과를 설치하고 이어서 1908년에 초등과와 고등과를 추가로 설치하였으며 1910년 여성교육의 최고 기관인 대학으로 개편하였다. 조선총독부로부터 1912년 5월 인가를 받을 당시 전체의 교육 제도는 유치원, 보통과, 고등과, 중학과, 대학과로 구분되었으나 학교의 등록 명칭은 '사립이화학당'으로 대학은 아니었다.

　이 시기에 이화학당은 운영의 목적을 학칙 제1장 총칙 제1조에서 "본 학당은 야소교회 내 여자의 도덕을 배양하며 지식을 발달키로 목적함"이라고 명시하였다.[7] 한일 합방 이후 일본은 1911년 8월 제1

---

7) 이화100년사 편찬위원회, 『이화100년사』, 105~111쪽.

차 조선교육령을 만들었다. 일본 군국주의의 교육 정신을 내포한 이 교육령은 '교육에 관한 칙어勅語'에 기초하여 '충량忠良한 국민'을 양산하는 데 목적을 두었으므로 실업 및 전문 교육에 한정하고 대학 교육은 실질적으로 제한하였다.[8] 이화학당이 충분한 학제를 갖추고 있었음에도 대학의 명칭을 인가 받지 못한 것은 이 때문이라고 할 수 있다. 식민지기에 일본이 인가한 대학은 관립대학으로 1924년 경성제국대학이 유일했다.

일본의 1915년 3월 '전문학교 규칙'과 '개정사립학교 규칙' 공포에 따라 이화학당도 교과와 체제를 정비하였다. 1925년 3월 1일 재단법인 미美감리회 조선인 선교부 유지재단 이사 홀Ada B. Hall의 명의로 '이화여자전문학교' 인가 신청을 냈으며 그해 4월 23일 총독부로부터 공식 인가를 받았다. 1929년 1월에는 이화여자보통학교와 이화여자고등보통학교가 행정적으로 분리되었고 1945년 해방직후까지 전문학교 시대가 계속 되었다.[9] 이 시기에 주목할 점은 1939년 4월 11일 학교장이 아펜셀라(제6대)에서 김활란(제7대)[10]으로 학교의 운영자가 W.F.M.S.측에서 이화 출신의 한국인으로 변경된 것이다.

그러나 해방직전 1945년 3월 이화는 일본의 민족말살 정책에 따라 '경성여자전문학교'로 교명 변경을 당하였다가 해방직후 다시 본

---

8) 강민길, 『고쳐 쓴 한국현대사』(경기: 창비, 2011), 222쪽.
9) 이화100년사 편찬위원회, 『이화100년사』, 169~172쪽.
10) 김활란 교장은 1918년 이화학당 대학과를 졸업한 이후 이화에서 교직을 하다가 미국으로 건너가 보스턴대학교에서 석사 과정, 콜롬비아대학교에서 한국 여성 최초로 박사학위를 받았으며, 그 후 학감을 거쳐 제7대 경성여자전문학교 교장 및 이화여자대학교 총장 등을 역임하였다.

래 교명을 회복하였다. 그리고 문교부의 인가 이전인 1945년 9월 24일자 매일신보를 통해 '이화여자대학'으로 교명을 표기하며 학생 모집에 착수했다. 동년 10월 10일에는 면접과 필기시험이 실시되었다. 김활란 총장은 "해방된 조국 건설을 위해 가능한 보다 많은 여성들에게 고등 교육의 기회를 개방해야 한다"며 지원자의 대부분을 합격시켰다. 이어서 1946년 8월 15일에는 문교부로부터 종합대학교 승격 인가를 받아서 이화여자대학교의 공식 명칭을 얻게 되었으며 9개학과 3개 대학을 편성하였다.[11]

---

11) 이화100년사 편찬위원회, 『이화100년사』, 294~305쪽.

■ 6 · 25전쟁과 재건

1958년 9월자 문교월보는 6 · 25전쟁 당시 각 급 학교의 교실 47,451개 중 10,891개(23%)가 전파全破 및 소실되고 12,063개(25%)가 반파半破 및 반소半燒 되어 전국적으로는 약 50%에 이르는 피해를 입은 것으로 보도했다. 또한 대학의 강의실은 2,736개 중 562개가 전파, 1,057개가 반파되고 1,117개(40.8%)가 잔존한 것으로 보도했다.[12) 그러나 실험실 도서관 등 기타 시설의 공간 2,346개가 파괴되어 1953년 8월 환도 당시 대학의 부족 교실 수는 3,100개에 달하였다고 한다.

이화여대도 6 · 25전쟁으로 영학관, 과학관, 동대문부속병원 등

---

12) 『문교월보』 제41호 (1958. 9), 106~107쪽; 『문교개관』 (1958), 336쪽; 이화100년사 편찬위원회, 『이화100년사』, 320쪽 재인용.

신축 중이던 주요 건물이 10~40%의 피해를 입었다. 1951년 1 · 4후퇴 이후에는 임시 수도 부산에 가교사를 개교했다. 1951년 2월 문교부가 시달한 교육특별조치 요강에 따라 전시 연합대학에 참여하기는 하였으나 소극적 자세를 취하다가 동년 8월 부산시 암남동, 충무동, 부용동에 걸친 농지 9,537평과 임야 4,600평을 정부와 임대로 계약하여 가교사 30동을 짓고 9월 1일 개강하였다. 동년 9월 18일에는 일간지에 광고를 게재하여 9월 25일부터 29일까지 재학생들에게 등록할 것을 공고하여 해당 기간에 총 859명이 복교하였다. 1952년에는 재학생과 신입생을 포함해 1,500명, 1953년 4월에는 2,328명이 되었으며, 1953년 7월 27일 휴전 협정이후 가교사를 정리한 이화여대는 동년 8월 31일 서울 본교로 복귀했다. 1951년 부산에서 입학하여 3학년이 된 학생들은 3년 만에 처음으로 서울의 본교 신촌캠퍼스를 보게 되었다. 서울복귀 이후 이화여대는 주요 건물의 신축, 보수 작업에 몰두하며 해마다 신입생을 증원하였다. 신입생과 재학생을 포함해 1954년에는 3,136명, 1955년에는 4,038명이 되었고 교수진도 전임교수 100명, 강사 100명을 확보하였다.[13]

---

13) 이화100년사 편찬위원회, 『이화100년사』, 322~333쪽.

■ 이대 진학 동기

　심층 면접을 실시했던 구술자들은 부산 피난 시절 가교사에 입학한 경우와 환도 후 서울 본교에서 입학한 경우로 구분된다. 그러나 가교사 시절과 서울 본교에서 입학한 것이 통일교 입문의 경험에 어떤 직·간접적인 영향을 미쳤던 것은 아닌 것으로 보인다. 여기서는 구술자들이 왜 이화여대에 진학하게 되었는지 그 동기에 대해 그들의 경험을 재구성한다.

　강정원은 본래 서울대학교 법대에 지망하고자 하였다. 그것은 고교 시절 도덕 교사의 영향 때문이었다. 그녀의 도덕 교사는 서울대학교 법대를 졸업하고 법관을 역임한 인물이었다고 한다. 이것은 그녀가 서울대학교 법대를 진학하려는 중요한 이유로 작용했다. 그러나 아버지가 남녀 공학의 일반 대학교보다는 여자 대학교에 지망할 것을 권유하여 이화여대로 가게 되었다고 한다.

강정원은 아버지의 의사意思에 전적으로 따를 수밖에 없었던 이유에 대해 여느 학부모들과는 비교도 할 수 없을 만큼 아버지가 교육에 깊은 열정을 쏟고 계셨기 때문이라고 했다. 6·25전쟁으로 인한 부산 피난 시절에도 그녀의 아버지는 자녀들의 교육 전반을 보살폈다고 한다. 이러한 아버지에 대해 강정원은 다음과 같이 말했다.

> 피난 가서 가교사 건물도 당신(아버지)이 손수 당신 재정으로 다해 가지고, 우리 그때, 내가 다니는 학교에 가건물 다해서 텐트, 그 가건물하고 의자 만들고 책상 만들어서 선생님들 몇 달 월급 줘 가지고 그렇게 하면서 공부를 가르쳤거든. 왜냐하면 부산 피난 가 가지고 부산여중에 갔더니 거기서도 가마떼기 깔고는 수업을 받더라고. 아, 우리 딸 이런 데서 공부시킬 것 같으면 내가 해야 되겠다고. 그래가지고 우리 교장 선생님이 방순경 교장 선생님 가톨릭 신자거든. 초대 교회부터 그 집안은. 교장 선생님 날 데리고 찾아가 가지고는 그 성당의 가든을 빌려라. 내가 학교 가건물 교사를 지어주겠다. 텐트 치고 뭐 책상 만들고 의자 만들고 칠판 놓고 그러면 공부할 수 있지 않느냐. 그래가지고 그렇게 하시는 분이야. 우리들이 다니는 8남매가 다니는 학교에 그 교장 선생님들, 집 없는 교장 선생님들 다 집을 사주시는 그러는 분이거든. 그렇게 해 가지고 교육을 받았는데, 그러니까는 아주 열정적이야. 사친회 회장을 하시면서 학교의 교사가 집안에 걱정이 있으면 교단에 서서 제대로 강의를 못한다고, 수업을 못한다고 일일이 그 선생님들이 무슨 사정이 없나 그런 사정을 다 풀어주려는 분이야.

김경식은 부산에서 수도여고를 다녔다. 학업 성적으로는 서울대학교도 무난히 입학할 수 있었다고 한다. 그러나 기독교 신앙을 3대째 이어왔기 때문에 기독교 계통의 학교로 진학하는 것을 당연하게 여겼다고 한다. 그녀는 고등학교 때 수학과 화학 과목을 잘해서 화학과를 지망하려고 하였으나 실제로는 약학과를 선택했다. 그녀의 이와 같은 선택에는 무엇보다 경제적 논리가 크게 작용하였다.

> 사실은 화학과 가려고 했어. 나는 순수히 공부하려고. 근데 그때는 전시戰時니까 그런 것 필요 없고, 약대 나오면 그 약국 할 거 아니야. 그러니까 그때는 약대가 의대보다 더 쌨어. 약대 떨어지고서 의대 갔다고. 약대가 제일 쌨어. 왜냐하면 약대는 약국 차리기가 제일 쉽잖아. 병원 차리면 힘들고. 그러니까 하여튼 약대가 의대보다 쌨어. 약대 떨어지고 의대 간 애들 많아. 그때는 약대가 최고였어.

박영숙은 이화여대가 서울로 환도한 이듬해 1954년 입학생이다. 그녀는 가부장적 문화 속에서 딸에게 대학 교육을 제공한다는 것은 당시로는 엄두도 못 낼 일이었음을 강조했다. 설혹 딸이 공부를 잘하고 등록금을 지불할 수 있는 경제적 형편이 된다고 해도 대학 교육까지 시키지는 않았던 사회적 분위기였다며 자신이 대학에 갈 수 있었던 것에 자부심을 가졌다. 그녀는 여성이 가는 최고의 명문대학이라는 이화여대의 인지도와 사회적으로 이미 널리 알려진 김활란 총장의 인품과 덕망에 존경이 갔기 때문에 이화여대를 지원한 것으로 설명했다.

나는 남자 대학 간다고는 생각을 못 해봤어요. 한번도. 이화여대 최고 좋은 대학이니까. 그럼 김활란 총장도 있는 대학이고. 여자들 좋은 사람 다 있는 데잖아. (김활란 총장은) 우리 우상이다시피 했잖아.

사길자의 경우는 전주여고 출신들이 인정하는 수재였다. 그녀는 고교 시절에 전교 1등을 도맡아서 할 만큼 학업 성적이 우수하였다. 대학교 진학을 앞둔 시점에서 학교 선택에서는 그다지 고민하지 않았다고 한다. 그것은 그녀가 기독교인이었기 때문인 것과 여성이라는 이유가 작용하여 다른 구술자들처럼 이화여대를 자연스럽게 선택하였다. 다만 그녀는 전공 선택으로 고심하였고 약학과는 아버지의 강권으로 가게 되었다며 이렇게 말했다.

나는 본래 음악, 피아노를 하는데 내가 이쪽 팔이 할아버지가 어려서 이렇게 잡아당겨서 정맥류가 생겨서 스케일이 빠른 것은 안 되더라고. 그래, 작곡을 할까. 내가 참 좋아하는 것은 영문과였거든. 문학을 좋아했어. 문학을 할려니까 소설을 읽어보면 다 결론이 없고 영문과는 우리 아버지가 또 워낙에 영어를 잘하니까 서울대 법대를 나온 사람이라 예습을 쫙 해주면 그냥 그 영어 시간은 내 시간이야. …(중략)… 근데 우리 아버지는 전쟁 때 부산 가보니까 다 그때는 뭐 빈털터리 아니에요. 근데 딱 어느 걸 하는고 하니 큰 트럭에다가 서울의 어떤 제약회사에서 약을 실을 대로 실어 가지고는 그게 그냥 불티나게 팔리는 거야. 사람들이 병나면 약부터 찾잖아요. 그래, 우리 아버지가 딱 결심한 거야. "우리 길자는 머리 좋고 공부 잘하니까 약학과를 보내 가지고 약사를 만들면" 내가 맏이고 내 밑으로 그러니까 나부터 시작해서 딸이 넷이고, 아들 아들하다가 아들은 늦게 낳았거든. 그러니까 우리 아버지는 좀 생각 잘 못한 게 딸은 시집가면 그만인데, 나한테 그냥 너무 전쟁 통에 혼났기 때문에 돈 좀 잘 버는, 그때 약학과가 굉장히 인기였어요.

서명진 또한 기독교 신앙을 했던 것이 이화여대를 선택하는 데 많은 영향을 미쳤던 것으로 보인다. 그녀는 자신이 추구해 온 이상과 "지성과 덕성과 아름다운 감성을 갖춘 완전한 인간에 대한 모든 인류의 구원의 소망을 집약"[14]한 이화여대의 교육 정신인 표어가 일맥상통하면서 고등학교 3학년 때 이미 이화여대를 자신이 가야할 대학으로 결정하였다.

전공은 약학과를 선택하였다. 사길자처럼 부모의 강권에 의한 것이 아닌 자의에 의한 결정이었고, 결혼이후에도 단절 없이 유지될 수 있는 직업이라는 판단에서였다.

> 이제 제가 이화대학을 택해서 들어갔거든요. 18세 때, 고등학교 3학년에 6·25사변이 났어요. …(중략)… 그때는 6·25때는 이제 그 직전에 좌냐 우냐, 좌냐 우냐 이념의 싸움이 이 학교 안에서도 있었잖아요. 그래서 그 시련 속에서 우리가 이겨냈지. 그래가지고서는 고3 돼 가지고 대학교를 택해서 갔는데 어디로 갈 것이냐. 그때에 내가 이제 이화대학을 택해서 갔어요. 이화대학교가 학교의 이념이 뭐냐 하면 기독교 이념이고 박애정신이고 학교의 교훈이 진·선·미예요. 진·선·미를 내가 참 좋아했거든요. 그래서 아주 진실한 기독교 신자는 아니지만서도 진·선·미를 아주 좋아했어요. 그래서 그거를 수를 놓아 가지고 벽에 걸어놓고 그것을 보

---

14) 이화100년사 편찬위원회, 『이화100년사』, 186쪽.

고 늘 묵상을 하고 그랬거든요. 그랬던 이화대학교에 들어가 가지
고 그래서 내가 이화대학을 택해서 들어갔어요. 약학과. 가정을 가
지면서도 말하자면 할 수 있는 일이기 때문에.

신미식은 1950년 서울대학교 진학을 목표로 시험 준비를 하고 있
었다. 그러나 전쟁이 발발하면서 그녀의 계획은 불가피한 수정을 맞
게 되었다. "인생의 근본은 무엇인가"라는 문제로 1년 가까이 정신
적인 방황의 시간을 보내다가 마침내 그녀는 이화여대를 선택하였
고 경제적인 이유가 작용하여 약학과를 전공하였다. 그 과정을 신미
식은 다음과 같이 이야기했다.

> 서울대학을 가려고 그게 6·25 나던 해거든요 (19)50년. 그러니까
> 이화여고에서 서울대학에다가 생물학을 제가 좋아해서 거기다가 입
> 학 원서를 내고 거기를 가서 시험을 치기로 돼 있는데 6·25가 났단
> 말이에요. 그러니까 그래서 뭐 하여튼 인생 문제에 많이 고민을 했어
> 요. 그래서 그 뭐 근본적인 문제를 모른다면 공부는 더 해서 뭐하며 이
> 렇게까지 네거티브negative하게 생각을 하게 됐어요. 그랬는데 이제
> 부산을, 피난을 가 가지고 이제 그때 마침 뭘, 아르바이트 할 것도 있
> 어서 아르바이트도 하고 이랬지만 공부하고 싶지가 않더라구요. 그래
> 서 다 집어치우려고 그랬는데.
> 또 한편으로는 만일에 내가 더 공부를 한다면 거기서 무슨 해답
> 이 나올지 모르지 않느냐. 그래서 이제 그 다음에는 그러면 계속해
> 서, 그러니까 그게 벌써 1년이 지난 거예요. 졸업하고 그러니까 1
> 년 동안 공백, 그렇게 대학에 들어가기 전에 1년 동안에 공백이 있
> 었죠. 그러니까 서울대학에 가려고 준비했었지만 1년 동안에 그런
> 일이 많이 벌어지니까 이제는 서울대학에 갈 자신이 없다고.

…(중략)… 그래서 이제 이화대학을 갔어요. …(중략)… 그런데 약학을 제가 했잖아요. 근데 약학을 왜 했느냐 하면 정말은 저는 문학을 하고 싶었는데 그때 시대에 이제 보면 문학을 하고 어떻게 밥을 먹고 삽니까. 그러니까 '약학을 해 가지고 면허증을 따가지고 그거 팔아먹으면서 내가 하고 싶은 일을 하면 되지 않는가' 이렇게 계산을 하고 약학과를 갔단 말이에요.

이계순은 이화여대를 지망한 것에 대해 자신이 여성인 점과 이화여대가 기독교 학교였기 때문임을 결정적인 이유로 들었다. 그리고 법학을 전공하려 한 것은 판사의 꿈이 있었기 때문이었다고 한다. 이화여대 면접 당시에 법대학장과의 대화를 회상하며 그녀는 다음과 같이 말했다.

입학 때 학장님이 그러셨어. "너 왜 이렇게 좋은 성적 가지고 이화여대를 왔느냐?" 그럴 정도로. 그렇지만 나는 학장한테 이야기하기를 면접할 때, "여자가 당연히 여자 대학을 가지 왜 서울대학을 가느냐" 그러면서 이화대학을 갔어요. 난 여자 대학이기 때문에 또 크리스찬 또 미션스쿨이기 때문에. 그리고 "법과를 택한 동기는 뭐냐?" 학교에서 면접하면서 물으시기에 "나는 이 다음에 판·검사가 되면 육법전서 제쳐놓고 법 이런 거 제쳐놓고 성경을 가지고 바이블(Bible)로 나는 심판하는 그런 판사가 되겠다. 인간의 판단이 아니고 신의 판단으로 나는 하는 여판사가 되겠다" 그렇게 하고 내가 전에 이태영 학장이실 때 그랬어. …(중략)… 참, 이화대학을 좋아했고 그랬어요.

정대화가 이화여대에 진학하기로 결정한 것은 어머니의 영향으로 그 자신도 기독교 신앙을 유지하고 있었기 때문이었다. 시기적으로는 전쟁 직후였기 때문에 인기 있는 학과는 약학과와 의학과였다. 그러나 정대화는 가정학과를 지망했다. 이에 대해 그녀는 이렇게 이야기했다.

> 내가 어느 대학에서 무엇을 전공할 것인가 고민하는 중에, 나로서는 '여성이 가장 행복할 수 있는 것은 현모양처가 되는 길이다' 그러니까 남성이 할 수 없는 일. 가정학과가 있었어요. '가정학과에 가야겠다' 하는 마음을 먹었거든요. 남편을 내조하며 사회에서 마음껏 일할 수 있게 하고 자녀들을 잘 길러 내야겠다고. 그때 다른 사람들은 "6·25 이후니까 다 여성들도 경제력이 있어야 된다" 그래가지고 약학과로 의학과로 그런 경제 방면으로 많이 갔다구요. 그러나 나는 그런 현실적인 문제에는 생각이 전혀 없었어요. '내가 이화대학을 갈 것이냐, 서울대학 가정학과를 갈 것이냐.' 그래가지고 '야, 내가 대학에 가서 아무것도 못 배우더래도 하나님의 존재와 영원한 삶을 가지는 것이 내 목표다' 이렇게 마음을 먹고 미션스쿨인 이화대학을 가기로 한 거예요.

지생련은 6·25전쟁 시절 부산으로 이전해 온 이화여대 법학과에 입학했다. 그녀는 이화여대에 입학한 동기보다는 어머니가 대학 진학을 강경히 반대한 것으로부터 기억을 더듬었다. 어머니가 그녀의 대학 진학을 반대한 것은 여자의 배움이 대학에까지 구태여 미칠 필요가 없다는 것과 공부를 이유로 딸이 가족과 떨어져서 지내는 것에 대한 염려가 앞섰기 때문이었다. 그러나 지생련이 대학에

진학할 수 있었던 것은 그녀의 언니가 적극적으로 나서서 자신을
협조했기 때문에 가능했다고 말했다.

> 저희 어머니가 절대로 대학을 안 보내 준다는 거예요. 그러니까
> 여자는 안 보내준다니까 내가 많이 울었어요. 그럴 때 저희 언니가
> 따라와서 같이 있게 됐어요.

■ 통일교단의 창립 배경

초기 역사

통일교를 창시한 문선명文鮮明 선생은 3·1운동 이듬해인 1920년 음력 1월 6일 평안북도 정주군 덕언면 상사리 2221번지에서 아버지 문경유 어머니 김경계 슬하에 8남매 중 차남으로 태어났다. 그의 고향 상사리는 바다로부터 8km가량 떨어진 곳에 위치한 농촌이며 20호 미만의 촌락을 구성하고 문씨들로 이루어진 집성촌이었다. 그의 조부 대代에는 상당히 부유하였으나 조부의 3형제 중 막내 동생 문윤국 목사15)가 항일 독립운동에 헌신함으로써 가산의 대부분이 독립

---

15) 한국정부(대통령 노태우)는 문윤국 목사에게 1990년 12월 26일 건국훈장 '애족장'을 추서했다.

운동 자금으로 유출되어 문선명 선생이 성장할 무렵에는 많은 어려움을 겪었다.[16]

그는 7~13세까지 서당에서 한학을 공부하고 14세에 원봉학원을 거쳐 1934년 15세의 늦은 나이에 정주의 오산보통학교 3학년에 편입하였다. 그의 학교 진학이 늦어진 이유는 집안의 차남들이 모두 객사 또는 병으로 요절했기 때문에 둘째인 그를 집안에서 보호하기 위한 차원이었다. 1935년 4월에는 정주공립보통학교 4학년에 편입하여 1938년 3월 졸업하였는데 그의 나이 19세였다.

선대로부터 유교를 숭상해 온 문선명 선생의 집안은 그가 15세 되던 해에 기독교로 개종하였다. 그로부터 1년 후 1935년 4월 17일 부활절 주간에 문선명 선생은 예수와 영적 교류를 하고 "하나님으로부터 계시"를 받고 오늘날 통일교의 교리로 소개되고 있는 "원리를 땅 끝까지 전파하라"는 소명을 받았다고 한다.[17] 이 영적 체험은 그가 독실한 기독교인이 되어 훗날 통일교를 창립하는 데 단초를 제공하는 결정적 사건이 되었다고 볼 수 있다.[18]

정주공립보통학교 졸업 후 문선명 선생은 1938년 서울 경성상공실무학교 전기과에 입학했고 명수대교회의 주일학교 반사로서 돈독한 신앙생활을 하였다. 1941년 4월에는 일본 유학길에 올랐다. 와세다대학교 부속 와세다고등공업학교 전기공학과에 입학한 그는

---

16) 세계기독교통일신령협회 문화부, 『세계의 희망』(서울: 진화인쇄, 1986), 74쪽.
17) 통일교는 문선명 선생이 1935년 4월 17일 부활절 주간에 예수와 영적으로 교류한 날을 예수의 실제 부활일로 기념하고 있다.
18) 세계평화통일가정연합 역사편찬위원회, 『참부모님 생애노정』 1 (서울: 성화출판사, 1999), 99~126쪽.

원리[19]를 구명究明 및 체계화 하는 데 심혈을 기울이는 한편 일제에 항거하는 한국인 유학생회의 지하 활동에 가담하여 요시찰 대상으로 주목받기 시작했다.[20]

제2차 세계대전의 심화로 1943년 8월 1학기 단축 졸업을 한 문선명 선생은 귀국 후 그해 12월 7촌 이모의 중매로 최선길과 약혼하고 1944년 5월 4일 새예수교회 이호빈 목사의 주례로 결혼을 하였다.[21] 1944년부터 서울에서 토목건설회사 가시마구미鹿島組의 전기 기사로 취업했던 그는 동년 10월 경기도 경찰부에 일본에서의 지하 학생

---

19) 여기서 언급되는 원리는 통일교의 교리를 뜻한다. 통일교는 교단의 교리를 '원리'라고 표현하고 있으며, 교리서도 『원리강론』이란 명칭으로 출판했다.

20) 세계기독교통일신령협회 문화부, 『세계의 희망』, 77~77쪽.

21) 최선길은 1925년 3월 21일 평안북도 정주군 관주면 관삽동에서 아버지 최용일 어머니 한경일 사이의 6남매 중 막내딸로 출생했다. 문선명 선생과 서울에서 신혼생활을 하는 가운데 그녀는 1946년 4월 아들을 출산했다. 그러나 동년 5월 하늘의 계시를 받은 문선명 선생은 처자를 남겨두고서 원리 전파를 위해 북한으로 떠났다. 평양 경창리를 중심하고 집회를 열었던 문선명 선생은 기성 교회의 고소로 감옥에 투옥 되어 고초를 겪다가 다시 남하하여 부산에 정착하는 1952년까지 7년 동안 처자와 단절된 외길을 갔다. 문선명 선생이 남하한 이후에도 원리 전파, 특히 통일교 창시자로서 본격적인 활동을 전개해 나가자 최선길과 그녀의 친인척은 적극적인 반대에 나섰다. 결국 최선길은 1957년 1월 8일 문선명 선생과의 이혼을 결행했다. 그러나 최선길은 후일 통일교로부터 보살핌을 받았으며, 2001년 6월 18일 통일교 청파동 본부교회에 직접 와서 통일교 신도(식구)가 될 것을 서약하는 입회원서를 작성하였다고 한다. 최선길은 2008년 11월 16일 노환으로 별세했다. "…결혼식을 올리기 일주일 전에 장인(최선길의 부친) 될 어른이 갑작스레 돌아가셨습니다. 그 바람에 잡아놓은 날짜보다 결혼식이 늦어져 1944년 5월 4일에 혼례를 올렸습니다. 5월이면 화창한 봄날이건만 그날은 비가 억수같이 쏟아졌습니다. 예수교의 이호빈 목사가 주례를 섰습니다. 이호빈 목사는 광복 후에 월남하여 초교파적인 중앙신학원을 설립한 사람입니다. 신혼살림은 자취를 하던 흑석동에서 시작했습니다." 문선명, 『평화를 사랑하는 세계인으로』(경기도: 김영사, 2009), 95쪽.

운동 사실이 발각되어 이듬해 1945년 2월까지 투옥, 혹독한 고문에 시달렸다고 한다.[22]

8 · 15해방 무렵에는 원리 구명 및 체계화를 끝내고 복음 전파를 위해 1945년 10월 초원初園 김백문金百文이 창설한 이스라엘수도원에 입문하여 1946년 4월까지 초원과 교류를 지속했다. 이때 초원은 그의 신자들 앞에서 문선명 선생을 "솔로몬 왕과 같은 사명을 받은 분"이라고 증거하며 축복을 했지만 공동 노선을 취하지는 않았다. 문선명 선생은 이스라엘수도원을 6개월 만에 다시 나와서 그해 6월 평양시 경창리에 도착하여 본격적인 전도 집회를 열기 시작했다.[23]

그러나 독실한 기독교 신자들이 문선명 선생의 집회에 유입되자 교계 지도자들은 그를 고소하였고, 공산당국으로부터도 '이승만의 스파이'라는 혐의를 받아 그는 1946년 8월 대동보안서에 구속, 11월에 석방되었다고 한다. 그 이후에도 문선명 선생은 평양 경창리에서 집회를 열며 원리 전파에 전념하였다. 이때 그는 옥세현, 지승도, 김인주, 김원필, 차상순, 정달옥 등 그와 일생을 동고동락한 핵심 신자들과 인연을 맺었다. 그는 1948년 2월 22일 기성 교단의 질시와 공산당국에 의해 다시 구속되어 5년형의 언도言渡를 받고 5월 20일 함경남도 흥남 덕리 특별노무자수용소에 투옥되어 수형 생활을 하다가 1950년 10월 14일 유엔군의 흥남 상륙으로 극적인 출옥을 맞게 되었다고 한다.[24]

---

22) 세계평화통일가정연합 역사편찬위원회, 『참부모님 생애노정』 1, 251~277쪽.

23) 세계평화통일가정연합 역사편찬위원회, 『참부모님 생애노정』 2 (서울: 성화출판사, 1999), 67~88쪽.

24) 세계기독교통일신령협회 역사편찬위원회, 『통일교회 실록』 (서울: 성화사, 1982), 23~24쪽.

그 후 문선명 선생은 그의 제자 김원필, 박정화와 함께 남하하였다. 1951년 1월 27일 김원필과 부산 초량역에 도착한 그는 부산 제3 부두 등지에서 노동으로 연명하다가 그해 8월 부산시 동구 범6동 1513번지에 토담집을 지어 김원필과 동거하면서 통일교 교리서의 근간을 이루는 『원리원본』의 집필을 완료하였다. 그리고 기성 교회의 전도사 강현실과 이요한을 전도하면서 본격적인 원리 전파에 돌입했다.[25)]

---

25) 세계기독교통일신령협회 역사편찬위원회, 『통일교회실록』(서울: 성화사, 1982), 24~25쪽.

강현실(1927년 경상북도 영주 출생)이 문선명 선생을 처음 만난 것은 1952년 5월 10일이다. 부산 범천장로교회 전도사였던 강현실은 여대생 신도가 (부산) 범일동에 전도활동을 하러 나갔다가 문선명 선생을 만나 '인간타락 이전 세계를 찾을 수 있는 방법'에 관한 이야기를 듣고 "대단함"을 느꼈다는 말에 그 학생을 나무랐다. 이것이 동기가 되어 강현실은 그 이후 문 선생을 놓고 매일 3시간 이상 기도를 하다가 자신이 직접 문 선생을 전도하기 위해 범일동을 찾아가게 되었다. 강현실은 그 후 문 선생의 '말씀', '3일 동안의 벙어리' 체험, 영적 계시 등을 경험하면서 결국 그의 제자가 되었다. 세계기독교통일신령협회 역사편찬위원회, 『증언』 제1집 (서울: 성화사, 1982), 25~41쪽.

이요한(1916년 평안북도 선천 출생)은 1943년 일본 동경 동아신학교를 수료하고, 1946년 황해도 영일감리교회에서 전도사로 목회 활동을 출발했다. 그는 1952년 12월 부산 범일동에서 문선명 선생을 만나 직접 '원리'를 듣고 전도가 되었다. 그러나 8·15 해방 이후 서울에서 목회 활동을 하고 있을 당시 이요한은 북한 평양에서 문 선생을 따랐던 옥세현을 통해 "은혜가 많은 청년 한 분(문선명)"의 특별한 선교사역에 관하여 들은 바가 이미 있었다. 6·25전쟁으로 부산에서 피란 생활 중이던 이요한은 옥세현이 범일동에 살고 있다는 것을 알고 그녀를 찾아갔다가 문 선생을 만나게 되었다. 이요한은 자연스럽게 문 선생으로부터 '원리' 지도를 받고, 공부를 하면서 그의 제자가 되었다. 세계기독교통일신령협회 역사편찬위원회, 『증언』 제1집, 259~263쪽.

■ 교단의 창립 과정

    토담집으로부터 1년 사이 4번에 걸친 잦은 이사를 하면서도 문선명 선생은 전도에 박차를 가했다. 1953년 4월에는 북한에서 내려온 이봉운의 가족 전원이 이요한의 인도를 통해 문선명 선생을 따를 것을 맹세했다. 그해 7월 중순이후 이요한과 강현실이 대구에서 전도활동을 시작하였고 문선명 선생은 교단 창립을 위해 서울로 상경했다. 그리고 얼마 후 훗날 통일교 협회장으로서 문선명 선생의 『원리원본』을 『원리해설』 및 『원리강론』으로 체계화하여 교단의 선교 활동에 새로운 돌파구를 연 유효원이 전도되었다.[26]

---

26) 세계기독교통일신령협회 역사편찬위원회, 『통일교회실록』, 25~26쪽.
    문선명 선생은 부산 범일동 토담집에서 새로운 진리 체계로써 『원리원본』을 1952년 5월 10일 탈고했다. 문 선생은 자신의 수제자격인 유효원을 집중적으로 지도하는 가운데 그를 통해 『원리해설』(1957)을 발간하였고, 이후 교단의 공식 公式 교리서인 『원리강론』(1966)을 세상에 내놓았다.

유효원[27]은 경성제대 의예과에 다니던 중 고관절염股關節炎[28]으로 1939년 4월 학업을 중단하고 오랜 세월동안 인생에 관한 문제로 고민하는 삶을 살다가 양윤신, 이득삼, 오영춘, 김원필 등에 의해 원리를 접하게 되었다. 그는 부산 수정동에 기거하고 있던 이수경으로부터 문선명 선생이 쓴『원리원본』을 빌려보고 감격의 눈물을 흘렸고, 5권으로 구성된『원리원본』전체를 필사하고 문선명 선생을 스승으로 모실 것을 결의하는 장문의 서신을 서울로 보냈다고 한다. 서울에서 그의 편지를 받아든 문선명 선생은 1953년 12월 24일 부산 영도로 내려와 유효원과 상봉했다.[29]

문선명 선생은 부산과 대구에서 집회를 계속적으로 이어가며 전도에 박차를 가했고 여기에 유효원이 힘을 더했다. 유효원은 1954년 1월부터 원리를 집중적으로 공부하였고, 문 선생의 지도 아래『원리원본』을 모두가 쉽게 이해할 수 있도록 체계화 하는데 심혈을 기울였다. 그리고 그해 2월부터는 서울과 대구 등지에서 본격적으로 원리를 강의하기 시작했다.[30]

---

27) 유효원은 1914년 9월 25일 평안북도 정주군 관주면 관삽동 229번지에서 교회 집사였던 아버지 유정한, 권사였던 어머니 이신실 사이에서 출생했다. 유효영,「이분을 만나봤습니다」,『통일세계』129호 (1981. 8), 37쪽.

28) 유효원이 앓았던 고관절염은 결핵균이 골수에 침투하여 뼈를 잠식해 가는 병이었다. 약물로 치료할 수 있는 단계를 이미 지나 그는 결핵균이 침투한 뼈 부위를 절단하였다. 엉치등뼈를 떼어 시술하였지만 양다리의 길이는 맞지 않았을 뿐만 아니라 구부릴 수도 없게 되었다. 최창우,『통일교 초대협회장 유효원의 세례요한적 사명 연구』(선문대학교 신학전문대학원 석사논문, 2009), 26~27쪽.

29) 세계평화통일가정연합 역사편찬위원회,『증언』제6집 (서울: 성화출판사, 2007). 220~221쪽.

30) 세계평화통일가정연합 역사편찬위원회,『유효원 일기』1 (미간행, 2009), 8~17쪽.

1954년 3월 6일 유효원은 자신의 일기에 "서울 이전을 각오"라고 기록했다. 동년 3월 8일에는 "부산을 떠나 교회 건설로……"라고 기록했다. 일기 내용으로 보아 문선명 선생과 교단 창립에 대한 사전 합의가 어느 정도 이루어졌던 것으로 추측된다. 서울 개척을 본격화한 유효원은 3월 초순에는 하숙과 여관을 전전했고 중순을 넘겨서야 신당동에 일시적으로 방을 구했다고 한다. 유효원은 4월 26일자 일기에 "성동구 북학동 391−6호로 이사함(첫 교회)"이라고 기록했다. 그리고 5월 1일자에는 "간판을 새로 붙이다"라고 적었다. 문선명 선생은 이날 '세계기독교통일신령협회 서울교회'라는 간판을 붙임으로써 교단 창립을 공식화했다.[31] 이것은 그가 16세 때 하늘로부터 소명 받은 원리 전파의 목적을 이루기 위한 공식적인 단체라고 볼 수 있다.

북학동에 문을 연 이 교회를 통일교 신자들은 '세대문 집' 또는 '세대문 교회'라고 불렀는데 대개는 '세대문 집'이라고 불렀다고 한다. 이곳이 그렇게 불린 까닭은 첫 문으로부터 내부 진입까지 세 개의 문을 통과해야 했기 때문이라고 한다. 통일교 신자들은 이 세대문 집에서 초대 기독교에서 일어났을 법한 성령의 역사를 경험했다. 신자의 상당수는 현실적으로 이해하기 곤란한 신비 체험들을 하였다. 강정원은 그때를 다음과 같이 이야기했다.

> 우리 교회 분위기는 상상도 못하는 아주 쪼그만한 집에서 출발을 했어요. 그 성동구 북학동이라는 데. 몇 번지는 아마……. 근데 거기가 도시 개발 돼 가지고 도로로 쓸려 나갔지만 그 집이. 아주

---

31) 세계평화통일가정연합 역사편찬위원회, 『유효원 일기』 1, 18~26쪽.

환경이 열악한 데서 시작을 했는데도 불구하고 그 성령의 역사가 불붙듯이 일어났어요. 지금 성령의 역사를 체험을 못해서 젊은 친구들은 잘 모를 거야. 예를 들면, 내가 나지만 내 마음대로 행동할 수 없어요. 교회를 간다고 한다면 발이 떼어지지만 내가 어디 영화관에를 가겠다고 그러면 발이 딱 멈춰버려, 쉽게 말하자면. 그리고 저기 뭐야 하여튼 아버님(문선명 선생)이 이렇게 앉아 계시면 그냥 남자 식구 등이 이렇게 몇 미터 떨어져 앉았는데 그냥 성령의 역사가 일어나서 "아버지!" 하고 가서 붙으면 아버지 앞에 가서 딱 머물면 이 손발 끝이 다 탔어. 뜨겁게 타서 이게 빨갛게 타버렸다니까. 그래서 우리 교회가 전기 장치를 안 했는데도 "전기 장치 해서 달라붙는다" 그런 소문이 난거야. 그런 체험하는 걸 우리 눈으로 봤고. 이 몸이 항상 뜨거워서, 몸이 항상 뜨거워서 이 오른쪽으로는 하나님 역사고 이쪽으로는 사탄 역사라는 게 싸늘한 느낌이 이렇게 벌써 들어오는 걸 알고. 그리고 그냥 예배 시간이고 이렇게 기도 시간에 앉아 있으면 몸이 막 이렇게 껑충껑충 뛰는 거야. 가만히 있는데 바닥에서 위로 막 그냥 몇 십 센티cm 이상씩 막 뛰는 거야. 그런 역사가 일어나니까. 그리고 어떤 사람이 들어오면 옆에 있는 사람이 심령을 다 검토하는 거야. 그러면 막 방언하고 한 사람은 해석하고 그러니까 그 사람의 심령을 막 꼬치꼬치 다 파악해서 얘기를 하니까 꼼짝 못하는 거지.

김경식도 세대문 교회의 영적 역사가 대단했다며 다음과 같이 말했다.

아휴! 그때 (영적 역사) 많았지. 뭐 방언하고, 예배 보다 막 방언 터져가지고 방언 많이 했어. 할머니들 지금 다 잊어버렸지만. 왜 그 요전에 세대문 집에 옥세현 할머니하고 있었던 할머니. 그 할머니가 방언 많이 해서 예수님이 그 나중에 얘기지, 처음에는 그렇게 모르고. 예수님이 억울한 세상을 살았다구. 자기는 돌잔치도 한번 못 받아보고 생일잔치도 한 번도 못 받아보고 막 그렇게 "나도 한 번 생일잔치 받아보고 싶다" 이런 방언도 하고 그랬어. 그래서 그 때는 이제 원리를 해서 예수님이 이제 책임 다 못하고 해서 이제 완성 못한 거를 아니까 그 세상 인생이 참 불쌍했잖아, 예수님이. 그러니까 원리를 이제 인정하니까 딴 거 이제 다 부대가 슬슬 풀리는데. 하나 걸리면 다 걸리잖아. 근데 나는 절대 걸림 없이 그냥 다 받아들였어.

십자가가 없는 교회의 모습을 보고 김경식은 "개척 교회기 때문에 그럴 것이다"라고 생각하고 별다른 의문을 갖지 않았다고 한다. 그리고 당시는 문선명 선생이 전면에 나서던 때가 아니었고 협회장 유효원을 중심으로 원리를 강의하던 시기였기 때문에 교회에 왔던 사람들은 문선명 선생에 대해 처음에는 잘 알지 못하다가 원리를 듣고 나서 차츰 그의 존재감을 깨닫게 되었다고 한다. 김경식도 문선명 선생을 담임 목사 정도로만 생각했다고 한다. 그렇게 생각한 이유는 교회 방문자들에게 원리를 강의하는 역할은 유효원이 대부분 전담을 하고 문선명 선생은 주일 설교 정도만 했기 때문이라고 한다.

외적인 형태에서 통일교가 기독교와 확연히 다른 점은 십자가가 없는 것이다. 통일교에 십자가가 없는 것은 그들의 원리가 강조하는 '메시아 재강림'에 기초하고 있다. 초창기 문선명 선생과 유효원은 원리 강의를 통해 예수의 십자가 죽음이 하나님의 예정에 의한 필연적인 결과인가에 의문을 제기하며 예수가 죽지 않았다면 인간의 영인체와 육체 양면의 구원을 완성하여 지상천국을 건설했을 것임을 강조했다. 그러나 유대민족이 그를 불신하여 십자가에 내주었기 때문에 구원섭리를 다시 완성하기 위해서는 메시아가 지상에 재강림하지 않을 수 없다는 것이다.[32] 문선명 선생은 십자가에 대해 "예수님을 죽인 형틀"이며 "비참한 것을 상징"하고 "사탄이 침범할 수 있는 다리가 되었다"고 규정한다.[33] 그러므로 하나님은 인간의 조상인 아담과 해와가 타락하여 창조 이념을 잃어버렸을 때 그 이상의 슬픔을 갖게 되었다고 말한다.[34] 통일교가 일반 기독교처럼 십자가를 교단의 상징물로 표방하지 않는 이유는 여기에 있다.

---

32) 통일교, 『원리강론』(서울: 성화사, 2010), 152~162쪽.
33) 文鮮明先生말씀編纂委員會, 『文鮮明先生말씀選集』 제53권 (서울: 성화사, 1988), 272쪽.
34) 文鮮明先生말씀編纂委員會, 『文鮮明先生말씀選集』 제3권 (서울: 성화사, 1983), 176쪽.

■ 그들은 왜 입문했나

구술자들이 통일교에 입문한 이유는 무엇 때문이었을까? 그들은 무엇 때문에 제적 처분이라는 막다른 길에까지 가게 되었을까? 어떠한 힘이 그들에게 작용하여 그토록 굳은 결단과 행동을 취하도록 만들었을까? 구술자들의 기억과 경험에 의하면 통일교의 원리와 신비 체험은 신선한 충격이었으며 회심의 원동력이었다.

그러나 기독교적 시각에서 볼 때 통일교로의 회심은 곧 이단화를 뜻하는 것이었고 또 다른 타락으로 비춰질 수 있었다. 다음에서는 구술자들이 통일교에 입문하게 된 그 동기를 고찰한다.

강정원은 1954년 11월 27일 통일교에 입문했다. 그녀는 입문하기 2개월 전 9월 30일 꿈을 통해 신비한 경험을 하게 되었다. 이 경험은 결국 그녀를 통일교에 입문하도록 하는 결정적 동기로 작용했다. 이튿날 그녀는 친구 이계순에게 간밤의 꿈을 이야기했다.

그 다음날이 금요일이에요. 내가, 그 다음날이 기독교 문화사 시간
이야. 김옥길 교수가 지도하는 시간이었는데 그날 이렇게 학교에 갔
는데 나는 초·중·고등학교를 결석을 하지 않았어요. 아무리 아파
도 우리 친정 아버님께서 학교에 가서 출석을 부르고 병원에 가는 한
이 있더라도 결석하면 안 된다는 원칙이 있기 때문에 밤새껏 울었으
니까 눈이 퉁퉁 붓고 뭐 그랬는데도 불구하고 학교에 나갔는데. 우리
친구가 나한테 하는 말이 "얘, 너 왜 울었냐?" 그래서 "아, 나도 모르
겠어. 나는 도저히 감당 못할 꿈을 꾸었는데, 감당을 못하겠다. 하나
님께서 지금은 말세요, 아버지의 시대요, 아버지를 찾으라고 말씀해
주시면서 창세기부터 요한계시록의 미지의 사실을 전부, 영화 스크
린에 나타나듯이 보여주는데 나는 이걸 도저히 감당을 못하겠다"고.
그 친구는 나하고 같이 중고등학교 졸업하고 이화여대 법과대학에
같이 다니던 친구였거든.

한국전쟁 이후 기독교 계통의 신종교들은 대규모 집회를 열며 희
망을 갈구하는 민중들에게 구원의 메시지를 던졌다. 그 대표적인 인
물은 박태선 장로였다. 박태선은 전국 곳곳에서 부흥 집회를 열었다.
이계순도 성령의 은사를 입기 위해 박태선이 주관하는 한 집회에 참
여했지만 별다른 체험을 하지는 못했다. 그런데 종교와는 전혀 무관
했던 강정원이 꿈을 통해 성령 체험을 하였다는 말에 오히려 부러움
을 느꼈다고 한다.

그 친구(이계순)가 하는 말이 나도 정말 박태선 장로 부흥회 어저
께 한강 백사장에 가서, 정말 뭐 그때는 박태선 장로가 무슨 역사를
하면 무슨 냄새도 맡고 불, 불덩어리도 받고, 뭐 바람 같은 성신의 역
사도 일어나고, 불같은 성신의 역사도 일어나고 뭐 그럴 때니까. 뭐

자기도 그 체험을 하기 위해서 거기 갔다 왔지만 체험을 못 받았는데 "너는 정말 마음씨가 착하고 고우니까 하늘에서 택했나 보다" 그러면서 그 친구가 격려를 하더라고.

그 후 강정원은 한 달 동안 깊은 고민에 빠졌다. 꿈에서 언급된 '아버지'란 존재를 찾는 것이 급선무라고 생각했기 때문이다.

그런 꿈을 꾸고 그리고서는 한 달 동안 내가 고민을 했어요. 하나님께 기도했어요. 바로 그 꿈 꾼 다음에 하나님께 "하나님! 그럼 제가 어떻게 하면 좋습니까? 어딜 가야 '지금은 말세요, 아버지의 시대요, 아버지를 찾아라'라고 하셨는데 아버지를 만날 수 있습니까?" 그랬더니 "때가 되면 내가 너를 인도할 테니 가까운 교회 나가라" 그래서 종로 5가에 있는 연동교회에도 몇 번 나갔죠.

강정원은 1954년 1학년 2학기 한충화[35] 교수로부터 매주 3시간씩 영어 강의를 들었다. 그해 10월 중순부터 한충화는 수업을 종료하기 10분가량을 남겨두고 학생들에게 성경에 대해 언급하기 시작했다고 한다. 그러나 그녀의 논리는 기독교 교리와 배치된 것이었다고 한다. 한충화는 아담과 해와가 선악과라는 과일을 먹고 타락한 것이 아니라고 전제하며, 만약 아담과 해와가 과일을 따먹고 타락했다면 과일로써 구원을 받아야 할 텐데 인류 가운데 과일을 먹고 구원을 받은 이가 누가 있느냐는 것이었다. 그리고 성모 마리아가 처녀의 몸으로 예수를 잉태했다고 하였는데 그것이 과학적으로 어떻게 가능한

---

35) 문리대 영문과 조교수, 기숙사 사감.

일이냐고 의문을 제기하고, 또 세례요한이 위대한 선지자였다면 성경은 왜 그를 "여인이 낳은 자 중에 요한 보다 큰 이가 없도다. 그러나 하나님의 나라에서는 극히 작은 자라도 저보다 크니라"라고 하였는지 그것이 무엇을 의미하겠느냐며 성경은 비유와 상징적인 내용이 많기 때문에 바르게 해석해야 할 것임을 주장하였다고 한다. 또한 예수가 재림할 때 구름을 타고 온다고 하였는데 그것 역시 과학적으로 가능한 것인지 생각해 볼 내용이 아니냐고 문제 제기를 했다고 한다. 강정원은 한충화의 논리에 적극적으로 공감했다.

한 달 동안 그런 모습을 보고 내가 저 한충화 교수를 만나면 영계에 대한 문제 "지금은 말세요, 아버지의 시대요, 아버지를 찾아라" 하시는 하나님의 말씀에 뜻을 이룰 수 있는데 함부로는 결정할 수 없다 해서 한 달을 그렇게 보냈어요. 그러다가 11월 26일 그날이 금요일인데 수업이 끝나고 내가 한 교수 연구실로 찾아갔더니 "기도실에 가 있어라" 그래서 3층 기도실에 우리 두 친구를 데리고 가서 있는데 한 교수가 들어와서 나한테 "정원아! 신앙 문제 때문에 그러지?" 그래서. 그런데 막 눈물이 폭포수 같이 흐르고 막 흐느껴 울면서 그렇다고 그러니까 두말할 것도 없이 "내일이 토요일이고 학교 수업이 없으니 장충단 공원 비석 앞으로 아홉시까지 오면 내가 너의 인생관 신앙관 세계관을 해결해 줄 수 있는 훌륭한 스승을 만나게 해 줄 테니 내일 꼭 그 시간에 와라" 그래서 그 다음날 어제 같이 했던 그 친구 두 명을 데리고 간 곳이 장충단 공원 비석 앞으로 아홉시까지 갔더니 한충화 교수가 나오셨어.

강정원이 한충화의 안내로 간 곳은 이화여대에서 음대 성악과 전임 강사로 있던 양윤영의 집이었다. 양윤영은 이미 통일교 신자로서 신앙생활을 하고 있었으며 자신의 집을 교회의 모임 장소 및 강의소로 제공하고 있었다. 그곳에서 강정원은 통일교의 원리 강사이자 협회장이었던 유효원으로부터 강의를 들었다. 유효원이 원리를 "신·구약 성서를 완성한 성약의 말씀"이라고 소개하자 강정원은 즉각적으로 자신의 꿈에서 언급되고 있는 그 '아버지'의 사명을 가지고 온 이의 말씀이라고 판단하며 주의를 집중했다. 강정원은 당시 상황을 이렇게 회고했다.

> 근데 이거는 "신·구약 성서를 완성한 성약의 말씀"이라는 거야. 아, 신·구약 성서를 완성한 성약의 말씀이라면 구약 말씀은 모세, 신약은 예수님의 말씀. 그러면 성약의 말씀은 재림주님이 가져온 말씀이 아니냐. 아, 그렇게 되더라고. 그래서 나는 "이게 그러면 가져 오신 분이 누구냐?" 내가 이렇게 질문했다고. "가져 오신 분이 누구냐? 이거는 분명히 아버지의 사명을 가지고 오신 분일 텐데 누구냐?" 그랬더니 막 그때는 설명을 꺼려 하시더라구. 그렇잖아. 모든 걸 다 감추고 그럴 때니까. 함부로 얘기할 시대가 아니잖아.

강정원이 양윤영의 집에서 원리를 듣고 있을 때 갑자기 아이를 데리고서 이신덕이라는 부인이 들어왔다. 그녀는 자신은 "집에 구들장을 새롭게 놓는 중이라 도저히 올 수 없는 상황인데 영계에서 '이화대학생이 왔으니 아버지를 만났던 이야기를 빨리 가서 증거 하라'는 계시를 받았다"고 했다. 이신덕은 6·25 전쟁으로 대구에서 피난 생활을 하고 있던 1953년 7월 당시, 강현실 전도사를 통하여 전도가 되었다고 한다. 그러면서 놀라운 것은 강 전도사가 하늘로부터 '오른쪽으로 가라. 어느 집으로 가라'는 등 직접적인 지시를 받아서 자기 집까지 찾아와 말씀을 전함으로써 결국 문선명 선생까지 만나게 되었다고 증언했다. 이신덕의 말에 강정원은 조만간 그 아버지란 인물을 만날 수 있겠다는 기대를 갖게 되었다고 한다. 유효원이 이신덕에게 기도를 요청하자 강정원은 이신덕으로부터 이해하기 힘든 노래와 방언 등을 들었다고 한다.

그리고 이어서 김재곤이란 노부인이 들어왔다. 그 역시 "지금 이화대학의 사랑하는 딸이 왔으니 빨리 가서 증거 하라"는 계시를 받고 왔다고 한다. 유효원은 김재곤에게 어떻게 해서 하나님을 만나게 되었는지에 대한 간증을 강정원에게 들려주라고 부탁했다. 김재곤은 아담과 해와가 과일을 먹고 타락한 것이 아닌 성적 불륜으로 타락했다는 것을 영계로부터 계시를 받았는데 통일교에 와서 원리를 듣고 확실히 깨우침을 얻었다고 했다.

강정원에게는 모든 것이 꿈을 꾸는 것 같았고 믿을 수 없는 내용들뿐이었다. 그러나 자신의 성령 체험 역시 이성적으로는 설명하기 어려운 일이었기 때문에 일면으로는 공감할 수밖에 없었다고 한다.

이신덕, 김재곤의 간증에 이어 '누런 잠바'를 입은 문선명 선생이 양윤영의 집에 들어섰다. 이화여대 학생이 왔다는 보고를 받고 왔던 것이다. 문선명 선생은 강정원과는 초면이었지만 곧바로 말씀을 시작했다고 한다. 강정원은 문선명 선생으로부터 말씀을 들으면서 한 달 전에 계시 받은 아버지란 존재가 문선명 선생이라는 잠정적인 결론을 내리게 되었다. 당시의 상황을 강정원은 이렇게 말했다.

16절지에다 이렇게 만년필로 강의할 때니까 선생님께서. 첫 번 강의, 인상적으로 영인체와 육신과의 관계를 설명해 주신 것 같아요. 거기 불과 몇 명이 없었는데도 뭐 몇 백 명, 몇 천 명, 몇 만 명이 있는 것 같은 그런 분위기로 강의를 하시더라고. 그렇게 열정적으로. 그런데 '이분이 아버님이냐? 아버님이냐?' 아이구, 그게 영계 역사지! 성령의 역사지! 아니 그 무슨 이분이 아버지다. 저분이 아버지다. 그것을 생각할 그런 사실, 여건이 안 돼 있잖아. 근데 왜 그렇게 생각이 되느냐 말이야. '이분이 아버지인가? 이분이 아버지인가? 사명을 가져온 분이 누군가?' 그렇게 자꾸만 집중적으로 생각하게 되더라고. 그게 그 내 생각이 아니라고 나는 지금 생각하게 되요.

문선명 선생으로부터 말씀을 들으면서 강정원은 그의 말이 학문적인 이론과 배경을 기초로 하는 것이 아님을 바로 알 수 있었다고 한다. 강정원은 '인간의 육신과 영인체와의 관계'에 대해 설명하는 문선명 선생이 마치 진리의 실체처럼 느껴졌다고 한다. 이것은 강정원에게 신앙적 확신과 신념을 제공하는 동기가 되었던 것으로 보인다.

한편, 당시 양윤영의 집에는 강정원 일행 이외에도 그와 같이 원리를 듣기 위해 모여든 사람들이 있었다. 그 중 안창성이란 인물은 용산중학교 역사 교사였다. 그는 중앙신학교와 서울대학교 법대를 나온 엘리트였다. 그는 원리를 듣기 시작한지 벌써 4일째였다.

안창성이 그곳에 오게 된 동기는 연희대학교에 다니고 있던 처남 오승택이 통일교에 매료되어 이곳에서 나오지 않자 장인의 부탁으로 통일교 원리를 직접 듣고 그 단점을 파악하여 처남을 탈교시키기 위해서였다고 한다. 그러나 비판을 하기 위한 목적으로 듣기 시작한 원리에 감동해 버린 안창성은 오히려 침구까지 챙겨 와서 본격적으로 강의를 듣고 있었으며, 서울대학교 물리학과에 재학 중인 김찬균도 동석해 있었다.

양윤영의 집에 모인 사람들은 문선명 선생의 인도로 찬송을 불렀다. 그 노래는 통일교 신자들이 애창하는 찬송가였다. 기독교인이 아니었던 강정원으로서는 한 번도 들어보지 못한 노래였다고 한다. 그러나 강정원은 자신도 모르게 그 찬송을 따라 불렀고 어느 순간에서부터인가 스스로 몸을 제어할 수 없을 만큼 강한 진동이 오기 시작했다고 한다. 그때 상황을 강정원은 이렇게 기억했다.

그 날이 바로 연희대학 학생 세 명이 삼각산에 가서 3일 금식 기도를 하고 오는 날이었어요 왜냐하면 이화대학하고 연대를 복귀해 달라고 3일 금식을 하고 오는 날이었기 때문에 아주 영적인 분위기가 굉장히 조성이 됐죠 그래 아버님께서 "찬송을 부르자" 그러셔. "주님 자기 동산에 오셨네. 그 좋은 향기 진동해" 이 찬송을 하는데 나는 한 번도 들어본 적도 없고 들어본 적도 없으니까 해본 적도 없는데 내 입에서 막 나오는 거야, 그 찬송이. 그러니까 얼마나 대학 1학년 학생이 챙피해요 그 피아노 옆에 앉았었는데 내가 피아노 다리를 붙잡고 이렇게 안하려고 그러면 내 몸이 껑충 껑충 껑충 막 뛰어 올라가면서 "주님 자기 동산에 오셨네. 그 좋은 향기" 막 이러는 거야. 얼마나 챙피해요 그 막, 하나님의 심정을 느끼게 되면서 눈물 콧물을 흘리게 되는데 "학생, 이 찬송 알아요?" 그래서 "저는 모릅니다" 그랬더니 "오너라 동무야 동산에" 그거아, 그걸 또 부르시는데 그것도 입에서 막 나오는 거야. 학생 이거 아느냐고 나는 모른다고 그렇게 첫날부터 성령의 역사가 일어나고 강정원은 문선명 선생의 기도에서도 많은 은혜를 받았다고 한다. 일반 기성 교회의 기도와 비교할 때 문선명 선생과 그를 따르는 신자들의 기도는 "해드리겠다. 이루어드리겠다"는 주체적이고 성취 지향적인 내용이 주류를 이루었다고 한다. 그리고 문선명 선생과 그 신자들 모두가 통곡에 가까운 기도를 하였는데 양윤영의 집을 방문했던 첫날 강정원은 그들의 기도에 깊은 인상을 받았던 것이다.

유효원과 문선명 선생으로부터 원리 강의를 듣고 온 이튿날 일요일 새벽, 강정원은 자발적으로 냉수욕을 하고 또다시 양윤영의 집으로 향했다. 통일교 예배에 참석하기 위해 나름의 정성스런 조건을 세웠던 것이다.

양윤영의 집 앞에 도착하자 방 안에서 양윤영과 한충화가 "정원이를 데리고 어떻게 교회에 가지?" 하는 소리가 들려왔다고 한다. 강정원은 처음에는 그들의 대화를 이해할 수 없었다고 한다. 그러나 그들을 따라 북학동의 세대문 교회에 도착하면서 그들이 걱정했던 진의를 알게 되었다고 한다. 양윤영의 집이 전도 대상자들을 위한 강의소로 쓰였던 것은 세대문 집이 교회라고 하기에는 너무나 남루하여 사람들을 초청하기가 곤란하였기 때문이다. 양윤영의 집은 그 대안으로써 전도소와 같은 중간 단계의 역할을 수행한 것으로 보인다. 통일교로서는 최초의 교회였지만 이곳은 현재 도로에 편입되어 그 흔적을 전혀 찾아볼 수가 없다. 강정원은 세대문 교회를 처음 본 순간을 이렇게 회고했다.

교회 앞에 딱 당도해 보니까, 아 조그만 한 오막살이 집 같은 거야. 지붕도 낮고 말이야. 뭐 컴컴하니. 그런데 거기 간판은 뭐라고 써 있느냐면 "세계기독교통일신령협회 서울교회"라고 써 있더라고. 나는 그 순간 "2천 년 전 예수님은 말구유에서 탄생하셨는데 이런 곳이면 어떻단 말야" 하는 생각이 들면서 교회 안으로 들어간 거지. 거기 들어가서 세대문이라는 게 발 한 짝 딛고 문 하나 있고, 발 한 짝 딛고 문 하나 있는 거야. 그런 집에 갔더니만 쪼그만 한 우물이 이렇게 보이고 장독대 보이고 방에 부엌이 이렇게 그냥 으스런 게 보이고 안방 마루 건넌 방 이렇게 있는 집이야.

강정원은 자신이 이화여대 학생들 가운데 통일교 첫 입문자라고 했다. 강정원은 당시 교회 신자들의 말을 빌려 이전에 2명의 이화여대 학생이 왔다갔지만 남아지지 못하고 세 번째로 온 자신이 마침내 신자로 결실되었음을 전했다. 강정원 이후 1954년 12월부터 통일교에는 이화여대 학생들의 발걸음이 잦아지기 시작했다.

이계순의 심층 면접에는 강정원이 동석하였다. 그 이유는 그녀의 오랜 친구인 강정원을 통해서만 이계순과 연락을 취하고 만날 수 있었기 때문이다. 이계순은 통일교가 싫어서 탈교한 것이 아닌 통일교 의식에 따른 축복결혼식을 하지 않았던 이유로 스스로가 50여 년 동안 통일교와 단절된 생활을 해 왔다. 그녀는 통일교에서 여전히 자유롭지 못한 모습을 보였다. 그녀와 심층 면접을 하면서 필자는 그녀가 탈교한 것이 아닌 휴교 상태라고 표현하는 것이 더 적절해 보일 것 같다는 생각이 들기도 하였다. 이계순이 통일교에 가게 된 동기는 친구 강정원을 구하겠다는 마음으로부터 시작되었다며 다음과 같이 이야기했다.

애(강정원)는 신앙도 하나도 모르는 애가 어떤 교회에 빠져서 그냥 그걸 막 나한테 전도를 하고 그러는데, '애 암만해도 이상하다' 하고 애 건진다고 갔다가 내가 빠져 들어갔지. …(중략)… 애, 기독교 신자 아니었거든. 도매금으로 같이 이화대학에서 세례는 받았어도 나는 3대째 신앙가니까 웬만한 그리스도 교리는 알고 있잖아요. 근데 이 교리와는 조금 다른 얘기를 하면서 "너, 나 가는 길로 가야 천국 간다"는 거야. "나 가는 길로 가야 옳은 길"이라는 거야. 그래서 "애가 정말 이단에 빠졌구나. 좀 이상하구나" 그러면서 안 따라 다녔어. 애가 한(충화) 교수 만나러 다닐 때도 나는 안 따라 갔어. 딴 아이들 데리고 갔지. 반대했다고. "넌 좀 이상하다. 니가 지금 잘못 가는 거다" 그랬는데 꿈을 꿨단 말이에요. 그래, 그 꿈을 안 믿고 싶었어. 안 믿어.

한편, 1954년 크리스마스를 2일 앞두고 이계순도 생소한 꿈을 꾸었다. 이계순은 강정원을 만나서 꿈 이야기를 하고 통일교를 방문해 보기로 결심했다. 그러나 50여 년이 흐른 지금, 이계순은 자신의 꿈 내용을 정확히 기억하지 못하고 있었다. 오히려 강정원이 자신의 꿈처럼 생생히 기억하며 아래와 같이 말했다.

너(이계순) 그거 니가 꿈꾼 것도 다 잊어버렸구나. 23일 날 니가 꿈을 꾸니까 저 하늘에 아름다운 궁전이 나타나는데 요단강이라고 그러면서 저 요단강을 건너가면 천국을 들어간다고. 근데 그 요단강 건너편에서 내가 너를 막 "계순아! 계순아!" 부르더래. 그래서 니가 나를 따라서 요단강을 건너서 왔다는 거야. 그 꿈을 꾸고 날 찾아왔잖아 이 사람아. 다 잊어버렸구나.

강정원의 언급에 통일교로 향했던 당시를 이계순은 이렇게 기억했다.

내 마음 속에 애(강정원)는 정말 순진하고 착한 사람이거든. 애가 뭐라고 그러면 난 절대로 믿는 사람이야. 그럴 정도로 친한 친구거든. 애가 아무리 나쁜 짓을 해도 내가 그건 아니라고 변명을 할 사람이거든. 이 애가 신앙이 없는 걸 내가 알았거든 그때까지. 우리는 3대째 나는 기독교 신자고. 애는, 애가 뭣도 모르고 어딜 넘어갔구나. 그러고 늘 마음으로 그래서 그런지 그런 이상한 꿈을 꿨어. 그때는 정말 이상한 꿈이라고 그랬어, 내가. 이상한 꿈을 꿨는데 어쨌든 말하면 어쨌든 가보자고. 아마 내가 자청을 했을 거야 가보자고. 애가 그 말을 하니까 어서 가보자고. …(중략)… 그날 크리스마스가 내일 모레니까 교회에서 올 나이트all night(철야) 하면서 준비를 해야 돼. 내가 아이들 노래를 가르쳐야 되고 나도 독창해야 되고. 뭐 오라토리오Oratorio도 해야 되고 그래서 밤을 새우면서 일을 해야 되는데 꿈이 영 심상치가 않아. 그 꿈. 애가 자꾸 저한테 와야만 구원을 받는다는데. 그래서 나는 그걸 귀띔으로도 듣지 않았는데 꿈에 그렇게 또 입증을 하니깐 그냥 넘기기가 안됐어. 그래가지고 연락을 해서 저녁에 아이들 다 모이라고 해 놓고는 나는 애를 따라서 거기를 가서 잠만 집만 보고, 집만 보고 오리라. 내가 꿈에 본 궁궐일까, 뭐 이런 의아심을 가지고.

상상했던 것과 다른 통일교의 모습에 이계순은 적잖은 실망감을 가졌다. 그러나 그곳에서 그녀는 3일 동안 이전까지와는 전혀 다른 새로운 경험의 시간을 보냈다. 당시를 이계순은 이렇게 기억했다.

아주 집도 정말 누추하기가 이를 데 없는 그런 아주 찌그러진 집으로 데리고 들어가더라구. 꿈에 본 집하고는 전혀 다른. 그런데 거기서 이상한 어른이 한 분 나오시는데 꼼짝을 못하겠더라구. 아주 그냥 내가 돌이 된 것 같애. 인사도 못하겠고 꼼짝을 못하겠어. 그런 분이 한 분 이렇게 나오시더라구. 지금 이제 말하면 우리 선생님(문선명)이신데. 그래 가지고 그냥 주저 앉아버렸어. 그래 가지고 그 순간부터 사흘 동안 정말 밥 먹는 것도 잊어버리고 원리 강의를. 강의는 유(효원) 선생님이. 유 선생님께서 드러누우셔서 하시는데 정말 무엇엔가 홀리지 않으면 있을 수 없는 일이지. 정말 거기에 빠져 들어서 3일 밤낮을 꼬박 3일 밤낮을 교회에서 3일 새워서 크리스마스를 해야 할 일을 거기서 그냥 완전히 3일을 지낸 거야. 크리스마스도 지나고 뭐 그냥 어떻게 날이 갔는지 왔는지, 밥을 먹었는지 잠은 모두 안 자고들 모두 그렇게 하시니까 계속적으로.

원리를 듣고 난 이후 이계순은 3대로 이어 나온 기독교 신앙을 단숨에 단절하고 통일교로의 회심을 단행했다. 이계순의 사례는 원리의 효과가 한 사람의 인생 좌표에 얼마나 큰 영향력을 미칠 수 있는가를 보여주고 있다.

3일이 끝나고 밖을 나와 보니까 정말 그게 새 하늘과 새 땅이야. 전혀 다른, 정말 다른 세상인 것 같고 '내가 여기서 살아봤었나?' 하는 그러한 내가 되더라구. 무슨 동기고 뭐고 보다 하여튼 가 가지고 그 순간부터 교인이 돼 버린 거예요. 그렇게 나는 이 사람(강정원)이 다니는 걸 거부하고 무시하고 그러던 거가, 가서 원리를 듣는 순간 "아, 이게 창조부터 재림까지가 이렇게 되는 줄거리가 이렇게 되는 거구나." 그게 하나님이 창조하신 거부터 주님 재림하실 때까지가 이렇게 눈에 막 영화같이 이렇게 지나가면서 들어오더라구.

확 머리에 박히더라구. …(중략)… 눈물 콧물 쏟고. 점잖게 들어갔
다가 눈물 콧물 범벅 사흘 세수 안하고 (웃음) 눈물 콧물 쏟아지고.
아, 그러면서 나와 가지고 세상을 보니까 이게 주님께서 원하시는
재림하셔서 새로 이루어 놓아야 할 그러한 세상이구나. 이렇게 느
껴지더라구. 이 길만이 살 길이구나. …(중략)… 그리고 그 (감리교
창천)교회 이제 끊었고. 아주 뭐 뒤도 안 돌아보고 딱 끊고.

김경식은 통일교 입문 당시 약학과 4학년에 재학 중이었다. 그녀
는 그때 YWCA 약대 회장을 맡고 있었으며, 채플 시간에는 인도자
의 역할을 담당할 만큼 신앙적으로도 모범을 보였다고 한다. 그랬던
그녀가 어느 순간 통일교에 입문하게 되었다. 그녀에게 그러한 계기
를 제공한 사람은 교수 김영운[36]과 한충화였다.

김영운 선생님이 종교학과 교수였지. 그리고 한충화 선생은 우
리 영어를 가르쳤어. 그리고 사감했는데. 나는 안했는데(안 들어갔
는데) 사길자, 서명진, 김정은은 다 그 기숙사에 있었어. …(중
략)… 김영운 선생하고 한충화 선생의 인도로 가게 됐는데, 어떻
게 됐는지 하여튼 갔어. 가보자고 해서 갔는데 그 유효원 선생이
원리 강의 하시더라구. 그 유효원 선생이 척추 카리에스spinal
caries에 걸려가지고 앉으시질 못해. 눕지 않으면 서든지 아예. 그
래서 그 의자에 이렇게 비스듬히 앉아 가지고 서서 강의하셨거든.

김경식에 의하면 김영운은 도도하고 이지적인 이미지의 소유자였
고 말수가 적고 냉정한 분위기가 흘러 접근이 어려운 "대쪽 같은 사

---

36) 사회사업과 부교수, 사회사업과장.

람"으로 학내에서 평판이 나있었다고 한다. 학교에서 기독교 문화사를 강의하고 또 학생들로부터 인격적인 면에서 존경받고 있던 교수가 "성경 해설을 잘하는 선생이 있다"며 함께 가보자고 권하는 것에 김경식으로서는 반대할 이유가 전혀 없었다.

　기독교 신앙을 3대로 이어온 입장에 있었던 김경식이 통일교 원리를 거부감 없이 적극적으로 수용하게 된 것은 어떤 이유 때문이었을까? 김경식은 성경을 파고들면서 많은 고민을 하였다고 한다. 특히 요한게시록 부분에서는 적잖은 갈등을 하고 있었다. 그리고 율법적인 신앙 문화를 납득할 수가 없었다. 성경이 말하는 삶이 실제로는 그대로 실현될 수 없으며 누구도 그렇게 살고 있지 않은 것에 대해 회의를 느꼈다고 한다.

　　나는 그 예정론 때문에 많이 고민했어. 사실 예수 믿기가 뭐 그렇게 쉬운 일이 아니잖아. 사실 뭐 하나의 율법 문화 같은데 교인 생활 하는 것도 쉽지 않잖아, 사실. 뭐 봉사도 해라. 그리고 뭐 맨 날 사랑해라. 뭐 왼뺨 때리면 오른쪽도 대라 뭐. 그래, 나는 그랬다구. 나는 그거 못한다구, 목사님한테두. 뭐 너 먹을 거 너 먹지 말고 뭐 반쪽 달래면 한쪽 다 줘라 그러잖아. 왜 늘 기억하라. 그걸 어떻게 하냐. 그건 난 못하겠다. 늘 이제 그런 것 때문에 많이 고민을 했어. 왜냐하면 그 설교를 듣고 성경대로 살려니까 성경대로 살 수 없는 거야, 내가. 세상살이를 어떻게 성경대로 다 사냐. 5리를 가자면 10리를 가줘라. 반쪽 달라면 한쪽 다 줘라 뭐. 왼쪽 뺨 때리면 바른 쪽도 갖다 대라. 어떻게 성경대로 사냐구. 그런 게 너무 말하자면 한참 공부할 때니까 그런 게 다 마음에 걸려 있었거든.

김경식의 사고는 유효원으로부터 원리 강의를 들으면서 전환되기 시작했다. 성경이 왜 이타주의적 입장을 취하고 그러한 행동을 요구하는지에 대해서도 이해하게 되면서 원리에 "홀딱 반했다"고 한다. 이튿날부터는 자발적으로 세대문 교회에 가서 원리를 들었다. 김경식은 "원리가 진짜 원리"였고 모든 것에 "그냥 반해버렸다"고 한다. 당시의 감회를 그녀는 다음과 같이 기억했다.

> 첫날에 반해가지고 그 다음에는 오래지 말래도 내 발로 걸어갔지. 그 원리를 들을려고. 하여튼 그때는 머리에 전부 쏙쏙쏙 들어오더라구. 원리가 마음에 그냥 좀 뭐라고 그럴까. 딱딱딱 전부다 흡수야. 완전히. 그렇게 원리가 나한테 다가오더라니까. 그래서 그냥 뭐 질문하고 대답하고. 얘기 자꾸 하니까 모르면 질문하고 대답하고. 원리 강의를 쭈욱 하니까 듣다가 질문도 하고 이렇게 하다 보니까 진짜 원리한테 그냥 반해버렸지.

신미식은 어려서부터 종교에는 관심을 두지 않았다. 그녀에게 종교는 삶의 의지가 약한 사람이 신이라는 존재에 의지하기 위한 수단에 불과한 것이었다. 그녀는 과거에 자신이 가졌던 종교에 대한 인식을 다음과 같이 이야기했다.

> 이제 입학식을 하는데 김활란 총장이 뭐라고 그러냐면 나는 그때만 하더라도 그 종교라는 걸 아주 싫어했어요. 종교라는 것은 하나의 뭐, 한 인간으로서 약한 사람이 의지하고 그러는 거지 정말 하나님이 계시고 예수님이 어쩌고 부처님이 어쩌고 그것을 전연 믿지를 않았거든요. 근데 이 김활란 총장이 그래도 한국에서는 참 일

류 가는 교육가라고 여성 교육가라는 사람이 한다는 소리가 이제 자기는 자기의 교육에 대한 그 목적은 "기독교 정신을 너희들로 하여금 알게 하는 것. 이것이 4년 동안에 교육을 하는 나의 목적이다" 기독교 정신. 그래서 내가 '아이구, 저 훌륭하다는 여성 지도자가 무슨 그 따위 바보 같은 얘기를 하나.' 이제 그렇게 생각을 했어요. 왜냐하면 내가 그거를 완전히 무시하는 사람이었기 때문에.

한편, 신미식은 그녀가 성장해 온 시대적 정황과 환경 가운데서 인생의 목적이 무엇인가에 대한 해답을 추구하기에 전념했다. 그러나 그 문제를 해결하지 못하자 그녀는 학업은 물론 삶 자체에 대해서도 흥미를 갖지 못했다. 건강도 극도로 쇠약해져 갔다. 내외적으로 혼미했던 당시의 상황에 대해 신미식은 이렇게 전했다.

이제 거기서(부산 캠퍼스) 공부를 하다가 그 다음에 다시 서울로 와 가지고 계속 하는데 제가 그 인생 문제를 해결 하지 못하니깐요, 늘 그냥 공부하는 것도 힘이 안 들어가고 이제 그랬어요. … (중략)… 기숙사에 가서도 닷새 공부하고는 토요일 하고 일요일은 그냥 누워있어야지 도대체 뭐 일어나서, 다음 주 일을 준비할 수 없을 정도로 몸이 약했어요. 그러면서 자꾸 자꾸 자꾸 삶에 대한 목적을 모르니까는 염세주의로 빠져가지고, 그래 가지고 나중에는 내가 이거를 끝나면 그저 스스로 목숨을 끊겠다 뭐 뭣 때문에 사는지 모르니까. 그렇게까지 됐어요. 그렇게까지 되고 있는데 그러니까 불면증에 걸렸어요.

대학교 3학년 때 자살 결심에까지 이르렀던 신미식은 어머니가 돌아가신 이후 자신마저 죽는다는 것은 아버지에 대한 불효라고 여기며 졸업 이후로 자살을 미뤘다고 했다. 그로부터 그녀는 죽음을 맞기까지 어떻게 살 것인가에 고심하다가 "착하고 선하게 살아야겠다"는 결론을 내렸다고 한다. 그 뒤로 그녀는 새벽 4시면 어김없이 일어나 남몰래 학교 주변을 청소하기 시작했다.

그러던 어느 날 기숙사의 한 학생으로부터 새벽 기도회에 나올 것을 권유받았다. 종교 자체에 회의적이었기 때문에 그녀는 그 제의를 거절을 했다. 그러나 그 학생의 권유는 한번으로 끝나지 않고 계속 되었다. 처음과 두 번째는 무시하였지만 세 번째 권유를 받았을 때는 스스로에게 인생의 근본 목적을 알기 위해 심각히 질문하고 고민하는 입장에서 종교를 제대로 알아보지도 않고 거부한다는 것은 옳지 않다고 판단하여 새벽 기도회에 참석하게 되었다고 한다. 새벽 기도회에 참여한지 3개월이 되었을 무렵 신미식은 기독교를 정식으로 받아들였다. 그것은 그녀가 오랫동안 방황하며 고민했던 문제들에 대한 나름의 답을 얻었기 때문이었다. 이에 대해 신미식은 이렇게 말했다.

근데 거기는 기숙사 안에 대강 장로, 목사 이런 딸들이 많거든요. 그 이화대학이라는 데가. 그런데 나는 좀 진지한 데가 있으니까 한다고 하면 이제 아주 정확하게 그 시간도 맞추고 이래가지고는 한 석 달쯤 나갔어요. 뭐, 뭐가 있나요. 깨달음이라든가 아무 것도 없죠. …(중략)… 근데 지금 같아서는 알쏭달쏭한데 한 석 달쯤 했을 거예요. 그런데 하루아침에 성경을 읽는데 "나는 길이요, 진리요, 생명이니 나로 말미암지 않고서는 하늘 앞에 갈자가 없다." 나는 길이요, 진리요, 생명이니 그래, 길. 내가 길을 찾았고, 진리를 찾았고, 참된 것이 뭣인가. 그리고 이 삶의 문제, 생명의 문제,

인간의 생명의 문제를 찾은 것 아니냐. 이 세 가지를 내가 다 찾은 건데 나는 이렇게 되는 거야. 나는. 그러면 나는 누구냐. 그건 예수 그리스도란 말이에요. 예수님 말이에요. 그러면 내가 이때까지. 그 게 이제 계산을 해보니까 7년 동안 이라구. 내가 퀘스천question을 하면서 이렇게 한 것이. 내가 찾은 것이 예수님 하나를 찾았단 말이냐. 이렇게 자문자답이 되면서 그러면서 그 성경이에요, "나는 길이요, 진리요, 생명"이라고 하는 그것이 여기서 빛이 나는 거야. 빛이 환하게 나가지고 빛이 내 가슴 속으로 다 들어와 가지고 꽉 차면서 내가 예수님 한분을 찾았구나. 나는 길이요, 진리요, 생명이니 나로 말미암지 않고서는. 아, 그럼 내가 예수님을 찾았다는 그 거야? 그러면서 아주 그냥 막 내가 달라지는 거예요. 기쁨에, 기쁨에 차는 거야. 기쁨에 차가지고 '아, 이제 나는 살았다. 이제 나는 살았다. 이젠 나는 살았다' 이렇게 됐어요.

그래가지고는 내가 그 아침에 새벽 기도회 끝나고 이제 교실에 들어오니까, 내가 문을 열고 교실에 들어오니까 애들이 이러는 거야. "네가 너무 달라져서, 표정이랑 모든 게." 그 전에는 늘 우울해 가지고 땅만 보고 다니는 이제 그런데 광선이 달라졌겠죠. 그때부터 내가 기독교 신자가 된 거죠. 그래 가지고 내가 막 전도하고 다니는 거야. 혼자.

그러나 신미식은 기독교에 심취한 이후 오히려 더 깊은 의문에 시달렸다. 그녀는 "하나님의 섭리적 뜻, 창조의 목적성과 인류 평화의 문제, 인간의 죄에 대한 대속의 문제" 등을 놓고 새벽마다 심각한 기도를 했다고 한다.

제가 기숙사에서 크리스찬이 된 다음에 열심히 성경 공부도 하고 여러 가지를 하다가 보니까는 구약에 대한 것이 굉장히 의문이 있는 거예요. 신약은 예수님의 좋은 말씀하신 거니까 이제 그렇지만. 구약에 대한 것을 잘 이해하기가 곤란한 게 많아요. 그리고 내가 전쟁을 두 번이나 겪고 그랬으니까 근본적인 퀘스천question이 뭐냐 하면, 하나님의 섭리가 하나님의 뜻이라는 게 도대체 뭔지를 모르겠는 거예요. 크리스찬들이 "아, 뜻대로 해주십시오. 뜻대로 해주십시오" 그러는데 그 하나님의 뜻이 무언지. 왜냐하면 크리스찬들도 얼마나 세계적으로 많은데 서로 나라 때문에 전쟁을 하지 않을 수 없는, 서로 총을 겨누지 않으면 안 되는 적과 적이 될 수밖에 없는 그런 일들. 그런 역사의 모든 모순된 문제가 풀리지가 않는 거죠.

그래서 "도대체 하나님의 뜻이 어디 있습니까? 왜 우리가 다들 평화를 원하고 사랑을 원하면서 그렇게 되지 않습니까?" 그리고 내가 그러한 성신의 역사를 받아서 크리스찬이 됐지만 한 가지 모르겠는 것이 '나의 죄로 말미암아서 예수님이 십자가에 돌아가셨다' 하는 문제에 대해서 그것을 이해할 수가 없는 거예요. 왜냐하면 2000년 전에 돌아가신 예수님의 십자가가 2000년 후의 나의 죄하고 어떻게 관련이 되느냐 할 적에 물론 내가 완전히 죄가 없고 깨끗한 사람이라고 말할 수는 없지만 예수님이 2000년 전에 내 죄 때문에 돌아가셨다 하는 것이 아주 절실하게 '아, 그렇구나' 안 되는 거죠. 그래서 그걸 목사님들한테 물으면 "아, 에이. 그냥 믿어야 된다"고 뭐 이런 식인데 납득이 안 되죠. 그런데 어떤 목사가 말하기를 "그것은 어떤 성신의 역사를 통해서 이제 깨달을 수가 있다" 그러니까 내가 성신의 역사를 받아서 내가 예수를 믿게 된 것과 마찬가지로 그러한 체험을 통해서만이 예수님의 십자가의 피, 그것이 나의 죄 때문이다 하는 것을 알 수 있다고 누가 가르쳐주더라구요. 그래서 그때부터 제가 기도를 하기 시작한 거예요. 이화대학 시멘트 콘크리트 바닥에 엎드려서 새벽마다 그 세 가지 문제를 놓고 기도를 했어요. 담판 기도를. 그게 담판 기

도라는 걸 나는 몰랐지만 어쨌든 '하나님의 뜻이 무엇입니까?' 뜻
이 어디. 그 다음에 '어떻게 해서 세계 평화가 이루어지겠습니
까?' 또 '예수님의 십자가 보혈이라는 것이 나의 죄 때문이라는
데, 대속이라고 하는데 어떻게 해서 그것이 나의 죄 때문이냐?'
하는 그 세 가지 문제를 놓고 내가 기도를 했어요.

4학년 1학기 초 법대 학생과장 최원복[37]을 위시한 5명의 교수가
통일교 신앙생활을 한 것이 원인이 되어 면직 처분 되는 초유의 사태
가 발생했다. 이 무렵 같은 약학과 동료 김경식이 신미식에게 접근하
여 원리를 들어볼 것을 제안하면서 그녀는 통일교와 인연이 되었다.
당시 상황을 그녀는 이렇게 기억했다.

4학년으로 올라왔죠. 그런데 이제 통일교회 소문이 났어요 대
학에서. 왜냐하면 최원복 선생님, 한충화 선생님이라고 이제 기숙
사 사감 선생님, 또 양윤영 선생님, 김영운 선생님 이런 분들이 통
일교회로 갔어요. 그리고 뭐 통일교회 이단이라고 그러고, 뭐 적그
리스도라고 그러고. 뭐 여러 가지 소문이 났죠. 그러니까 나는 그
렇게 어렵게 내가 그 인생을 추구하다가 예수님을 만났고, 하나님
을 만났기 때문에 내가 이단에 빠질 수는 없다. 빠지리라고는 생각
지도 않고 그런 관심도 없고 그랬죠. 그러나 내가 이제 그분들은
다 존경하는 선생님들이었고 그랬는데, 하루는 휴강 시간인데 그
김경식씨가 와 가지고. 걔는 이제 그 전부터도 …(중략)… 원래가
기독교 바탕으로, 그리고 이제 아마 그때 WCC에서도 활동하고 있
고. 하여튼 이제 YWCA, 하여튼 걔는 지도자였어요. …(중략)… 그
랬는데 걔가 나한테 휴강 시간인데 이제 왔어요. "애 너, 통일교회

---

37) 문리대 영문과 부교수, 법대 학생과장.

가서 강의 좀 안 들어보겠냐?" 그러더라구. 그래서 내가, "내가 왜 그렇게 죽을 고생을 하면서 내가 만난 예수님하고 하나님인데 내가 왜 적그리스도 그것도 이단인데 빠지겠냐?"고 "그렇게 생각하니까 안 간다"고 그러니까 개가 그러는 거요. "너 말이야. 대학교 4학년이나 돼 가지고 그 소문만 듣고 네가 직접 가서 네가 네 눈으로 보고 듣고 머리로 판단할 이성이 너는 없느냐? 어, 대학교 4학년이나 된 사람이 네 자신을 그렇게 믿질 못하겠느냐? 네가 판단하는 거지 왜 소문만 듣고서 그렇게 안 가겠다고 그러냐?" 그러더라구. 근데 그 말이 나로 하여금 아주 굉장히 기분이 나쁜 거예요. "너 자신을 왜 못 믿고, 너 자신의 이성을, 판단을 왜 못 믿느냐?" 그래서 이제 "그럼 가자" 그래 간 거예요.

신미식은 이단 적그리스도로 문선명 선생을 치부하며 통일교로의 발걸음을 극구 꺼려했지만 자존심 회복을 위해 결국 김경식을 따라 나섰다. 하지만 거부했던 그곳에서 자신이 최근 가장 고민해 온 3가지 문제의 해결을 보게 되었다.

유명한 선생님들이 통일교회 갔는데 통일교회는 적그리스도다. 그 말하자면 문선명 선생이라는 사람을 그리스도로 믿는다 하는 그거죠. 그러니까 뭐 기독교 학교에서 그 적그리스도라고 하는 그런 말은 아주 치명적인 거죠. 그런 데에 갔다. 이제 그 선생들이 그런 데에 갔다. 그래서 그 경식씨 얘기를 듣고 강의를 들으러 갔어요. 그러니까 유 협회장님이 드러누워서 한 사람 한 사람 온 사람한테 강의를 하던 때예요. …(중략)… 가서 유 선생님의 강의를 들었거든요. 그런데 이제 창조원리에서 하나님의 섭리의 뜻을 알게 되더라는 거예요. 그 다음에 이제 타락론에서 이제 죄의 문제가 무엇인지, 그 다음에 이제 복귀역사를 통해서 왜 예수님이 나와 관련이, 죄의 문제에 있어서 관련이 있다 하는 것. 근데, 그러니까 그 강의를 듣고 저는 그 이때까지 찾아오던 문제가 또 거기서 해결이 된 거예요. 그리고 그 제일 감격한 것이 창조원리를 들으면서 하나님이 인간을 이러한 기준 위에서 세웠다. 창조했다 하는 것. 그러니까 나의 가치가 참 얼마나 귀하고 하나님의 창조의 이상의 목적이라는 것이 여기 있었다 하는 것을 분명히 알 적에 그때 비로소 내가 그 기준과 지금 현재의 내가 얼마나 차이가 있는 자리에 있다 하는 걸 알은 거예요. 그러니까 내가 그때 비로소 아, 나의 죄가 무엇이다. 죄가 무엇이다. 뭐 살인한 죄도 아니고 내가 사기한 죄도 아니고 누굴 미워한 죄, 그거 하나님의 창조한 목적의 그 기준에 달하지 못한 나. 이것이 하나님 보시기에 참 아름답지 못한 그 모습이 그야말로 추하고 죄 많은 그건가. 그래서 그때부터 울기 시작하는 거예요.

　그 후 통일교 신자가 된 신미식은 기숙사에서 많은 학생들에게 원리를 소개했고 사길자와 김정은이 그녀를 통해 전도가 되었다.

　저는 원래 표정을 그렇게 내지를 않으니까는 그러니까 나중에 유 선생님이 경식씨 보고 그러더래. "어이그, 경식씨 무슨 저런 학생을 데려와서 말이야. 아, 뭐 알아듣는지 마는지 도대체……." 그냥 하면서 뭐라고 그러시더래요. 근데 나는 그렇게 감격을 했거든요. 그렇게 그 참 아무도 말해주지 못했고, 그리고 내가 기도했던 그 문제에 대한 답이 거기서 나왔기 때문에 그러니까 나는 뭐 그때부터 부동이지요. '아, 알았다. 그렇게 돼 있었구나.' 이제 이렇게 알았죠. 그리고 난 다음에 제가 이제 기숙사에 돌아가서 성경을 보면요, 모르는 게 없는 거야. 다 소설을 읽듯 쉽게 풀려 나가는 거야, 다. 그래서 이제 너무 좋아가지고 그때부터 이제 기숙사 아이들한테 막 전도라고 그럴까, 종이를 갖다 놓고 뭐 이렇구 이렇구 이렇구 하면서 막 얘기를 하는 거야. 그래서 길자하고 또 한상길 선생 부인이 돼 있는 김정은이라는 걔네들이 이제 들어왔죠.

사길자는 1955년 3월초 신미식에 의해 통일교로 전도가 되었다. 그녀의 구술을 보면 문선명 선생에 대한 부정적 담론들이 이화여대에 이미 형성되고 있었음을 짐작할 수 있다. 그럼에도 통일교의 전도 활동은 학내에서 계속 활발히 전개되고 있었다. 사길자는 통일교로 입문하기 직전 상황에 대해 이렇게 말했다.

우리 아버지는 하도 올바르게 그 뇌물을 안 먹고 그래서 사정위원이라고 모든 공무원들 감찰하는 그런 그 기관에 등용이 돼 가지고 서울에 왔는데 그때 이제 내가 통일교에 들어간 거여. 1955년 3월 2일날 갔다가 3월 3일날 내가 결심했죠. 신미식씨가 내 믿음의 어머니[38]인데 처음에 통일교에 이화여대생들이 많이 가는데 내가 끄덕 안했어. 왜냐하면 장로교 할아버지 때부터 이북서부터 장로교 3대를 내려오는 장로교 집안이라 "아이고, 내 교회도 잘 못 믿는데 무슨 딴 종교 가냐?" 막, 문 교주 그냥 이단이다. 재림주라 한다든가 뭐 별별 여성 관계도 복잡하다고 그러고 하니까 갈 생각을 못했는데.

사길자가 통일교에 관심을 갖게 된 보다 강한 동기는 기독교 문화사 교수였던 김영운이 입문하였다는 소문을 접한 후 그녀의 모습

---

38) 통일교에서는 자신을 교회로 전도한 신앙적 인도자를 '믿음의 부모'라고 칭한다. 대개는 믿음의 부모라고 말하지만, '믿음의 아버지'(남자 인도자), '믿음의 어머니'(여자 인도자)라고 부르기도 한다.

을 직접 확인하기 위해서였다고 한다. 사길자는 그 상황을 이렇게 이야기했다.

(이단에 관한) 소문이 많았지. …(중략)… 알아보러 너밖에는 판단할 사람이 없다고 보낸 김영운 선생이 홀딱 빠졌잖아요. 완전히 손들고 아버님께 따라갔잖아요. 그러는 바람에 야, 전교생들이 일주일 한 번씩 기독교 문화사를 배웠거든. 그 김영운 선생한테. 기독교 문화사. 근데 그 양반의 전공이 스웨덴보르그야. 스웨덴보르그. 근데 영계 이해가 참 신비하거든. 예를 들면 "여러분, 천국도 3단계로 돼 있는데 제일 하나님께 가까운 천국은 벌거벗고 있고 옷을 아무 것도 안 입고 있고, 두 번째 단계는 흰옷을 입고, 세 번째 단계는 연한 하늘색 같은 거 뭐 이런 거 색깔 있는 걸 입는다." 그래서 그러면서 스웨덴보르그 신학을 카나다 신학에서 공부하면서 너무 거기도 특이한 그 사람 아주 이단 중의 이단이거든. 영계. 모르는 소리만 자꾸 하니까 현 기독교에서 스웨덴보르그를 받아들이지 못하는데 그 이단자를 전공했다 해 가지고 그 양반이 핍박을 받아가지고. 또 근데 그 양반이 졸업 논문에 스웨덴보르그에 대한 걸 썼단 말이야. 아, 교수들이 "이렇게 우수한 학생이 말이야, 왜 하필이면 이단시 하는 그 스웨덴보르그 논문을 썼는가" 해서 막 교수 회의를 했어. 근데 결론이 뭐냐. "내용은 참 좋다. 우리가 취급은 안했지만. 그 워낙에 우수한 학생을 졸업을 안 시킬 수는 없지 않냐." 그래서 특별 케이스case로 이단자 스웨덴보르그의 신학 논문을 합격해서 나왔기 때문에 그야말로 스웨덴보르그 얘기만 하면 자꾸 울어. 핍박을 받아서. …(중략)… 그래 신학의 은혜에 취하니까 이론가지고 참 설명 잘해요. 성경 로마서 해석이 유명했어. 그래서 그냥 과를 초월해서 그때 뭐 목요일인가 금요일 아침에 기도실에서 아침 일찍 가서 특강을 했거든. 근데도 그런 그 문자 그 성경만 가지고는 도저히 자기 신앙이 만족을 못하기 때문에 그 영계를 가까이 하다보니까 스웨덴보르그. 근데 자기가 "난 세상 남

자들 하여튼 별다른 사람이 없어서 아, 이 다음에 내가 스웨덴보르그 하고 결혼했으면 좋겠다." 이런 아주 앙모하는 …(중략)… 근데 그 양반이 통일교에 왔다고 하니까 내가 '야, 이건 정말 보통 일이 아니구나' 그렇게 은혜스럽고. 그래서 우리는 "스웨덴보르그" 하면서 울면 우리도 같이 우는 거야. 그러니까 그 세계 기독교 문화사 공부하는 시간은 아주 부흥회야, 부흥회. 그렇게 아주 확실하게 잘 믿겠다고 애쓰던 교수가 홀딱 반했다고 하니까 난 김영운 선생을 보러 왔다고 사실은. 어떻게 하고 있나.

신미식과 함께 홍인동 교회를 갔던 날 사길자는 김영운을 보게 되었다. 사길자는 김영운의 그때 모습을 아직도 잊을 수 없다며 이렇게 회고했다.

미식씨가 물론 나를 안내를 해서 수요일 밤 예배에 갔는데 예배 시작하기 전에 거기가 홍인동 교회죠. 홍인동 교회를 먼저 갔어. 제일 먼저. 홍인동 교회를 딱 가니까 현관 들어서니까 바로 안방이 나오는데, 그 양반(김영운)이 얼마나 고고한지 이렇게 이화대학 교정을 걸으면 똑바로 안 봐. 조금 위에를 봐. 세상 사람들 배기(보기) 싫다고 해 가지고 김영운 선생이. 이렇게 이 만큼 이렇게 안하고 한 이 만큼 사람을 안보고 다녀. 그렇게 교만하다고 할 정도지. 그리고 과외 시간에는 그냥 그때는 연필을 많이 썼어요. 연필 "싹 싹 싹" 이렇게 가는 소리 나면 "내 강의 무시한다"고 강의 안하고 싹 나가버리고 아주 그 "아이스 걸"이라고 그랬어. 너무 차서. 얼음 같은 여자라. 실력은 있는데 무서웠거든. 아, 근데 딱 가보니까 머리에다 그냥 세수 수건을 갖다 밭에서 김매는 여자같이 머리에 쓰고 막 청소를 해. 아, 나는 거기에 놀래가지고 "김영운 선생 맞아요?" "그래, 그래. 응. 그래 맞어. 어서 오너라." 그때 그냥 가슴이 콱 내가 뭐가 충격이 일어났다고요.

김영운의 회심 사건에 이어 사길자는 문선명 선생의 설교에서도 충격을 받았다. 문선명 선생의 설교는 기존의 기독교적 관점과는 전연 다른 것이었다. 그러나 그의 눈물어린 설교에서 사길자는 진정성을 느꼈다고 한다.

> 그날이 수요일날, 밤 예배인데 아버님 말씀 하시는데 바로 홍인동 교회에서. 근데 무슨 말인지 모르겠어 정말. 근데 막 하나님은 슬퍼하신다. 또 예수님이 슬퍼하고 예수님이 십자가에서 돌아가신 것이 너무 슬프고 억울하다고 하니까. 내가 어휴, 나는 하나님이 영광의 하나님이고 예수님도 영광의 주로 오셔 가지고 마땅히 돌아가셔야 하는데, 예수님이 사람들이 믿어주지 않아서 그렇게 슬펐다고 막. 지금 그 모습 못 보죠. 통곡을 해. 엉, 엉(우는 모습을 흉내 냄). 막 흐느끼면서 말씀하시니까 내가 아, 이분이 만약에 재림주가 아니라 하더라도. 우리는 그때 구름타고 주님이 우리를 끌어올리고 하늘로 가는 줄 알았으니까. '이 분이 누구보다도 하나님을 사랑하고 잘 알고, 예수를 잘 안다면 이분이 재림주가 아니라도 우리를 맨 먼저 주님 앞으로 끌어갈 것은 틀림없구나.' 그 마음이 탁 들어오더라고. 내용은 몰라. 도저히 모르겠어. 울면서 같이 나도 눈물이 좀 나오더라고. 너무 통곡을 하면서 흐느끼니까. 그렇게 서럽게 울 수가 없어.

사길자는 김영운의 통일교 입문 사건, 문선명 선생의 설교에 이어 유효원으로부터 원리 강의를 듣고 회심을 결정적으로 단행하였다. 특히 하나님의 실존을 증명하고 있는 창조원리에서 사길자는 통일교의 원리가 진리라는 확신이 들었다고 한다. 그것은 그녀가 6·25 전쟁 당시 공산주의자들로부터 증명을 요구받았던 신의 존재성에 대한 해답을 찾았기 때문에 더욱 그러하였다고 한다. 그때를 사길자는 다음과 같이 이야기했다.

그날 이제 아침부터 원리 강의를 듣는데 그 유 선생이지. …(중략)… 처음에는 못 알아듣겠더니 창조원리를 하는데 내가 눈을 번쩍 떴어. 왜냐하면 나는 이제 창조원리 들으니까 내가 이론 물리, 화학을 공부했잖아요. 약학과니까. 원자론을 내가 기본을 알기 때문에 아, 하나님은 이성성상인데 플러스(+) 마이너스(−)로 이렇게 돼 있는 거야. 내가 깜짝 놀랬지.

내가 6·25사변 때 그 김일성대학 학생들이 그러니까 탱크 부대가 이제 막 폭력으로 밀고 나오면 그 뒤에 선무공작대, 공산주의를 이제 브레인 워쉬brain wash(세뇌교육)하려고 하는 지성인들이 나오더라고. 그게 이제 김일성대학생들과 교수들이 나왔어. 나를 이제 정치보위부에서 잡아가요. 아버지를 찾으려고. 없다고 그래도 자꾸 잡아가. 그리고 내가 대문 열고 나가면 누가 지키고 있다가 휙 다른 데로 피하는 뒷모습을 내가 보기도 하고. 하루는 나를 데리고 가서 자꾸 묻고, 또 하루는 어머니 데리고 가서 묻고. 우리 어머니도 얼마나 시달렸는지 그때 아마 애기 낳은 지가 며칠 안됐을 거야. 그런 사람을 얼마나 혼을 냈는지 올 때마다 엉엉 울고 오고. 나는 이제 붙들려 가면 아버지, 삼촌 얘기 하고 나서는 나에 대한 조서가 이 만큼 있어 벌써. "너 예수 믿는구나." 그래서 "예, 믿습니다." "하나님 어디 있냐?" "하늘에" "뭐, 하늘에? 뭐 구름 밖에 없는데 무슨 사람이 살아?" 그러니까 "제 마음 속에 믿고 있습니다." "그럼 봤어?" "아니요, 보지는 못 했어요." "야, 보이지 않는 것이 뭐 있는 거야! 너희 기독교인들은 마치 마약!" 그러니까 "종교는 아편"이라고 그러더라고. "종교는 아편이다. 그렇기 때문에 너희들은 아편 먹으면 사람들이 다 정신 왔다 갔다 하면서 무능해지고, 일도 안하고 우리 인민공화국처럼 지상 낙원을 세우고 열심히 일하는 것이. 너 왜 일도 않고 부처님한테 뭐 복 주시오. 예수한테 뭐 좀 돈 주시오. 맨 이렇게 빌다 보면 다 썩어버리기 때문에 우리는 남조선에 종교 없는 나라로 해방시킬려고 왔다!" 그래. 그러니까는 내가 그때 그 우화가 싹 스치는 것이 "아, 공산주의는 이렇게 사람을 무섭게 하고 자꾸 죽이니까 이건 하나님 뜻이 아니다." …(중략)…
내가 '장로교는 왜 하나님을 보여줄 수 있는 이론이 없냐. 이렇다고
보여줄 텐데' 그래 막 울었어. 내가 분해서. "이놈의 간나. 에미나
이! 오늘 저녁에 좀 잡아다 놓고 좀 혼 좀 냈더니…" 너무 우니까
시끄러워서, "가거라!" 몇 번 불려갔어요.

우리도 무서워서 이제 시골로 피난을 갔죠. 근데 그때 그 하나
님을 이렇다고 보여주면. 당시 내 숙제가 돼 가지고 그래서 통일교
회 와서 창조원리 들으니까 그냥 눈물이 막 쏟아 졌어 내가. 아, 이
렇게 말하면 정말 과학적으로 귀납적으로 실증적으로 보여주면
되는 것을 기독교에서는 그저 무조건 눈감고 "주여! 하나님!" 하면
서 보지도 못하고 정말 만지지도 못하고 이론으로 설명도 못하고
하니까 오늘날 기독교 가지고는 안 되겠다 했던 것에 대해 숙제가
풀려가지고….

4학년에 올라가기 전 봄방학 동안 부모님이 계신 목포에 머물고
있던 서명진은 친구 김정은[39]으로부터 편지를 받았다. 통일교에 관
한 것이었다. 그것은 그녀의 일생을 바꾸어 놓은 변혁의 첫 출발이었
다. 서명진은 그때의 흥분을 다음과 같이 말했다.

내가 이제 4학년 이제 올라가는 봄방학 때인가 집에 내려갔었어
요. 집에 내려갔는데 내 믿음의 어머니인 한상길씨 부인 36가정의
김정은씨한테서 편지가 왔어요. 편지가 "너는 방학 때에, 방학이 되

---

39) 김정은은 2015년 현재 서울에 거주하고 있다. 2011년 6월 당시, 김정은이 남편과
함께 일시 귀국하였다는 소식을 접하고 필자는 그들을 만날 수 있었다. 그러나 그
녀는 과거를 전혀 기억할 수 없는 치매에 걸린 상황이었다. 결국 김정은과의 심층
면접은 성사되지 못했다. 김정은은 남편과 함께 30여년의 미국생활을 접고, 2015
년 현재 한국에 터전을 두고 있다.

자마자 시골로 집으로 내려갔겠지만서도 나는 통일교회라는, 지금 말썽이 많은 통일교회에 갔었다. 통일교회에 가 가지고 말씀을 들 었는데 너와 나와 늘 찾던 그런 진리들" 친했거든요. 그래가지고 둘 이 대화를 많이 하고 지냈어요. 그 친구하고. 근데 나보고는 방학 때 내려가겠지만서도 자기는 통일교회에 가서 말씀 들었다 이거예요. 근데 "그 말씀을 들으니까 너하고 나하고 늘 찾던 그런 진리더라" 그래요. 그러면서 "너도 빨리 개학이 돼 가지고 서울에 와 가지고 그 교회에 가서 이 말씀 들으면 좋겠다" 그런 편지가 왔어요. 근데 그 편지를 받고 보니까 얼마나 내 마음이 두근거리는지 그 편지를 받 자 그냥 가슴이 두근거려가지고 빨리 서울로 가고 싶고 빨리 개학 이 되었으면 싶었어요. 그래가지고서는 …(중략)… 그 편지를 받자 마자 내가 서울로 올라왔어요.

김정은의 인도로 서명진도 유효원에게 원리 강의를 들었다. 강의 2일 만에 자신의 존재 가치를 재발견한 서명진은 통일교로의 회심을 결심했다. 그때의 감회를 그녀는 이렇게 말했다.

그 친구 따라 가지고 이제 교회 가서 그때 홍인동 교회죠. 그래 서 이제 말씀 들었어요. 유 협회장님이 강사. 하루는 전편 하루는 후편. 이틀만 들으면 전·후편 다 들었어요. 가서 그 말씀을 들으면 서 하나도 부정할 마음이 안 들어요. "옳지. 옳지. 옳지. 그래. 그 래. 맞어. 맞어. 내가 이것을 찾아 왔지." 마음에 착 그러한 공명심 이 느껴져요. 공감이. 그래가지고는 이틀을 꼬박 그냥 그 말씀을 듣고서는 얼마나 감명 받았는지 정말 생전에 처음으로 들어보는 말씀이고 어느 하나 부인이 안 돼요. 긍정적으로 긍정적으로 받아 들여지거든요. 그래가지고는 그거를 전·후편 다 듣고 난 다음에 내 마음에 그야말로 하나님이 멀리 계신 것이 아니구나. 가까이에 계셨구나. 근데 우리가 몰랐구나. 그런 생각이 들면서 정말로 하나님을 내 마음으로 진심으로 영접하게 되고 믿게 된 동기가 생겼어요. 그래서 그 원리를 듣자마자 내가 그러한 하나님을 영접하게 되고 공명심을 느낌으로 말미암아서 그러한 감동은 느껴본 적이 없는 그러한 하나님을 영접하는 그러한 기쁨을 느껴가지고 그때 마음을 결정했어요. 이틀 듣고. 그래가지고서는 그래 그때부터 하루도 안 빠지고 이제 교회 나가기 시작했지. …(중략)… 인간의 가치. 그 전에는 나의 가치를 그렇게 몰랐거든요. 나의 존재 가치를 그렇게 몰랐지. 그런데 원리를 듣고 창조원리를 듣고 존재 가치, 나의 가치, 또 하늘과 나와의 관계에서 감명을 많이 받았죠.

서명진은 자신이 통일교로 인도 되도록 밑거름이 되어준 사람으로 한충화를 지목하며 신앙의 내적 변화에 대해 다음과 같이 이야기했다.

이화대학교가 기독교 학교이기 때문에 채플 시간이 있었어요. 채플 시간. 근데 채플 시간에 많은 목사님, 많은 기독교인들, 많은 그 말하자면 신학대학 교수들 이런 분들이 와 가지고 설교를 하세요. 그래도 이 한충화 교수님같이 정말로 눈물의 설교, 눈물의 기도를 하시는 분이 별로 없었어요. …(중략)… 한충화 선생님의 기도, 설교에 대해 늘 감명 받았어요. 그러면서 내 신앙이 점 점 점 커 갔다고.

한충화와 함께 서명진에게 깊은 영향을 끼친 또 한 사람은 김영운이었다. 김영운의 효과는 이미 사길자를 비롯해 통일교에 관심을 가졌던 많은 이화여대생들에게 영향을 끼치고 있었다. 인격, 신앙, 지적인 측면에서 검증된 한 사람이 얼마나 큰 파급 효과를 나타낼 수 있는가를 김영운을 통해 알 수 있다. 서명진은 자신이 경험한 김영운의 효과에 대해 다음과 같이 술회했다.

내가 기숙사 생활에서 두 분, 감명을 받은 분은 그 한충화 교수님 사감님하고 또 김영운 교수님이에요. 김영운 교수님은 저기 뭐야 사감은 안했어도 기숙사에 가끔 이제 오셔서 설교 말씀 해주시고 이제 신앙 간증 해주고 했거든요. 이제 이(김영운) 교수님하고 한충화 교수님하고 내가 굉장히 좋아했어요. 근데 김영운 교수님은 우리 기독교 문화사를 가르치셨어요. 근데 그분이 스웨덴보르그의 말하자면 그거를 말하자면 번역하셨어. 한글로. 그러시면서 스웨덴보르그에 대한 기독교 문화사 강의 시간에 그 스웨덴보르그의 강의를 우리에게 많이 들려주셨어요. 그래서 내가 스웨덴보르그를 굉장히 동경했다고. 그리고 그 영향을 많이 받았어요. 그래 내가 김영운 교수님의 강의를 통해 가지고 스웨덴보르그를 통한 영계의 실정을 알게 되었어요. 그래서 내가 얼마나 김영운 교수님 강의를 통해 가지고 스웨덴보르그의 생애에 대해서 감동을 느꼈는지 공부 시간에 낙서를 해 놓은 노트를 하나 보면 "스웨덴보르그, 스웨덴보르그, 스웨덴보르그, 스웨덴보르그, 스웨덴보르그, 스웨덴보르그, 스웨덴보르그" 이름을 다 써놓은 그 노트가 있어요.

박영숙은 자신의 통일교 입문의 첫 계기는 이화여대 조찬선 교목이 제공했다고 볼 수 있다고 말했다. 전주에서 올라와 정치외교학과 1학년에 재학 중이던 박영숙은 통일교에 대해 전혀 아는 바가 없었다. 그런데 채플 시간에 조 교목이 "통일교에 출입하지 말라"는 메시지를 강조해 오히려 관심을 갖게 되었다고 한다. 그때의 상황을 박영숙은 이렇게 말했다.

나(내)가 받은 것은 뭐이가 제일 좋았느냐면 한번은 채플에 가니까 "동쪽에 재림주가 있다고 해도 가지 말고, 서쪽에 와 있다고 해도 가지 말고" 아, 목사님이 교목이 그렇게 설교를 하더라고. 그래서 내가 "야, 재림 주님이 왔다냐? 왔으면 한번 가보고 싶네." 내가 이제 농담 삼아 그랬다고. 그리고 제가 정치외교과를 했어요. 이제 시골서 정치외교과 올 때는 굉장한 제가 외교관의 꿈을 갖고 왔거든. 여기 졸업하고 뭐 인제 외교관 할라고 그랬는데. 한번은 이제 도서관에서 공부를 하고 있는데 내 친구보고 내가 그랬어요. ⋯(중략)⋯ "야, 청실아. 지금 아까 채플 시간에 동으로도 가지 말고 서로 가도 뭐 재림주가 왔다느니 어떤 교회 다니?" 그러니까는 "나도 어저께 한번 갔다 왔다" 그래. 그래서 "야, 지금 가자" 그래 갖고 간 것이 첫 걸음이었어요.

조찬선의 설교에 호기심이 유발된 상황에서 친구가 통일교를 다녀왔다는 말에 박영숙은 학기말 시험 준비 중이었음에도 불구하고 그 길로 통일교를 찾아갔다. 그녀는 유효원에게 원리 강의를 듣고 처음부터 많은 은혜를 받았다고 한다. 겨울 방학 직전에는 원리에 심취하여 학교 수업마저 결석한 적도 있었다고 한다.

신촌서 동대문까지 올려니까 한 시간 이상 걸려요. 덜커덕거리고 포장이 안 돼 있었어요. 굴레방 다리 그쪽이. 아현동 그쪽이. 덜커덕 덜커덕 이러지. 포장도 안 돼 있던 상태야. 6·25사변 직후라. ⋯(중략)⋯ 1학년 말에. 1학년 학기말 시험 얼마 안 남겨 놓고. 같은 과 친구. 걔(청실)는 안 다녔어. 그리고는 그만 뒀어. 잠깐 원리 강의를 들으러만 갔다 왔다가. "그러면 나하고 좀 같이 가자." 그것이 갸(그 애)는 끝이었어요. 그런 애들 많아. 나는 가서 듣고서는 그냥 처음부터 정말 은혜를 많이 받았지요. 뭣인지도 모르고 그렇게 은혜를 받았는지 몰라.

박영숙이 원리를 듣기 위해 통일교에 갔을 때는 이미 이화여대에 통일교 현상이 고조되고 있었다. 조찬선이 채플 때 직접적인 경계 설교를 할 만큼 통일교 현상은 새로운 사건이라기보다 일종의 유행처럼 누구나 어느 정도는 인지하고 있거나, 한번쯤 다녀오는 것이 당연하게 여겨질 만큼 붐이 조성되었다고 볼 수 있다.

> 이제 그리고 나서 방학이 돼 가지고 전주를 내려갔어요. 전주를 내려갔더니 길자 언니가 제경위 여학생 모임이 있어갖고 한 열두어 명이 모였어. 그 도지사 관제에서. 길자 언니가 "야, 영숙아! 너도 통일교회 갔다 왔다매?" "그래요. 개학하면 또 갈 거예요." "그래, 개학하면 가서 강의 잘 들어라" 그러더라구.

박영숙은 이듬해 2학년 4월부터 본격적으로 통일교에 출입했다. 전주 출신으로서는 그녀가 통일교에 가장 뒤늦게 합류하였다. 유효원으로부터 원리 강의를 들었던 당시를 그녀는 다음과 같이 이야기했다.

> 개학해서 올라와 가지고는 본격적으로 원리 강의를 들으러 다녔어요, 제가, 교회를. 저하고 명진 언니가 제일 늦게 들어왔어요. 언니들은 벌써 겨울에 들어갔지요. 나도 이제 겨울에 한번 갔다 왔고. 방학해서 집에 왔다가 다시 이제 4월달부터 다닌 거지. …(중략)… (유효원 협회장이) 드러누워서 강의하실 때. 저는 강의, 그 뭐라고, 원리를 제가 어떻게 알아? 성경도 모르는 사람이. 그런데 참 제 마음이 그렇게 끌렸어요. 유효원 선생님이, 처음에는 기분이 좀 안 좋더라고. 드러누워서 강의를 하니까. '아이고, 그냥 다 그냥 병신 아니면 뭐한 사람들이 예수 믿는다고 허더니만 여기도 또 불

구자가 강의를 하고 있네.' 이제, 그렇지만 쭈욱 강의를 들으니깐 저는 첫 번째부터 그렇게 좋았어요, 강의가.

제가 성경을 뭐 연구한 것도 아니고. 아니 이 세상에 나 같은 사람만 있으면 통일교회 벌써 다 통일교인 됐을 거야. 아무튼, 왜 나 같은 사람이 안 나오는지 몰라. (웃음) 아이고, 그렇게, 아무튼 저는 창조원리서부터 쭈욱허니 듣다가 "학생 질문 있어?" 그래서 "하나님이 계신지 안 계신지도 모르는데, 하나님이 이 세상을 지었다는 창조목적 그런 거 얘기하니까 잘 안 들어온다"고 했더니 "이런 학생이 다 있나! 하나님이 계신지 안 계신지도 모르는 학생이 다 왔네" 막 그러면서. (웃음) 하여튼 이틀을 꼬박 들었어요. 그러는데 저는 원리 강의 다 듣고 나서요, 그렇게 통곡이 벌어지더라구. 눈물이. 아, 그런 은혜의 역사가 있었으면 좋겠어. 얼마나 울었는지 몰라요. 하나님을 만났다는 그 감격이 솟아 오는 거예요. 희한하지. 왜 그런 감격을 느꼈는지.

원리 강의는 교회에서 2, 3일 가량을 계속 채류하며 듣는 것이 보통이었지만, 박영숙은 학교에서 기숙사 생활을 하고 있었기 때문에 그곳에서 숙박을 하지는 않았다. 강의를 청강한 지 3일째 되던 날 그녀는 문선명 선생을 보게 되었다. 그에 대한 기억을 박영숙은 이렇게 말했다.

그 다음날 또 가서 (원리)공부를 했는데 끝났을 때쯤 허니까 그때 아버님이었어요. 그때 아버님이 국방색 탈색한 그 군인들이 입던 국방색 그 바지 탈색한 것들 많이 입을 때예요. 그걸 입고, 유효원 협회장님은 이렇게 훤한데 아버님은 그때 그렇게 몸이 안 나실 때예요. 홀쭉하셨어요. 가느다라셨어요. 그리고 얼굴도 갸름하시고.

그런 분이 이렇게 들어오시드만 "어저께 이 학생이 그렇게 많이 울었던 학생이야?" 그러시더라구. …(중략)… 느낌이 솔직하게 말해서 우리 전주가 지리산이 가찹(가깝)잖아요. 9·28수복 후에 거시기 공개 지리산에 있는 빨치산들을 서너 명씩 도청 앞에다 이렇게 묶어 놓고 시민들한테 구경시킨 적이 있어요. 묶어 놓고. 그때 전시니까. 딱 아버님이 그 빨치산 같은 생각이 들어. (웃음) 마르고 그니까 그 혁명. 아니 내가 '그 전주 도청 앞에서 본 꼭 빨치산 같다' 왜 그런 인상을 받았는지 몰라요, 저는. 그래서 분위기가 이상해.

기숙사로 돌아온 박영숙은 문선명 선생에 대한 의구심에 사로잡혔다. 기독교 문화사를 강의하고 이화여대에서는 신학에 가장 정통했던 김영운마저 문선명 선생에게 자문을 구하고 지도 받는 것을 보고 더욱 미궁 속으로 빠져들었다. 그러나 그녀는 한 번도 해본 경험이 없는 기도를 하면서 생애의 가장 중요한 결단을 내렸다고 한다. 그때의 심경을 박영숙은 다음과 같이 말했다.

아버님이 들어오니까 강의하던 유 협회장님이 정색을 하고 무릎을 꿇고 앉더라구. 이렇게 편하게 앉다가들. 방안에 있는 사람들이. 그러면 '저 양반이 누굴까?' 이상하다 생각했는데, 저녁에 처음으로 할 줄 모르는 기도를 했어요, 제가. 처음으로 기도라는. 집에 와 갖고. 이제 돌아와 갖고. 도대체 저 분이 누구길래 저렇게 초라하고 빨치산 같다고 느끼는 저 초라한 양반한테 다들 왜 무릎을 꿇냐 이거야, 들어오니까. 그리고 김영운 교수, 하늘 같이 우러러보는 우리 이화여대 김영운 교수가 그런 질문을 아, 그분한테 하고. 유 협회장한테 안 하고. '도대체 저분이 누구냐?' 하는 것이 딱 퀘스천question이 들어오더라구, 나한테. 그래서 내가 집에 가서 처음

으로 내가 기도를 해봤어. 난생 처음으로. "하나님!" 그때 기도가
요, 저는요, 나 평생 이 뜻길 따라서 이것 전하겠다고 그런 약속의
기도가 나옵니다. 어, '나는 평생 이 통일교회 이 원리를 세계만방
에 전하는 그런 개척의 길을 가겠다!', 내가. 그리고 우리 축복(통
일교에서 거행하는 합동결혼식)[40]이란 거 몰랐을 때니까 '시집을
안 가더래도, 나 혼자더래도 내가 하나님 따라서 이 원리를 세계만
방에 전한다'는 그 약속의 기도가 내 입에서 나왔어요.

　　제가 왜 이 말을 하냐며는 그 약속의 기도가 나를 평생 여기다
묶어놨어. 그리고 '도대체 그분이 누구냐? 아까 거기서 봤던 그분
이' 그랬더니 그리고서는 한번 그날 그러시더라구. "의문이 있으
면 성경책을 이렇게 펼쳐보면 거기서 답을 많이 얻는다"고. 아버
님께서 그러시더라구. 그래서 나도 한번 성경책을 탁 펴봤어요. 펴
봤더니 그 세례요한이 예수님을 실컷 증거 해놓고 "또 가서 당신
이 다시 오실 그이니까 누구이니까?" 물었던 장면 있잖아. 그게 나
와요. "너 이제까지 뭘 봤느냐. 날 증거 해놓고." 그런 대목이 있었
어요. 몇 구절인지는 몰라도. 뭐 "그 궁에 화려한 임금을 보러 나갔
냐, 화려한 옷을 보러 나갔냐, 너 나를 증거 해놓고는 왜 이제 와서
그러느냐?" 그러니까 주님이란 말이잖아요. "주님이라고 니가 나
를 증거 해 놓고." 그러면 주님이란 말인가? 이제, 그때 조금 힌트

---

40) 통일교에서 언급하는 '축복'은 원리(교리)와 의례적 측면에서 그 의미가 혼재되어
있다. 일반적으로 교회 목회자 및 신자들 사이에서 통용되는 축복의 의미는 교단
에서 거행하고 있는 결혼 의식을 뜻한다. 이 축복결혼식은 통일교의 가장 중요한
의례 가운데 하나이다. 통일교는 이 의식을 통해 구원에 이를 수 있음을 강조하
고 있다. "통일교회의 성혼식은 하나님이 축복하신 사랑의 질서를 세우는 의식이
다. 하나님의 사랑을 중심하고 참된 부부가 되어 가정을 이루고, 선한 자녀를 낳
아서 참된 민족 국가 세계로 확산시킴으로써 지상과 천상에 하나님의 나라를 세
우는 것이다. 하나님을 부모로 전 인류가 한 형제가 되어 하나의 세계를 이루는
것이 축복의 의의이며 합동결혼식의 목적인 것이다." 세계기독교통일신령협회
문화부, 『세계의 희망』(서울: 성화사), 186쪽.

를 받았어요. 그래가지고 한충화 선생님한테 제가 물어봤어요, 그
랬더니 "느끼는 대로 알고 있으면 돼" 그러더라구. (웃음) 어. 근데
이제 눈치는 챘지요.

기도를 통해 박영숙은 통일교로의 회심을 결정하고 문선명 선생
을 '주님'으로 고백하였다. 그리고 일생을 통일교의 원리 전파에 힘
쓸 것을 결단했다. 이것은 어느 누구의 강요나 지시에 의한 것이 아
닌 자발적 동기였으며 이러한 현상은 다른 구술자들의 경험 속에서
도 발견되었다.

종교적 귀의歸依에는 여러 사례가 있다. 그 중에서도 병마로부터의
해방은 다른 어떤 것보다도 강력하다. 정대화도 이와 유사한 사례로
보인다. 17세 무렵 앓았던 늑막염이 부산에서 대학 생활을 하고 있는
도중 정대화에게 다시 찾아왔다. 방학 동안 병원을 다니며 치료를 하
는 사이 학교는 서울 본교로 옮겨갔다.

3학년에 진학했을 때 피곤을 줄일 목적으로 정대화는 거처를 학교
기숙사로 옮겼다. 그러나 건강은 호전의 기미를 보이지 않았고 설상
가상으로 또 다시 늑막염이 재발하였다. 정대화로서는 3번이나 늑막
염에 걸린 것이었다. 결국 그녀는 3학년 2학기 때 휴학을 하였고 서
울대병원에 1개월가량 입원까지 하였다.

병마와 씨름하는 사이 정대화는 정신적으로 점점 피폐해져 갔다.
그러자 자살에 생각이 집중됐고 천국과 지옥, 사후死後 세계의 존재 여
부가 자연스럽게 궁금해졌다. 그때 상황을 정대화는 이렇게 말했다.

'지금 죽는 것이 제일 행복하다.' 내가 병상에서 인생의 목적과 행복이 무엇일까 그런 걸 고민하다가 그렇게 결론을 지었어요. 결혼해서 남편과 자녀들, 그리고 시댁 식구들과 행복하게 살 자신이 없었습니다. 그런데 '부모보다 먼저 죽으면 불효다. 하지만 매일 일생동안을 이렇게 아프면서 부모한테 염려만 끼치느니 빨리 가는 것이 서로가 다 행복하다.' 이렇게 결론을 지었는데 자살하면 지옥 간다 하는 걸 배웠잖아요. 그러면 정말 지옥과 천당이 있느냐. 영계가 있느냐. 이건 알고 싶어서 못 견디겠어요. 그래, 이화대학에서 유명한 목사님을 찾아 가서 물어봤지만 대답이 있나요. "자매여, 믿음이 약하니까 모른다. 믿음이 깊어지면 자연히 알게 된다. 지옥과 천국은 무조건 있는 거다" 그러고 말더라구요. 그러나 자살을 앞둔 나한테는 아무런 힘이 되지 못했어요.

정대화가 투병 생활을 하고 있을 때 어느 날 '여호와의 증인'들이 찾아왔다. 그녀는 그들과 2개월 동안 성경 공부를 하였다. 그러나 사후 세계에 대해서는 적절한 답을 얻지 못했다. 당시 여호와의 증인들은 아마겟돈의 7년 전쟁이 끝나면 무덤에서 시체가 일어나서 본래의 모습을 찾게 되고 지상에서 영원히 산다는 말로 결론을 맺었다고 한다. 정대화는 그들과의 만남을 더 이상 유지할 의미를 찾을 수 없게 되었다.

투병 생활로 의미 없이 하루하루를 보내고 있던 중 정대화에게 6·25전쟁 당시 부산에서 인연되었던 연희대학교 학생 최순실이 찾아왔다. 그녀의 어머니는 이득삼이며, 그들은 부산에서부터 이미 문선명 선생을 중심하고 신앙생활을 하고 있었다고 한다. 문병을 온 최순실은 정대화가 지금껏 알고 있던 기독교 교리와는 전혀 다른 관점에서 성경을 논했다. 그것은 통일교 교리인 원리였다. 최순실이 와서 자신을 전도했던 상황에 대해 정대화는 이렇게 이야기했다.

병문안을 왔는데 애가 하루 종일 얘기를 하는 거요. 원리를. "야, 대화야. 예수님이 구름타고 오시는 줄 아냐? 아냐. 사람으로 오셔. 예수님이 십자가에 달리시기 위해 2000년 전에 오신 줄 알아? 예수님이 메시아인줄 몰랐기 때문에 십자가에 못 박혀 돌아가신 거야. 야, 나는 영적으로 예수님을 뵙고 예수님이 못 박히신 그 자리도 만져 봤고 또 성모마리아도 만나봤는데 캐톨릭에서는 성모마리아를 통해 가지고 구원 받으라고 하지만 절대 그게 아냐. 그래서 성모마리아가 굉장히 탄식하고 있다"고 그런 얘기를. 소생 장생 완성이 어떻고 부활이 어떻고 주님은 구름타고 오시는 게 아니고 사람으로 온다. 그런 얘기를 쭈욱 하는데 뭐가 뭔지는 하나도 모르지만 싫지는 않아요.

1955년 2월 1일에 최순실이 정대화를 다시 찾아왔다. 그녀는 정대화를 인도해 통일교로 향했다.

"야, 너 어느 교회냐?" 그러니까 그때 통일교회라고해도 모를 땐데 서울교회라고 그러더라구요. 내가 아픈 것이 나으면 내가 서울교회를 찾아 가리라. 그랬다구요. 아, 그랬는데 그 친구가 얼마나 그리운지 몰라요. '아, 왜 안 올까, 왜 안 올까. 교회를 가야겠는데, 교회 가야겠는데…' 그런데 2월 초하룻날이 돼서야 저녁에. 나 시간도 안 잊어버리네. 여섯시쯤 돼 가지고 와서 "장충동에 유명한 선생님이 오셔가지고 강의를 하는데 안 들어가 보겠냐?"고. 그래서 무조건 간 거예요. 무조건 가는데 이상하게도 그때는 비로도 치마가 제일 고급 치마였어요. 그래, 우리 어머니가 이제 병이 나으면 입으라고. 비로도 치마하고 양단 저고리하고 그걸 입고.

정대화는 최순실의 인도를 받아 서울운동장 옆 홍인동 교회로 향했다. 정대화가 갔던 날은 때마침 문선명 선생의 생일이 지난 지 1주일 무렵이었다고 한다. 생소했던 홍인동 교회의 분위기에 대해 정대화는 이렇게 부연했다.

거길 갔는데 현관이 요만하니 적산가옥의 현관이죠. 거길 순실이 하고 들어가는데 이상한 마음이 떠오르는 거요. 2000년 전에 예수님께서 열두 제자를 데리고 이집 저집 다니면서 포교하시던 왜 그때 생각이 나지요? 갑자기 그때 생각이 나면서 '야, 내가 이상한 곳에 왔네.' 그러고 있는데 유효원 협회장님이 나를 언제 봤다고 다리를 저시는 분이 쩔룩쩔룩 하면서 그렇게 얼굴에 "어, 잘 왔다"고 환영하는 그 미소를 띠우시고 나를 그야말로 영접하는 거요. '저 사람 언제 봤다고 저렇게 나를 환영하나?' 그래서 들어간 곳이 다다미방, 다다미 6조 있는. 나중에 다다미 6조짜리 두 개를 다 떼어 가지고 예배 볼 때였거든요. 예배 보는 그 장소를 유 협회장님과 목사 둘하고 나하고 앉혀놓고 여섯시 지나 일곱 시쯤부터 강의를 하시는 거여. 그때 우리들 뒤에는 누가 있었느냐면 고(그) 때가 마침 아버님 탄신일이 지나고 1주일밖에 안됐어요. 그러니까 부산이나 대구나 그런 데서 영통해 가지고 재림 주님이 오셨다 그런 영통인으로 하여금 생신이다 그래서 오신 분들이 많았어요. 그 사람들은 학문은 없지만 참 신령해서 기도로써 하나님하고 통하고 기도해 가지고서 신앙의 방향을 정하는 그런 분들이고, 그 목사들도 그 사람들 무시하지 못하고 말을 듣는 그 영통하는 사람들이 앉아서 우리 강의하는 사람들을 위해서 또 기도를 해주고 본인들도 강의를 듣는 거예요.

원리를 듣고 느꼈던 당시의 소회所懷를 정대화는 다음과 같이 밝혔다.

근데 나는 이렇게 앉지도 못하고 어디 기대고 창조원리를 듣는데 어쩌면 그렇게 가슴에 팍 팍 닿아요. "아 그렇지. 아, 그래야지. 아 그래야지, 그렇고 말고" 아 그러면서 한 두 시간을 참 재미있게 들었어요. 그래, 저녁이 깊어지니까 강의를 끝내고, 나를 전도해 준 순실이 하고 이제 나왔는데…

당시 통일교의 유일한 경제적 기반은 사진 판매였다. 정대화가 갔던 날도 원리 강의를 하던 바로 옆방에서는 사진 인화 작업이 한창이었다고 한다. 정대화와 최순실은 그 사진 작업이 진행되고 있던 곳으로 향했고, 거기에서 문선명 선생과 대면하게 되었다. 그때를 그녀는 이렇게 기억했다.

거기에 선생님이 잠바 입고 서 계시는 거여. 그래서 (문선명 선생이) 내 친구보고 "야, 니가 전도해 가지고 온다는 사람이 야냐?" 저보고 그러는 거요. 내 속으로 '별난 사람도 다 있다. 별난 청년도 다 있다. 다 큰 처녀보고 야자 하는 것도 그렇고 나는 처음 봤는데, 처음 봤는데도 야냐, 자냐 그렇게 묻는다'고. '아, 이상한 분도 다 계신다.' 그래가지고 그게 아버님 제일 처음 뵌 거예요.

정대화는 1주일가량 매일 홍인동 교회를 출입했으며, 원리에 대해서 적극적인 공감대를 형성했다. 17세 때 늑막염을 앓았던 정대화는 그 후 원인모를 병으로 많은 고생을 했다. 서울대병원에 3주가량 입원한 적도 있었는데, 병원 측에서는 병명을 명확히 밝히지 못했다고 한다. 그런데 이 병의 치유를 그녀는 통일교에서 경험하게 되었고, 더불어 신비체험도 하게 되었던 것이다.

(원리) 강의를 듣는데 내가 이튿날부터 필기를 시작했어요. 그러니까 유 협회장님이 뭐라고 그러시냐면 "필기는 있다하고 중심 문제가 뭔지 알아보시오" 그래요. 중심 문제가 뭔가. 나는 어떻든지 간에 영계가 있는지만 알고 우리들의 신앙이 다 그래도 뭐 하나님을 믿고 하나님의 실존을 알고 믿는 신앙들이 아니었거든요. 다 여기에서 사는 동안 선하게 살고 성경대로 살아보자 하는 그런 믿음이었지요. 생명을 각오하는 믿음이 아니었단 말이에요. 그래서 난 빨리 영계만, 영계가 존재하는지만 알기를 바랬어요. 아, 그러는데 점점 창조원리를 듣는데 "아, 그렇지 그래야지, 그렇구 말고" 그러면 가슴에 불이 팍 들어오는 거여. 바로 들어오면서 아프던 것이 하나씩 하나씩 없어지는 거여. 잔등이 그렇게 아팠는데 그 통증도 조금씩 없어지고 머리가 그렇게 아팠는데 그 두통도 없어지고. "아, 그래야지" 그러면 콰악~ 불이 들어오는데 감당치도 못할 불이 들어오더라구요. …(중략)… 아, 그러니까 뭐 그야말로 나는 말씀을 들으면서 원리 말씀이 참, 내 병을 낫게 해줬고 원리 말씀이 생명이 되는 거예요. 1주일도 안 돼 가지고요. 그래 가지고 은혜를 받기 시작하는데 모든 만물이 다 나보고 절하는 거요. 절하는 거요. 소나무가 절을 크게 하고 말이죠. 인간의 주관을 받아야 할 만물이 다 그러니까 내가 속에서 기쁨이 얼마나 용솟음치던지 말이죠. 영적으로 보이는 거죠.

정대화는 통일교 원리에서 유형 세계와 같이 무형 세계도 실존한다는 논리에 깊은 감명을 받았다고 한다. 하나님의 실존성에도 확신을 갖게 되면서 자살에 대한 미련을 지울 수 있게 되었다고 한다. 또한 원리를 들으면서 예수가 억울하게 죽었다는 데 공감하며 참회의 눈물을 흘렸다. 원리를 통해 치유의 역사를 경험한 것만으로도 은혜

가 되었는데 사후 세계에 대한 확신까지 생겨 그 이후부터 정대화는
자발적인 전도 활동에 몰입하였다.

　　그래 가지고 전도를 돌아댕기는데 아프던 사람이 일어나 가지
고 내가 아파서 휴학했다는 사실을 아는 친구들한테 통일교회 전
도를 하는 거요. 또 친척들한테. 누가 하라 합니까. 얼마나 돌아댕
겼는지 살이 다 빠지고, 이렇게 부었던 다리가 빠지고, 구두 앞도
펑크가 났어요. 그것도 몰랐다구요. 그래서 집에 있는 것은, 내 것
은 다 교회에다 갖다 주고 싶은 마음이고, 그래 우리 어머니가 "아,
어디 가 가지고 미쳐서 왔다"고 말이죠. "저러다가 한 달도 못돼 가
지고 또 드러누울 거라"고 그러면서 걱정을 하더라구요. 아, 그래
도 내가 아버지 어머니 내 동생을 그야말로 끌고 가다시피 해가지
고 "나를 이렇게 몇 달 동안 앓던 나를 고쳐주신 분한테 가서 인사
해야 될 것 아니냐"고. 그러니까 "아, 그건 그래야지." 그래 다 장충
동에 오서 가지고 아버님께 큰 절하고, 인사를 했다구요. 나중에 우
리 부모님은 기성축복을 받고, 여동생은 1800쌍 축복을 받았어요.

　정대화는 통일교 원리를 접하고 제2의 삶을 살면서 성령의 은혜에
취하였다. 입문 직후 주체할 수 없는 통곡이 벌어졌던 때를 기억하며
이렇게 덧붙였다.

　　하루는 지방에서 온 식구(신도)들이 간다고들 다 아버님 주무시
는 온돌방이 쪼그만 게 하나 있는데 거기들 모였더라구요. 내가 용
감하게 거길 들어갔어요. 들어가 가지고는 잠깐 앉아 있더니 엉엉
엉 울기 시작하는 거여. 내가요. 엉엉엉, 엉엉엉 울기 시작하더니
통곡이 된 거여. 통곡. 그게 단장의 아픔. 이 단장이 끊어질 뭔가,

단장의 슬픔, 장이 끊어질 것 같은 그런 통곡을 한 거여. 바닥을 치면서 뭐라고 하느냐면 "하나님 죄송합니다. 예수님은 이 땅 위에 죽으러 오신 분이 아니었는데 이스라엘 민족이 믿지 않아서 죽였습니다. 아니, 아니 내가 죽였습니다. 내가 죽였습니다. 용서해 주십시오" 그러면서 통곡을 하고 방바닥을 치면서 울은 거죠. 그래 눈물, 콧물, 침물. 아마 내가 오줌도 쌌을 거요. 구멍이란 구멍에선 다 물이 나오는 데서 다 나와 가지고서 막 통곡을 하니까. 어떤 권사님이 나를 안수해 줄려고 하는 것 같아요. 아버님이 그냥 내버려두라고. 실컷 하라고. 내버려두라고. 아, 들려요. 그런 것들이 말이죠. 아, 그래가지고서 참 역사를 오래했어요. 얼마나 울었는지 몰라요. 통곡을. 옛날에 부모가 타계하면 곡하잖아요. 그 유(종류)가 아니에요. 그 곡하는 유가 아니에요. 그렇게 제가 회개하고 통곡하고 그래가지고서 그것도 참, 아버님 앞에서 그래가지고 내가 신생新生된 거여. 약 다 버리고, 약 다 버리고 죽지 않고 살아야 되겠다 하고 누가 안수해 줘 가지고 나 난 게 아니고 누가 기도해 줘 가지고 내가 병이 난 게 아니에요. 말씀이. 원리 말씀이 나를 이렇게 낫게 해 줬죠.

정대화는 원리에서 받은 감동은 그 무엇과도 비교할 수 없는 것이라고 했다. 자신이 투병 생활을 했던 것도 결국은 원리를 받아들이고 문선명 선생을 만나게 하려는 하늘의 계획된 예정으로 인식했다.

초창기 통일교에서 문선명 선생은 "선생님"이란 칭호로 불렸다. 그러나 통일교 신자들 사이에서는 그를 "재림주", "구세주"로 고백하였다. 그럼에도 그에 대해 아무도 "메시아"라는 칭호를 사용하지는 않았고 그를 재림주라고 어느 누구도 발설하지는 않았다고 한다.

정대화 역시 통일교에 입문하고 1개월이 지났을 무렵 문선명 선생을 재림 메시아로 스스로 고백하였다. 처음에는 그녀도 다른 신자들처럼 문선명 선생을 "선생님"이라고 불렀다. 교역자로서 설교를 하는 목사, 그 이상도 이하도 아닌 "선생님"으로 생각하였다고 한다. 그런데 그 이상의 의미를 갖게 된 계기가 있었다. 그것은 자신이 어느 날 꾸었던 꿈을 통해서였다. 이에 대해 정대화는 이렇게 이야기했다.

> 2월달에 들어와서 한 달 동안은 뭐 낮인지 밤인지 하늘인지 땅인지 모르게 기쁘게 사는데. 아, 이 중심 문제를 모르니까. 그래서 내가 선생님이, 선생님이 어떤 분이신지 모르니까 꿈에! 꿈에 두 번 가르쳐 주시더라구요. 내가 우리 부친 무릎에 엎드려 가지고 막 울었어요. 회개하는 울음을 울었어요. 이렇게 쳐다보니까 그게 우리 부친이 아니고 선생님이세. 그래, '아, 이상하다. 내가 왜 선생님 무릎에서 울었나' 그랬는데 그 다음에 그래도 내가 깨닫지 못하니까 우리 방에 우리 부친이 들어오더니 나가실 때 보니까 선생님이 나가세요. 그때 안(손뼉을 침) 거여. '아버지로서 오셨구나! 저분이 재림주구나!' 아, 그때부터 조금 어려워지더라구요. 그전에는 평범한 사람같이 느껴졌는데. …(중략)… 그저 뭐 자가 도취했죠 뭐. 자가 도취. "선생님! 선생님!" 하면서 옆에 가서 앉기도 하고 "선생님!" 하고 말도 막 하고 싶은 대로 다 하고. 그때는요, 누가 아무도 재림 주님이시다 가르쳐 준 사람 없어요. 이게 다 절대 비밀이에요. 자기가 알아야 되요. …(중략)… 나를 전도한 사람 순실이도 "저 선생 잘 봐둬" 이 말 한마디 했지 저분이 예수님 대신 오신 분이야. 그 말 한 번도 안 해 준 거여.

지생련을 통일교로 인도하기 위해 친구 장숙자는 그녀의 집을 수시로 방문했다. 이미 항간에는 문선명 선생이 재림주라는 소문이 떠돌고 있었기 때문에 지생련은 부정적인 입장이었다. 결국 장숙자의 계속된 권유에 못 이겨 지생련은 통일교 원리를 듣게 되었다. 그러나 자신이 지향해 온 인생관이 원리와 상당히 부합하고 있다는 것에 놀라움과 적잖은 감명을 받았다. 당시를 지생련은 이렇게 회고했다.

그 사람들은 나를 전도하고 싶었겠죠. "그래 남자가 얼마나 잘 생기면 주님이 되나? 남자가 얼마나 똑똑하고 잘 생기면 주님이 되냐?"고 그러니까 "너 가서 한번 안 들어 볼래?" 그런데 그때 우리들은 벌써 4학년이에요. …(중략)… 그런 입장에서 장병림(장숙자) 교수가 특별히 택해서 저를 종용해서 그리로 들어갔는데요. 그 사람은 의과대학이고요. 여고 시절 동창이에요. 장숙자, 박승규가 저를 전도를 했어요. 숙자가 한 세 번 찾아왔어요. 그렇게 와서 저희 언니보고 이야길 하니까, "그렇게 가까운 친구였는데 도의적으로라도 한번 가서 들어봐라" 그러면서 언니가 협조를 해서 그때는 3일 동안 거기 가서 말씀을 들어야 하잖아요. 양(윤영) 선생님 댁에 가서 유(효원) 협회장님께 말씀을 들었는데 그 말씀 중에 제일 감명을 받은 것이 3대 축복에 대해서 제일 감명을 받고, 이상理想 상대를 만난다는 거. 거기에서 이상理想 자녀를 낳는다는 거기에서 참 감명을 받았어요. 그래서 '아, 우리 김활란 총장은, 혼자 사는 것이 정상적인 길이 아니구나' 하는 것을 느꼈고. 김활란 총장은 자기 같이 독신생활 하라고 그러더라구. 그렇지만 '아, 나는 정말 부족하지만 결혼을 해서 아이들을 다 낳아서 함께 부족한 것을 보충하면서, 나는 결혼을 해야 하겠다. 여기에 오면 좋은 남편을 만날 수 있겠다' 하는 호감이 있었어요.

지생련이 원리에 감명 받은 것은 사실이지만 그것으로 개종을 결심할 정도는 아니었다. 그녀에게는 여전히 집안 대대로 유지되어 온

불교 신앙이 가장 큰 영향을 미치고 있었다. 그러나 불현듯 지생련은 1955년 1월 10일 통일교에 입문했다. 그녀가 회심한 결정적 이유는 여러 구술자들에게서도 발견되고 있는 신비 체험 때문인 것으로 사료된다. 지생련은 자신의 입문 상황에 대해 이렇게 부연했다.

하루는 이계순인가 후배가 "왜 교회를 안 나오냐?"고 하길래, "나는 모든 걸 정리를 하고 나가야지 이렇게는 못나겠다"고 그랬어요. 그리고 그날 저녁에 갑자기 복통이 나고, 막 땀을 흘리고 난리가 났는데 그 주위에 있는 사람들이랑 언니랑 "맹장이 걸렸다고 병원에 가자"고 그러는데, 그때 여덟시가 넘었고 병원에 가는 것보다 양 선생님 집에 가는 것이 좋겠다는 생각이 들어서 양 선생님 집에 갔어요. 가니까 황환채씨랑 유 협회장님이 "학생 왔느냐?"고 인사를 하는데, "배가 아파서 왔다"고 그랬어요. 아버지 같기도 하고 자상하고 그렇잖아요. 내가 배가 아파서 왔다는데 "잘 왔다"고 그래서 조금 이상하긴 했지만. 그래, 다 앉아 있어서 나도 앉아 있었거든요. 조금 있으니까 누가 잠바를 입고 들어오더라구요. 그리구 착 앉아 계신데 나는 생전 처음으로 느껴 보는데요. 아버님 곁에서 불이 오는 거예요. 온몸에 태양빛이 너무 강한 직사광선. 너무 뜨거워서 견딜 수 없는 그게 이쪽 저쪽으로 해서 몸 전체로 오는 거예요. …(중략)… 그래서 내가 참 이상하다 하고 선생님 쪽을 봤어요. 보니까 선생님이 몸이 두 배나 크게 보이고 유대인 코처럼 보이고 (그런) 성채가 나(타나)는데요. 너무나 웅장하게 보이는 거예요. 그래서 내가 암만해도 눈이 잘못 됐나보다. 여기는 전기 장치도 해 놓고 사람을 유혹한다더니 이러한 현상이 나타나가지고 그런가 보다. 그래서 한 번 더 자세히 보자. 그래서 보니까 여전히 그 모습이에요. 굉장히 웅장했어요. 그리고 선생님을 소개해 주고 그랬는데 한참 아팠던 것이 다 나았어요. …(중략)… 그리고 난 후에 내가 3일간 기도를 해가지고 예수님을 봤어요. …(중략)… 그래서 그 층층을 다 넘어가지고 와서는 "예수님 내가 왔습니다." 그때까지 안 가시는 거예요. 얼마나 밤새도록 꿈을 꿨는지. 어머, 내가 딴 사람들은 몇 십 년을 믿어도 예수님을 못 본다는데, 불과 얼마 안돼서. 또 여기와 가지고 3일 금식하는데, 금식은 뭐 그렇게 예수님 보시기에 합당할 정도도 아니고 나 혼자 한참으로 금식을 했는데 이렇게 예수님을 보니까 굉장한 것이다 이것이. 그런 마음이 들어서 딱 따라가니까 바가지에 쌀이 가득 들어 있었어요. "이 바가지에 쌀을 들고 나를 따르라" 그러셨어요. 그래서 저는 그 쌀을 가지고 따라가다가 깼단 말이에요. 그래서 나는 불교보다는 예수님을 믿어야겠다고 생각을 했죠. 이럴 바에야 좋은 날, 좋은 시간을 택하자. 그래가지고 1955년 1월 10일날 들어갔어요. 좋은 날로 10수 만사형통이다. 그래가지고 들어갔죠.

통일교 입문 후 지생련에게 가장 큰 감명을 주었던 것은 바로 문선명 선생의 설교였다. 문선명 선생의 설교를 듣고 지생련은 자신이 문선명 선생을 수호해야겠다는 각오에까지 이르렀다고 한다. 그때를 지생련은 다음과 같이 회고했다.

아버님이 말씀하시는데 보니까 자리가 너무 좁아서 다 앉을 수도 없는데 이렇게 보니까 수천, 수만 명을 놓고 말씀하시는 그 모습이, 너무나 다 이렇게 짜면 물이 나올 정도로 그렇게 울었어요. 그때 당시에는 은혜가 다 고루고루 붙어가지고 전부 통곡을 하는 거예요. …(중략)… 아! 나는 처음 신앙으로 아버님을 만난 거니까, 저분을 다시 내가 볼 적에요, 좀 분위기가 쑥쑥쑥쑥 하니까 저 선생님을 절대로 예수님처럼 희생시켜서는 안 되겠다. 그런 마음이 저에게 우러났어요.

■ 소결

   6 · 25전쟁 후 민중들의 신종교 입문에 대해서 일반적으로 아노미 상태와 위기감 고조를 주된 원인으로 삼는 경우가 많다. 경직된 사회 구조, 전후戰後 폐허, 민주와 공산의 이념적 갈등, 기성 종교의 사리사욕 및 무기력, 정치의 부정부패 등이 사람들로 하여금 새 시대의 비전을 제시하는 신종교로의 입문 및 회심 작용을 불러일으킨다는 견해가 지배적이다.[41] 그러나 종교 현상학적 측면에서 개별적으로 나타난 종교 현상을 일반화시켜 결론으로 도출한다는 것은 무리가 따를 것이다. 특히 신종교에 나타나는 현상의 의미를 이해하기 위해서는 외적 현상들의 배후에서 작용하는 내적인 종교성의 체험을 재

---

41) 노치준, 「한국전쟁이 한국종교에 미친 영향」, 『한국전쟁과 한국사회변동』 (서울: 풀빛, 1992), 247쪽.

구성하여 이해할 필요가 있다. 타종교에 대한 이해의 지평을 자의적인 해석으로 확장하는 것이 아니라 비록 낯선 종교적 현상이라 할지라도 그것을 하나의 진리성 또는 사실로 견지하고 현상학적 판단 유보의 자세를 취하며 공감적empathy 이해로 접근해야 한다.42)

1954, 55년에 이화여대 학생으로서 통일교에 입문했던 구술자들은 전후 사회적 혼란과 아노미 현상으로 인해 통일교를 선택했다고 속단하기에는 어렵다. 9명 중 5명이 기독교인이었고 1명은 불교인이었다. 나머지 3명도 출생 및 성장 배경에서 전술한 바와 같이 안정된 가정환경과 경제 기반 속에서 자라났다. 또한 이들 모두는 대학생들이었고 부모들 역시 고학력자이며 사회 지도층 인사들인 경우가 대부분이었다.

필자는 구술자들의 통일교 입문 또는 회심에 가장 큰 영향을 끼친 것은 바로 통일교 교리인 원리라고 생각한다. 구술자들의 구술을 살펴봐도 알 수 있듯이 구술자들은 자신의 종교적 배경이 기독교, 불교, 유교 또는 무종교이든 상관없이 원리에 깊이 매료되었고 공감했다. 특히 그들은 하나님의 실존성 문제, 유형 세계와 무형 세계와의 관계 등 창조원리 부분에서 원리의 과학적 전개에 상당한 자극을 받았던 것으로 파악된다. 제적 처분을 당한 14명 중 약학과와 의학과생이 6명, 법학과생이 3명이라는 데서도 이와 같은 사실을 뒷받침하고 있다고 사료된다.

물론 구술자들은 꿈을 통해 성령 체험을 하고 '뜨거운 불', '몸의 진동' 등 자신과 타인에게서 야기된 신비 현상을 직접 목도 또는 경험

---

42) 게라르두스 반 델 레에우, 『종교현상학 입문』(경북: 분도출판사, 2007), 11쪽.

하기도 하였으며, 창시자 문선명 선생의 종교적 능력, 즉 카리스마를 직·간접으로 느끼기도 하였다. 그러나 그것이 이들의 통일교 입문 또는 회심에 결정적인 역할을 한 것으로 결론지을 수는 없다. 구술자들의 경험을 종합해 보면 통일교 전도의 요체는 무엇보다 원리라는 진리 체계에 있었고, 회심은 문선명 선생과 유효원이라는 교육자와 피교육자인 이화여대생들 사이에 원리를 중심한 교육적 공감대가 형성된 데서 이루어졌다고 볼 수 있다.

제3장

'나'로 산다는 것

■ 교수들의 회심

통일교는 1954년 5월 1일을 교단 창립일로 기념하고 있다. 그러나 문선명 선생과 협회장 유효원은 서울 성동구 북학동 391–6호에 '세계기독교통일신령협회 서울교회'라고 간판을 내걸기 전부터 서울에 대한 개척과 전도활동을 전개하였다.

유효원의 일기에는 이화여대 최초의 전도자인 양윤영의 이름이 1954년 4월 1일부터 거론되며 그녀가 원리를 듣기 위해 유효원이 임시 집회소로 마련한 신당동 304–604호에 내방하고 있음이 발견되고 있다.[1]

> 1954년 4월 1일(목)
> 재선 씨 부산서 내방. 선생님 방문.

---

[1] 세계평화통일가정연합 역사편찬위원회. 『유효원 일기』 1, 21쪽.

윤영 누님 오시다.
원리 해설하시다. 양윤영 원리 듣다.

    문선명 선생은 원리 전파의 1차 대상을 처음부터 대학가 2세 젊은이들로 삼았으며, 특히 기독교 계통의 학교인 이화여대와 연희대 학생들이 원리를 받아들여 대한민국 선교는 물론 세계 선교에 일익을 담당하게 하고자 하였다.[2] 한편, 양윤영은 원리를 들으며 영적인 역사를 하였고 통일교에 입문한 이후에는 자택을 원리 강의소로 제공하며 교회 성장에 적극 협력하였다. 또한 본인 스스로가 원리에 심취하여 교수와 학생 전도에 앞장섰다. 양윤영은 주체할 수 없는 흥분과 감격에 휩싸이며 하루 빨리 이화여대 전체에 원리를 전파해야겠다는 열망에 부총장 박마리아까지 세대문 교회(세계기독교통일신령협회 서울교회)로 인도해 왔다. 그날 유효원은 박마리아를 비롯해 정보과 이홍수, 치안국 유 경무관에게 원리를 강의했다.[3] 그러나 박마리아가 아무런 편견 없이 원리에 공감하고 마음의 문을 열기에는 세대문 교회의 환경이 너무나 열악했고, 박마리아 자신의 사

---

2) "연세대와 이화여대, 이것이 2세 남자 여자의 최고의 대표였습니다. 거기서 뜻이 이루어졌다면, 그곳이 이 나라의 모든 조직의 중심이 되었을 것입니다. 연세대와 이화여대를 중심삼고 복귀되었으면 기독교의 6대 종파의 모든 아들딸들이 와서 순식간에 완전히 2세를 점령하게 되어 있었다구요. 이화대학하고 연세대학, 이것이 아담 해와와 마찬가지입니다. 이건 2세예요. 2세의 핵심을 딱 쥐는 거예요. 기독교의 2세들입니다. 1세는 타락 세계에 절반이 물려있는 거예요. 그러면 하나님이 귀한 것을 취하는 거예요. 옛날에는 사탄이 귀한 걸 취했는데, 지금 복귀시대에는 2세를 앞장 세우는 거예요. 기독교를 중심삼은 2세 집결지가 이화대 연세대 아니에요, 남자 여자?" 세계평화통일가정연합 역사편찬위원회, 『참부모님 생애노정』 3(서울: 성화출판사, 1999), 57쪽.
3) 세계평화통일가정연합 역사편찬위원회, 『유효원 일기』 1, 25쪽.

회적 위신과 체면이 그것을 용납할 수 없었다.[4] 이계순은 박마리아
가 통일교를 받아들이지 않은 것에 대해 영적인 체험이 없었기 때문
으로 봤다. 그녀는 성령 역사라는 영적인 체험이 수반되지 않고 엘
리트 계층이 통일교로 회심한다는 것은 현실적으로 불가능한 일이
라며 이렇게 부연했다.

> 성령이 역사하지 아니 하면 아무리 자기가 갔어도 안 돼. 저는,
> 성령이 역사하기 때문에 뻗쳐지는 것이고 하나님이 택했으니까
> 되는 거지.

강정원은 박마리아가 통일교로 전도가 되었더라면 통일교의 사회
적 위상, 이화여대에서의 전도 판세는 크게 달라졌을 것이라고 했다.
하지만 통일교인들의 희망과 달리 박마리아는 통일교의 원리를 받
아들이지 않았으며 그에 따른 파장은 통일교의 이화여대 선교 활동,
더 나아가서 1955년 통일교가 겪은 존폐 위기의 결정적인 암초로 작

---

4) 세계평화통일가정연합 역사편찬위원회, 『참부모님 생애노정』 1, 72~73쪽.
"우리의 뜻을 대통령에게 전해서 미국으로 연결시키면 급속하게 세계로 퍼져 나가
리라는 생각까지 하였다. 그래선지 하늘은 특히 박마리아씨에게 집중 전도하도록
몽시나 계시로 보여주었다. 박마리아씨한테 가서 수표를 받아 오라는 선생님의 지
시로 찾아가면 수표를 두 세장씩 주기도 했다. 아무튼 나는 매일 새벽같이 박마리
아씨의 집 대문을 두드렸다. 그녀와 나는 사제지간이기 때문에 박마리아씨의 집에
쉽게 들어 갈 수 있었다. 나는 박마리아씨에게 '새로운 진리가 나왔으니 들어보지
않겠느냐?'고 하면 '왜 비정상적인 말을 하느냐?'며 반응을 보이지 않았다. 학교 사
무실에까지 찾아갔다. 나의 정성에 그녀도 어쩌지 못하고 서대문 교회까지 왔으나
효원씨와 30분쯤 얘기하다가, '그래 당신들이 이걸 가지고 세상을 구원하겠다는 거
냐?'며 나가버리고 말았다." 세계기독교통일신령협회 역사편찬위원회, 『증언』 제1
집 (서울: 성화사, 1982), 150쪽.

용하고 말았다. 그러나 이화여대에 유입된 통일교의 원리는 교수와 학생들에게 강력한 마력, 새로운 비전처럼 작용하기 시작했다. 양윤영이 1954년 4월 통일교에 입문하고 한충화, 최원복, 이정호[5] 등이 그 뒤를 이었다.

이화여대 교수 중 두 번째로 통일교에 입문한 한충화는 학생 전도에 가장 크게 기여한 인물로 평가할 수 있다. 이화여대 캠퍼스 내에 또 다른 세계, 기숙사에서는 사감 한충화를 중심하고 활발한 전도가 전개되었다. 한충화는 1954년 10월 통일교와 첫 인연을 가졌다. 당시 유효원의 1954년 10월 21일자 일기를 보면 그날 한충화는 양윤영의 집에서 새벽 3시까지 문선명 선생과 유효원으로부터 원리를 들었고 동월 23, 27일에도 새벽 4시까지 밤을 지새우며 원리에 열정적으로 심취하면서 통일교 식구(신도)로 변모해 갔다.[6]

사길자와 서명진에 따르면 한충화의 남편은 국회의원이었다고 한다.[7] 그런데 남편이 6·25전쟁 당시 공산주의자들에 의해 납북되자 한충화 혼자서 1남 4녀의 자녀를 키워나가고 있던 실정이었다고 한다. 그런 까닭에서인지 그녀의 기도는 언제나 눈물어린 호소였으며 민족과 나라의 안위를 위한 내용이 멈추지 않았다고 한다. 이러한 그녀의 진정어린 신앙심은 학생들에게 깊은 감동을 주었으며 자연스럽게 통일교로의 전도에까지 많은 영향을 미쳤다. 한충화의 이러한 모습에 대해 서명진은 다음과 같이 회고했다.

---

5) 문리대 국어국문학과 교수, 학과장.
6) 세계평화통일가정연합 역사편찬위원회. 『유효원 일기』1, 38~39쪽.
7) 한충화의 남편에 대한 신원은 아직까지 정확히 확인하지 못하였다. 이에 대해서는 더 깊은 조사가 필요하다.

내가 이 신앙에 변화를 가져온 것은, 또 하나님을 만나게 된 것은 이 통일교회로 인해 가지고 만나게 됐는데, 제가 진실한 하나님과 상봉을 한 것이 이화대학교 기숙사 생활이에요. 근데 이화대학에서 내가 '선'관에 있었거든. '진'관 '선'관 '미'관 이렇게 돼 있는데, '선'관에 있었거든요. 근데 거기에 지금 여기 우리 이름이 안 나오지만서도 한충화 교수가 기숙사 사감이었어요. 근데 그 한충화 교수님이 국회의원 부인이었다고. 국회의원이었는데 말하자면 이북으로 납치당했어. 이 한충화 교수님이 기숙사 사감으로 살면서 굉장히 신앙이 좋았어요. 그리고 남편이 이북으로 끌려갔거든. 그러니까 눈물의 기도가 끊이지 않았어. 기숙사 사감을 하면서 아침에 새벽에 학생들보다도 일찍 일어나서야 되고 거기서 생활을 하시고 눈물의 기도를 하고 민족을 위해서. 언제든지 민족을 위한 기도, 눈물의 기도 그러면서 이제 학생들이 새벽 기도회 때 다섯 시 새벽 기도회 기도실에 기도를 하러 오면 학생들을 붙들고 눈물의 기도를 하셨어요. 그리고 눈물의 기도로써 우리 학생들을 감화시키셨어요.

사길자는 한충화에 대해 다음과 같이 기억했다.

새벽마다 통곡을 하면서 우리 데리고 새벽 기도회를 했는데 그 사람도 완전히 변해 가지고, 아주 슬퍼서 남편이 이북에 …(중략)… 납치를 당했는지 하여튼 남편을 졸지에 잃어버리고 자식들하고 살면서.

이화여대 교수 중 양윤영, 한충화에 이어 최원복은 세 번째로 1954년 12월 통일교에 입문하였다. 그녀는 1929년 당시 개성호수돈

여자고등학교를 수석으로 입학하였으며, 일제 강점기 광주에서 학생운동이 발발하자 개성 지역에서의 학생운동을 주도하다가 주모자로 체포되어 40일간 투옥되는 수난을 겪기도 하였다고 한다. 그녀는 1933년 이화여자전문학교에서 영문학을 전공하고 본격적인 학문의 길을 걸었다. 1937년부터는 졸업과 함께 동 대학교 대학원 영문과에 재학하면서 조교 생활을 하였고 그 이후 1947년까지 강사를 거쳐 부교수로 재직하였다. 1950년에는 미국 국무성 초청 교환교수 프로그램에 응시하여 합격, 도미하여 1952년까지 미시건대학교 대학원에서 교수법과 영어학을 수료하였다.

귀국 후 1953년부터 이화여대에서 문리대 영문과 부교수 겸 법대 학생과장으로 재직했던 최원복은 감리교 재단의 대학 특성상 채플 단상에서 학생들에게 수시로 설교를 해야 하는 입장에 놓여 성경 연구를 시작하게 되었다. 그러나 성경을 연구하면 할수록 의문에 부딪혔고 난제를 풀기 위해 기도에 매달렸지만 특별한 응답을 얻지는 못하였다고 한다. 그녀는 성경이 안고 있는 비현실성과 비논리성에서 더 많은 괴리감을 느꼈다고 한다. 그러던 중 한충화의 인도로 통일교에 와서 원리를 듣게 되었다.[8] 그러나 그녀는 원리의 논리 정연함에 이끌린 것보다 영적인 은혜에 감동하여 입문하였던 것으로 보인다.

> 정말 허무한 것이 인생이라고 하지만 우리는 허무하다는 생각은 한 번도 해 본 적이 없는 인생의 황금시대라고 할까, 또 완숙으로 향하는 정말 인생의 맛을 알기 시작한 나이였습니다. 그때 교회로 부

---

8) 세계평화통일가정연합 역사편찬위원회, 『사보』 통권 179호 (2006), 36~37쪽.

르듯이 왔습니다. 그때 생각으로는 왜 그런지 하늘이 역사하시는 것을 알고 논리 정연한 그런 진리에 도취했지만, 그것만이라면 저는 절대로 안 따랐을 겁니다. 이성적으로 좀 냉정한 편이었기 때문에 그러나 그 진리성을 뒷받침하는 영적인 역사가 있었습니다.9)

최원복이 자신의 산수 기념축하연에서 언급한 "영적인 역사"를 뒷받침할 수 있는 대목을 강정원과 이계순의 구술에서 찾을 수 있었다. 이들에 의하면 1955년 1월 3일 최원복은 영적인 체험을 하며 문선명 선생으로부터 특별한 사명을 받았다고 한다. 강정원은 최원복의 영적 체험에 대해 이렇게 기억했다.

> 최원복 선생님은 그 이후에. 그런데 최원복 선생님은 이 교수(이계순) 다음에 들어오셨는데 완전히 하늘 앞에 맹세한 거는 1월 3일날. 1월 3일날, 예수님 탄신일날10) 그 세대문 교회에서 역사가 일어났어. 아버님이 최원복 선생님을 택하시는 거를 그때 결정하셨어. 그 순간적으로. 우리 그때 아버님하고 최원복 선생님하고 애(이계순)하고 나하고 있었거든. 그 방에. 유효원 협회장도 계셨어요. 그때 막 역사가 일어나서 우리 콧물 눈물 막 흘리고 그냥 최원복 선생도 콧물 눈물. …(중략)… 성령의 역사가 일어난 거야. 그리고 아버님 그때 결정하셨어.

최원복을 문선명 선생이 택했다는 것은 "하나님의 큰 일꾼으로 삼

---

9) 1996년 6월 8일, 최원복 선생 산수 기념 축하연 답사(答辭) 녹취
10) 1월 3일을 예수의 탄생일로 기념한 종교는 통일교를 비롯하여 철산 김성도의 성주교단, 예수교회, 김백문의 이스라엘수도원 등으로 요약되고 있음을 최중현 교수는 저서 『한국 메시아 운동사』 제1권에서 언급하고 있다.

으셨다"는 것을 의미한다고 이계순은 설명했다. 이날 유효원도 일기에 최원복이 통애痛哀의 눈물을 흘렸고 그 모습을 보고 자신 역시 감격의 눈물을 흘렸다고 기록했다.[11] 초창기 통일교는 영적 역사의 체험자가 많았던 것으로 보인다. 영적 역사는 그들에게 깊은 감동을 자아냈다. 이계순은 이에 대해 이렇게 말했다.

> 그러니까 지금은 모르지만 그때는 이제 아버님께서 뜻을 세우시고 이제 이렇게 선교하면서 사람을 모으던 시절이기 때문에 소수의 무리였기 때문에 성령의 역사가 강하게 내려서 그냥 모임하고 집회하고 기도하고 그러면 막 성령의 역사가 일어나서 모두들 감동 감화 받고 울고 진동하고.

한편, 교수들과 학생들의 통일교 입문을 차단하기 위해 1954년 12월 총장 김활란은 기독교 문화사를 강의하고 있던 김영운에게 통일교 원리를 듣고 그것을 비판할 수 있는 대응책을 세우도록 지시했다. 김영운은 이화여대에서 신학 분야에 가장 실력 있는 교수였으며 지성, 인격 그리고 신앙을 고루 겸비하여 김활란에 이은 차기 총장으로까지 운운되었다고 한다.[12] 여기에 대해 이계순은 이렇게 말했다.

---

11) 세계평화통일가정연합 역사편찬위원회, 『유효원 일기』 1, 47~48쪽.
12) "그 당시에 이화대학에서는 앞으로 김활란 총장의 후계자가 누구냐 할 정도로 이렇게 정말 신앙을 철두철미하게 하고 기독교를 공부한 사람이니까 김영운 선생님이 이화대학 출신은 아니래도 유력한 후보로 있었단 말이야. 그런데 (통일교) 빠졌다고 그냥 내친 거잖아." 강정원, 2010년 4월 5일 구술.

학교 서열로 따지면 김활란 총장 다음에는 김영운. 김영운 교수. 총장감이었어. …(중략)… 김옥길 이전이었죠. 둘이 같이 기독교 문화사를 가르쳐도 깊은 신앙심과 정말 존경받는 사람은 김영운 교수였고 김옥길 교수는 항상 뭐랄까 경쟁 라이벌로 그렇게 지내왔어요. 근데 이 양반이 도태되니까 자기가 올라선 거지. 김옥길 좋은 분이긴 하지만 존경받는 사람으로는 김영운.

지생련도 이와 관련된 언급을 하였다.

학생과 교수님들이 제일 존경하는 김영운 선생님. 또 김영운 선생님은 앞으로 총장으로 물망에 올랐던 선생님이에요. 김옥길 선생님하고. 그런데 그 기준이 김영운 선생님이 더 존경을 받고 할 정도로 그런 유명한 선생님이 여기 와서 말씀을 듣고. 그 분이 영계에 대한 소식을 잘 알고, 긍정하고, 또 믿고 하니까 학생들이 한 600명씩 와 가지고 있었어요.

이화여대에서 김영운은 사길자의 말처럼 "아이스 걸"로 통할 만큼 이성적이고 냉철한 면을 가지고 있었다. 정대화도 사길자와 비슷한 기억을 가지고 있었다.

김영운 선생님이 하시는 기독교 문화사 시간이 있어요. 거기서 성경을 가르쳐 주는데요, 아니 내가 교회에서 배운 성경, 그거 다 들은 말인데도 그거는 너무나도 신령하고 참 분위기가 정말 조용하고 은혜롭지 않으면 강의를 안 하거든요. 연필하나 굴러 떨어지는 소리가 있어도 강의를 안 하는 분이에요.

이화여대 교정에서 동료들과 함께 (재학 당시)

(위, 좌측부터) 서명진, 사길자, 김경식

(아래, 좌측부터) 김정은, 신미식

김영운은 일본 관서학원대학 신학부를 졸업하고 캐나다 선교부의 장학금으로 1948년 캐나다 토론토대학교 임마누엘칼리지에서 신학 석사, 리컬칼리지에서 명예인문학박사 학위를 받았다. 1954년 당시 그녀는 위경련으로 병원에 3주 동안 입원까지 하였기 때문에 몸 상태가 좋지 못한 상황이었다.[13] 그러나 통일교의 원리를 분석, 비판하라는 김활란의 특별 지시로 그녀는 양윤영의 집을 찾아가서 유효원으로부터 원리 강의를 들었다.

원리 강의 초반, 김영운이 자주 비판적인 질문으로 제동을 걸어 강의는 그다지 진척을 보일 수 없었으나, 유효원은 인내를 갖고 전념하였다고 한다. 사길자는 김영운이 통일교로 회심하게 된 동기에 대해 문선명 선생과 신자들 앞에서 김영운이 간증했던 내용을 회상하며 다음과 같이 말했다.

> 김영운 선생 같이 참 아주 이론과 아주 영적인 세계를 잘 아는 양반이 확 변하고. 김영운 선생이 그 신장염에 걸려 가지고 병원에서 고치다 고치다 못해서 이제 당신 신장염에 걸리면 염분을 못 먹는대. 염분. 그러니까 얼마나 싱겁게 먹으니까 죽겠지. 근데도 못 먹어. 죽을까봐. 그래 병원에서 약도 안주고 이제 당신이 먹고 싶은 것 해방시켜 줄 테니까 먹으라고. 죽으라 이거지. 병원에서 퇴원해 가지고 이제 나을 길이 없어서 누워 있는데 김활란 총장이 급히 찾아왔어. 당신 밖에는. 그 양반이 아주 실력 있는 신학자거든. 그 일본의 관서신학도 여자 혼자만 들어갔어, 홍일점으로.
> 그리고 카나다 토론토대학에서 우수한 성적을 받고 논문도 스웨덴보르그의 영계에 관하여 독창적으로 쓰고. 그러니까 장차 그

---

13) 김영운과 동시대를 살았던 통일교 신자들은 김영운이 입문 당시 신장염을 앓았다고 말하고 있다.

양반이 그 이화여대 출신은 아니지만 워낙에 인격이나 신앙이 그 본이 된다고 그래 가지고 김활란 총장이 자기 후계자 중의 하나로 작정했던 사람이거든. "너밖에는 가서 알아볼 자가 없다" 그래 갔어. 갔는데 원리를 들어보니까 기성 신학하고 많이 다르잖아요. 그러니까 막 옳다고 생각해도 자존심이 있으니까 유 협회장, 유 선생 강의를 길길이 뛰는 거야. 아니라고 막 자기도 싸워 볼라고.

근데 사람을 꺼리고 교만하기 때문에 사람이 가면 싫어하니까 다들 밖에서 기도하는 거야. 그리고 어떤 식구들은 그게 창호지 문이라 신부 방 들여다보듯이 창호지 문을 어떻게 들여다보고. 교회가 완전히 뒤집어 졌어. 그 양반 잡을라고. 이제 원리 강의에 굴복을 안 하니까 아버님이 듣다듣다 못해서 들어오셔 가지고 말씀을 하시는데, 자기는 질문도 안했는데 스웨덴보르그 신학에서 80프로(%)밖에 알 수 없는 20프로(%)가 알고 싶은데 그걸 탁 말씀하시더래 아버님이. 그래서 깜짝 놀래 가지고 이 양반이 이름난 신학자도 아니고 박사도 아닌데 어떻게 내가 모른 걸 이렇게도. 그래 아버님은 마음을 다 읽으셨지.

그리고 식사 시간이 돌아오는데 병원에서 약을 안주니까 이제 조카도 하나 데리고 한약을 싸가지고 왔어. 그걸 이제 대려주잖아요. 근데 반찬이라고는 아주 그냥 그때 보리가 섞났어. 아주 짠 거밖에 안 먹어. 집사 말이 무 한쪽 가지고 밥 한 사발 다 먹었으면 좋겠대. 왜냐하면 사람은 자꾸 오는데 반찬값이 없으니까 무채 금방 버무린 것 하고 그땐 또 된장에다가 그냥 김치 넣어가지고 뭐라고 그럴까. 된장 김치찌개인가 그거 가지고 먹을려니까 막 짜고 짠 것을 먹을려도 사람 죽을 지경인데 김영운 선생이 어떻게 먹었겠어. 음식을 이렇게 놔 주니까 쳐다보고 있어. 무서워서. 그러니까 아버님이 "잡수세요." "저 못 먹어요. 아이구. 내가 저 토스트에 들어있는 염분도 못 먹고 시금치도 데쳐 가지고 간도 안하고 그냥 먹는 사람이 (어떻게) 먹겠습니까?" 그러니까 "아니요. 내 말 듣고 드세요." 먹을라고 생각하니까 그냥 환장을 하겠더래. '이렇게 짠 것을 내가 (어떻게) 먹지?' 근데 그때 문선명 선생 말이 믿어지더라

이거야. 먹었다. 그래, 막 속이 뒤집어져야 하는데 편안해. 다음 끼
(니) 먹어도 편안해. 거기에 은혜 받았고. 그 다음에 약을 쫄쫄 조
각다리 다려먹고 있으니까 "그거 뭐냐?" 물으시더래. 그래서 "한
약입니다." "왜 먹냐?"고 했더니. "이제 양의사는 나 죽으라고 약
도 안주니." "끊으시오.. 내 말 믿고 끊으시오." 끊었어. 근데 짜게
먹은 데다가 한약도 안 먹는데 멀쩡하게 자꾸 자기는 몸이 점점 좋
아지거든 거기에 또 은혜 받은 거야. 아버님 말씀하고. 그래, 앞장
서 가지고 그냥 김활란 총장한테 가 가지고 "이건 진짜 기막힌 진
리인데 이 세상에 나온 최고의 진리고 예수보다 더 훌륭한 일을 하
실 분"이라고 막 크게 그냥.

유효원도 1954년 12월 27일 자신의 일기에 김영운에게 원리를 강
의했던 첫날 분위기를 짤막히 이렇게 남겼다.

김영운씨 상대로 원리 해설. 불응함.

사길자의 말대로 김영운은 그 이후 문선명 선생에게 승복하였다.
그리고 이튿날부터는 유효원의 원리 강의를 적극적으로 받아들이며
깊은 공감대를 형성했다. 김영운이 변화하는 모습을 유효원은 일기
에 이렇게 기록했다.[14]

1954년 12월 28일(화)
김영운씨 상대 원리 해설, 결과는 대단히 양호.
1954년 12월 29일(수)
김영운씨 상대 해설, 주님 인정.

---

14) 세계평화통일가정연합 역사편찬위원회, 『유효원 일기』 1, 46~48쪽.

1955년 1월 1일(토)

여전히 식구들은 선생님을 둘러싸고 오후 12시까지(벌써 지난
해의 시간이다.) 갑오년의 망년을 하였다.

"나는 이 을미의 첫 시각을 서서 맞이했다." 식구들이 둘러싼 방
안 한 구석 기둥에 기대어 서서 이렇게 말하자 "서서 일하라는 것
이지." 선생님이 대답하셨다. 자정이 오기를 기다리고 있던 식구
들은 이 시간을 위해 준비 했던 케이크와 능금을 내어 놓았다. 망
년회의 석에서 가르치신 신년 표어의 교훈도 새롭다.「타락성 본
성을 알라, 자아주관을 세우라, 천주주관 바라기 전에.」3시가 넘
어 취침하였다.

오늘의 모임의 중심은 김영운 씨를 세우는데 있었다. 그는 벌써
새로운 세계관의 새 생명이 주입되었다. 죽었던 생명이 소생하는
서광이 그 얼굴에 나타남을 볼 때, 목자의 기쁨을 금할 길 없었다.
··· (이하 생략) ···

1955년 1월 2일(일)

주간 예배 : 에베소 끝 장 / 끝 절 봉독, 주님 설교하심.

예배 후 양(윤영) 선생 댁에서 이월성 씨 상대로 원리 해설, 기타
4,5인 내방 이후 물러가다. 익일 3시까지 철야. 예수의 생애에 관한
말씀하시다. ···(중략)··· 김영운 씨는 침구까지 휴래携來하니 전 식
구는 흔연불변欣然不變 선생님 중심하고 여전히 환희에 넘치는 밤
을 새우다. ···(이하 생략) ···

원리를 듣고 통일교로 회심한 김영운은 김활란을 찾아가 자신이 이
해한대로 원리와 문선명 선생에 대해 소개하였다고 한다. 처음에는
그녀의 말에 김활란도 호감을 갖고 경청하며 대화의 여지를 열어두었
다고 한다.[15]

---

15) 세계기독교통일신령협회 역사편찬위원회,『증언』제2집 (서울: 성화사, 1984), 207쪽.

■ 제도권 아래서의 선교

이화여대 100년 야사野史가 기록된 『한가람 봄바람에』에 의하면 1954년 12월 중순 이화여대 교목 조찬선은 채플 시간에 "격한 음성으로 흥분을 감추지 못하고" 통일교에 이화여대생 20여 명이 빠져들어 학교를 포기할 지경에 이르렀음을 강조했다. 또 그는 이 학생들을 구하기 위해 원정을 간 3명의 교수 역시 흡수되어 버렸다고 개탄했다.

> 근자에 와서 소위 통일신령회라는 사교단체邪敎團體가 유령처럼 횡행하고 있는데 유감스럽게도 이화여대 학생 20여 명이 이에 감염되어 학교를 버릴 지경이며, 소위 이들 제자를 구원하기 위하여 원정 간 교수 3명마저도 도리어 그 사교에 감염되었으니 어찌 통탄할 일이 아니겠는가?16)

16) 민숙현 · 박혜경, 『한가람 봄바람에』, 301쪽.

1954년 법대 1학년에 재학 중이었던 강정원은 조찬선의 설교는 1954년 12월 중순이 아니고 이듬해 1955년 초라면서 기록의 오류임을 지적했다. 어느 쪽이 시기적인 정확성을 대변하고 있는지는 알 수 없다. 그러나 격식을 갖춘 문서 자료라고 하여 반드시 정확하다는 신뢰성을 부여할 수는 없을 것이다.

> 사실 54년에는 안 했고 55년 초에 했어. 거기 이화대학 교목이
> 조 목사라고 있었거든.

강정원은 1954년에는 이화여대가 통일교에 대해서 잘 모르던 때였으므로 대학 내에 그다지 격앙된 분위기가 조성되지 않았다고 했다. 그래서 이화여대의 의사를 반영하는 조찬선의 설교도 1954년 12월 중순에는 나올 수 없었다고 말했다. 이계순도 조 교목이 자신들에게 세례를 주었기 때문에 잊을 수 없다며 강정원의 구술에 신뢰성의 무게를 더했다. 강정원은 이화여대 100년 야사 『한가람 봄바람에』가 통일교에 관련한 기술에서 몇 가지 오류를 범하고 있다고 지적했다. 조찬선의 설교 날짜에 대한 지적에 이어 그녀는 자신의 통일교 입문 날짜가 잘못 기술되어 있다고 말했다. 그녀는 『한가람 봄바람에』의 소제목 「얼룩진 사건들」에 나오는 K양은 바로 자신을 지칭한다면서 기록에는 자신이 1954년 10월 27일 통일교에 입문한 것으로 되어 있지만 동년 11월 27일이 정확한 입문일이라며 자료의 신뢰도에 문제가 있다고 말했다. 아래에서는 이화여대 채플 때 설교로 다루어질 만큼 논쟁거리가 됐던 이화여대생들의 통일교의 유입과 과열 현상에 대해 살펴보겠다.

통일교의 원리를 듣고 입문한 학생들은 학교에 등교하기 이전 또는 수업 후 필수 일정처럼 교회를 출입했고 한 사람을 전도하기 위해서 금식 기도를 "밥 먹듯이" 하는 열성적인 신앙을 표출했다고 한다. 이런 가운데 통일교는 1955년 1월 17일 서울 성동구 흥인동으로 교회를 이전하였다. 이곳도 이전 북학동 세대문 교회와 마찬가지로 셋집이었다. 서명진에 의하면 일본식 다다미방이었던 이곳은 주일 예배 때 보통 100명 정도가 모였다고 한다. 대체적으로 여자 식구(신도)가 남자 식구보다 많았고, 여학생과 주부가 주류를 이루었다고 한다. 흥인동 교회 시절부터는 서울권 대학생을 주축으로 한 젊은 지성인들에 대한 전도 활동이 더욱 활발히 전개되었다. 이화여대 학생들의 통일교 유입 현상은 기본적으로 전도 활동에 의한 것이었지만 학생들 스스로의 자발적 입문도 상당 부분 이루어졌던 것으로 나타난다. 학생들의 유입 현상에 대해 강정원은 이렇게 말했다.

누가 누구를 전도했다고 할 수 없이 이화대학생들이 막 몰려왔어. 그때 전교생이 3000명이거든.[17] 3000명인데 하루에 한 뭐 사오십(40~50)명씩 뭐 많이 왔으면 60명. 사오십(40, 50)명 정도 왔는데도 불구하고 소문이 오륙백(500~600)명이 그 교인이 됐다고 소문이 났어.

박영숙도 이화여대 학생들의 통일교 유입 현상에 대해 언급했다. 그녀에 의하면 당시에는 통일교에 대한 부정적 시각이 크게 형성되

17) 1954년 이화여대 학생 수는 3,136명, 1955년에는 4,038명으로 증가했다.

지 않았다고 한다. 교수들과 다수의 학생들이 이미 출입하고 있었고 안정되지 못한 사회적 상황과 맞물려 새로운 사상에 대한 호기심으로 원리에 관심을 갖고 방문하는 경우도 많았다고 한다.

> 많이 왔어요. 막 50명, 100명씩 왔어요. 통일교회 거기 가느라고들. 3시 넘으믄. …(중략)… 하루에. 쏟아져 들어왔어, 좌우지간. 버스 가뜩 차서 갔어 그냥. (수업이) 이제 대충 끝나잖아요. 아침부터 갈 수 없으니까. …(중략)… 내가 반장을 2년이나 한 사람인데. 1학년 때 과대. 그 내 말이라면 다 듣지. 채플 카드 한번만 봐달라고 그러면 "너 통일교회 내일 원리강의 들으러 가면 내가 봐주지" 할 정도로. …(중략)… 난 아주 농담도 잘하는 사람이거든. …(중략)… (그때 통일교를 학생들이 이단시 하지는) 안했어요. 안하고 그냥 교수들도 다니고. 그런 좋은 강의가 있으면 함석헌씨 강의, 그분의 강의라는 것은 이를테면 무교회주의였잖아요. 그런 강의 YWCA, YMCA에서 할 때 몰려다니면서 그러니까 전후니까. 약간 그런 건 있었어요. 새로운 것에 대한 호기심 그런 거 있었어요. 새로운 통일교회 원리가 그렇게 좋다더라. 이게 번지니까 어디 한번 가서 들어보자 하는 거여.

통일교 과열 현상에는 기숙사생들이 상당수 포함되어 있었다. 그것은 기숙사 사감이었던 한충화를 비롯해 이미 전도된 학생들이 동기가 되어 그 폭발력을 가중시켰다. 기숙사에서 유발된 통일교 과열 현상에 사길자 역시 중요한 역할을 담당했다. 그녀의 이야기를 들어보면 다음과 같다.

홍인동에 많이 왔지요. 많이 왔어. 우리가 그냥, 나는 하여튼 그 때 저 이화대학 기숙사가 진관 선관 미관 …(중략)… 세 관장이 있 어. 진 선 미. 내가 진관 관장인데 열한시가 되면 소등 시간이야. 무 조건 자야 돼. 내가 노크를 똑똑해. "애들아. 애들아. 내일 너희들 휴강이냐? 강의가 몇 시간이냐?" 그러면 기(그렇다)라면 기(그렇 다)라고 그럴 거 아니야. 그러면 "야, 우리 버스 타고 내가 좋은 데 데려 갈 테니까 모이자" 그러면 교문 앞에 버스 정류소가 있었어. 그래서 쫘악 그 을지로 6가인가 그 홍인동에 데려가고. 아, 그냥 이 화여대 연대 특히 연대가 먼저 나오기 시작했지만 이화여대를 못 당하더라고. 왜냐하면 우리는 참 그 성경의 모순을 알기 때문에.

또한 사길자는 자신을 비롯해 이화여대의 많은 기독교 학생들 이 통일교 원리에 감동을 받고 입문을 결심한 배경에 대해 이렇게 말했다.

그러니까 들어보면 몰랐던 사실. 성경에서 기성 교회에서 잘못 가르쳐 준 걸 깨닫게 되거든. 아, 그래 이것이 그렇게 되구나. 평소 에 지금도 유대인들이 내가 미국서 선교 생활할 때 제일 의문이 유 대인들이 "예수가 구세주라면 왜 죽냐?" 이거여. 그 십자가에 자기 들이 반대해 가지고 해 놓고도 어쨌든 아무리 핍박했어도 하나님 이 안 죽여야 되지 않냐 이거야, 예수를. "왜 죽냐? 죽어 가지고 무 슨 구세주냐?" 그 말이 맞거든 결론은. 그러듯이 우리도 그 의문이 있지. 야, 십자가, 십자가 보혈로 구원받았다고 하면서도 본심에 '야, 그랬을까' 하는 의문을 그냥 딱딱 지적을 해주기 때문에.

통일교에 입문했던 학생들은 은혜에 충만하여 학내에서도 자발적인 모임을 열었다. 기숙사생들의 경우는 그 모임이 더 활발했고 질적인 깊이가 있었다. 서명진은 이렇게 말했다.

그냥 교회에 가고 싶은 마음, 낮이고 밤이고 가고 싶은 마음 그래서 늘 사무쳐 있었죠. 그래가지고 기숙사에서 기숙사 생활했으니까 저녁에도 통일교회에 나갔던 사람들끼리 모여요. 모여가지고 아홉시, 열시, 열한시가 되도록 갔다 온 은혜를 나누는 거예요. 기숙사 어느 한 방에서. 교회는 자꾸 은혜를 나누게 하니까. 은혜의 분위기 속에서 학교에 가도 그 통일교회 믿는 통일교회에 갔다온 사람들은 굉장히 반갑고 아주 사랑의 분위기였었고. 그리고 새벽 기도회에 나가면 또 그 한충화 선생님이 또 우리를 이끌어 주는 은혜의 말씀 속에서 키워주는 그런 분위기였었고.

학생들은 수업 후 휴식 시간이면 통일교에 다녀온 이야기, 원리에서 감명 받은 부분에 대해 적극적으로 서로의 의견을 나누었다. 약학대생들의 경우는 실험 실습 시간에도 원리에 대해 의견을 나누었다고 한다. 그때를 김경식은 이렇게 기억했다.

미식이 명진이 정은이. 다 전도가 됐을 때인데. 그러니까 이제 사람이 많이 생기니까 동료가 생기니까 그렇게 실험실에서 막 원리강의를 막 흑판에 쓰기도 하고, 흑판에다가 원리강의 설명도 하고 그랬다니까.

문선명 선생도 이화여대 전도 활동에 직접 가담하는 적극성을 보였다. 그는 매주 이화여대 학생들과 직접적으로 교류의 시간을 가지며 원리를 전파했고 신앙 지도를 하였다. 문선명 선생이 이처럼 이화여대와 연회대에 관심을 갖고 선교에 박차를 가했던 것은 기독교 기반에 의해 창립된 대학의 2세 젊은이들을 전도 양육하는 것이 나라와 세계를 하나님 뜻에 맞게 복귀하는 가장 빠른 지름길이라고 봤기 때문이다.[18] 당시 문선명 선생으로부터 신앙 지도를 받았던 기억을 강정원은 이렇게 회고했다.

> 아버님께서 수요일이면 우리 이화대학 캠퍼스에 언제든지 오셨어. 1주일에 한 번씩 몇 번 오셨어. 그 짧은 시간이지만서도 그런 역사도 있어. 캠퍼스로 오셔 가지고 우리들을 데리고 이화대학 하고 연세대학 중간에 이화여대 연대 교수들 집이 있어. 그 관사라고 하나. 거기에 오셔서 김영운 선생님 댁에서 우리들에게 말씀해 주시고 그랬지. …(중략)… 오후쯤 되지. 점심시간 이후지. 그럼 막 물밀 듯이 그냥 수십 명이 몰려서 이제 아버님 이렇게 하고 김영운 선생님 댁에서 말씀 듣고 뭐 방이 그 다다미방이 한 뭐 4조나 6조나 되나. 그런데서 말씀하다가 창문 열어놓고 바깥에서도 듣고 뭐 이러지.

법대의 경우는 학생과장 최원복을 필두로 지생련, 이계순, 강정원이 통일교에 입문하여 신앙생활을 하고 있었기 때문에 그 파장이 더욱 컸다. 이계순은 1학년임에도 불구하고 54주년 개교 기념행사 준비를 하면서 음악 분야의 총감독을 맡았다. 이것은 그녀가 교수와 학

---

18) 세계평화통일가정연합 역사편찬위원회, 『참부모님 생애노정』 3, 55~59쪽.

생들 사이에서 두각을 나타내는 중요한 계기가 되었으며, 다수의 학생들이 그녀가 다니는 통일교에 관심을 갖는 계기가 되기도 하였다. 이계순은 이렇게 이야기했다.

학교를 주름잡고 쥐고 흔들던 애들이, 또 최원복 선생님도 그렇게 존경받던 교수님이 그 교회에 모두 가게 되니깐 난리가 난 거야. 법정대학에서 지금 우리 둘에다가 지생련 언니까지 또 박영숙, 임승희 다섯 명이. 그 뭐 박영숙이는 그 반(정치외교과)의 반장이었고, 나는 이 반(법과)의 장학생이었고. 뭐 대단한 사람들이 다 움직이니깐. 제일 먼저 우리하고 약학과가 난리가 난 거야. 이 약대하고 법정대가 난리가 난 거야. …(중략)… 아, 우리가 엘리트들이 그것도 찌질이들이 가면 몰라도 (학)과에서는 톱top이라고 하는 애들이 이렇게 움직이고 있는데. 우리 주변 아이들이 거의 다 이제 리스트에 올랐어요. 우리들하고 같이 가기로. 다 가기로. "어! 너희들이 다니는 교회" …(중략)… "너 가자"는 말도 못 들었으면 걔는 그 과에서는 낙오생이야. 그럼. 그러니까 이게 다 가게 생겼다고. 우리 법과대에서는 다 가게 생겼다고. 그리고 또 미리 사전에 하나님께서 역사하셔서 우리가 1학년부터 4학년까지 다 포섭하고 있기 때문에 선배들도 그냥 다 우리말이면 믿게 생겼으니까. …(중략)… 우리 대학 1학년인데 학교 행사에서 4학년 선배까지 다 모아 가지고 총감독을 내가 했으니까.

교수와 학생들이 짧은 시간에 이처럼 많이 통일교로 유입되고 원리에 관심을 갖게 된 것은 원리가 성경을 인과적으로 새롭게 접근하고 있었고 거기에 더해 명확한 논리성을 갖추고 있었기 때문이다. 김경식은 이렇게 말했다.

지금도 전도할래면 원리를 원리. 배운 사람들은 원리에 안 반할 수가 없거든. 듣기만 하면. 선입견이 있으면 그거 자꾸 선입견이 있어서 뭐 안 되지. 순수한 마음으로 원리를 들으면 안 반할 사람 없어. …(중략)… 그래서 나는 교회고 뭐이고 없어 그냥. 이 원리. 유효원 선생 원리 강의 듣고 그냥 내가 반해 버린 거야.

그러나 통일교는 현실적으로 선교가 불가능할 만큼 열악한 환경이었다. 외적인 환경만으로 평가할 때 통일교에 입문한다는 것은 불가능한 일이었다. 사회적인 지위와 명예, 부 등 엘리트층이 가질 수 있는 대부분의 것을 가진 사람들이 그럼에도 불구하고 남루한 통일교에 오게 된 결정적 이유는 무엇이었을까? 원리가 제시하는 새 시대에 대한 전망과 성경을 중심한 논리적 체계성이 우선적인 이유가 되고 있지만 그것만으로 다수의 유입 현상을 전부 설명할 수는 없다. 그 이면에는 성령 체험이라는 영적인 은혜가 비중 있게 고려될 수밖에 없다. 이계순은 성령 체험에 대해 이렇게 말했다.

(성령의) 역사가 없으면 뭐 그냥 구경하러 갔다가 그런 초가집에 누가 거기 가서 그렇게 자기의 지금까지 살아온 생애를 던져 버리고 거기에 그렇게 하겠다고 그러겠어요. 그런데 직접 역사가 내리니까. 그때는 정말 하늘의 역사가 직접 내려왔던 걸로 나는 그렇게 느껴져요. 그러니까 내가 20평생 신앙생활 하다가 거길 갔는데 세상에서 한 번도 느껴보지 못했던 가끔 성경에서 그저 들어봤던 성경에 있을 법한 그런 얘기들이 그 순간 나에게 일어나더라구. …(중략)… 회개의 역사가 일어나고 그냥 이렇게 믿지 못할까봐 그런 은혜를 주신 것 같애. 믿지 못할 세상이었기 때문에. 그때는 이

교회가 마음속으로 승인하기가 너무 어려웠던 시기거든. 그런 조그만 한 집에서 소수의 무리가 이걸 하고 있는데 오는 사람들은 다들 엘리트고 세상에서는 그래도 난다 긴다고 하는 사람들이 들어오기 때문에 하늘이 역사하지 않으면 믿기가 어려운 시기였던 것 같애. 우리가 생각하기에. 그래서 그랬는지 나도 가면서부터 그냥 그렇게 되고, 그랬던 것 같애.

박영숙도 통일교 입문 직후의 영적 체험을 생생히 기억하고 있었다.

나(내)가 본거는 내가 원리 강의를 자꾸 듣다보니까 복귀원리가 자꾸 뜯어 맞춘 것 같애, 조금. 응, 약간. 그렇잖아. 모세노정 허고. 동시성이. 어쩜 저렇게 잘 뜯어 맞췄을까. 이제 정신이 쪼금 들고 보니까 그 뜯어 맞췄다는 생각까지도 들더라고 이제. 그때는 동시성이란 말도 없었을 때지. 그래서 이렇게 비가 쪼금 올라고 하는데 "아이고, 아무래도 정말 잘 뜯어 맞췄지" 그랬더니 딱 발이 서더니 안 뗘어지는 거예요. 그랬더니 어떤 선배, 그 언니는 나갔어. …(중략)… "너 왜 그러냐?" 그래서 "아, 용케도 잘 뜯어 맞췄다고 했더니 이렇게 발이 안 뗘어지네, 언니." 그랬더니 "빨리 회개해. 빨리 교회 가서 회개하라"고 그러더라구. 저는 그런 경험을 했어요.

통일교에 대한 과열 신앙으로 이계순은 부모로부터 제지制止를 당하고 급기야 감금에 처해졌다. 일반적인 시각에서 그녀의 행동은 이성적인 판단의 선을 넘어섰던 것이다.

그러니깐 뭐 그날로 지금까지 믿어오던 교회 신앙 다 버리고. 오죽해야 집에서 하도 반대하니까 내가 우리 엄마 아버지 보고 "집안에 원수가 있다"고. 성경 구절에 그게 있거든. 하필 인용을 잘못해서 교회 못 가게 한다고 "집안에 원수가 있다"고 어머니 아버지한테 그랬다가 얼마나 혼이 났는지 모르는데. 하도 미쳐서 거기만 가려고 그러니깐 집에서 막 붙들어 묶어 놨거든. 못 가게 묶어 놓으니까 "집안에 원수가 있다"고. 이게 미친 사람. 나쁘게 말하면 미친 사람 같대. 가고 싶어서 막 발광을 치는 거야. 그냥 눈만 뜨면. 그러니까 묶어놓지. 묶어놓으면 묶어놨다고 그렇게 부모님한테 엄마 아버지가 원수라고 그러면서.

이외에 지생련은 서울대, 연희대, 성균관대, 이화여대 등에서 600명에 이르는 학생들이 통일교를 출입한 것으로까지 언급했다. 그러나 구술자들이 600명이란 숫자에 대해 언급한 적이 없었기 때문에 이에 대한 신뢰성의 문제는 좀 더 정확한 조사가 뒤따라야 할 것으로 보인다.

■ 간과할 수 없었던 이유

학내에 급속히 퍼진 통일교 현상을 이화여대는 더 이상 방치할 수 없었다. 그것은 첫째로 이화여대의 설립이 미국 감리교 해외여선교회W.F.M.S.에 토대를 두고 있었기 때문에 학칙 제1조에 명시된 기독교 정신이 통일교의 교리, 즉 원리로 와해되는 것을 막아야만 했다. 둘째는 W.F.M.S.를 중심한 기독교 단체가 이화여대의 직·간접적인 오랜 재정적 후원자로서 지원을 유지해 온 관계로 결국 그들의 영향력을 간과할 수 없었기 때문이다. 더욱이 6·25전쟁 이후 대학의 재건 및 확장에는 더욱 더 많은 원조가 뒤따르고 있던 형편이었으므로 이들의 기대를 이화여대는 저버릴 수 없었을 것이다.

1943년 8월 7일 재단법인 이화학당 설립 허가를 조선총독부로부터 받고 200만원에 이르는 기금을 조성하였다고 하여 이화여대가 자립 체제를 확립한 것은 아니었다. 그 이후에도 이화여대뿐만 아니라 한국의 여러 대학은 기독교 해외단체의 원조에 의지할 수밖에 없는 열악한 상황이었다. 특히 6·25전쟁을 겪으면서 전시戰時 중 부산에 세웠던 가교사, 환도 후 파괴된 대학의 여러 건물과 제반 시설에 대한 복구 및 재건 사업에는 막대한 자금이 요구되었다. 결국 여기에는 W.F.M.S.를 중심한 기독교 단체들의 재정적 후원이 결정적 역할을 담당했다. 서울 환도 후 이화여대는 3단계 재건 사업을 추진하였다. 제1단계는 1953년 11월까지 파손된 건물의 수리 작업, 제2단계는 1955년 9월까지 과학관, 총장 공관, 가사 실습소, 부속 초등학교 등의 수리 및 신축, 제3단계는 1956년 5월까지 동대문 부속병원, 기숙사 등의 증축과 학생관, 대강당 신축이었다. 이 재건 사업 역시 대부분이 해외 기독교 선교회 및 관련 단체의 후원이었다.

미국 여선교회 2,500달러(본관 수리비로 사용)
캐나다 선교부 7,000달러(기숙사 수리비로 사용)
한미 재단 8,000달러(의대부속병원 증축 및 장학금으로 사용)
교회여성연합회 3,377,930환
학부형 후원회 5,062,500환(장학기금)[19]

---

19) 1953년 이화여자대학교 연차보고서; 이화100년사 편찬위원회, 『이화100년사』 (서울: 이화여자대학교출판부, 1994), 331쪽 재인용.

〈종교 통계[20]〉

(단위: %)

년도	구분	기독교	천주교	불교	유교	기타 종교	무종교
1954	대학생	58	7	2	1.5		32
	교직원	55.2	2.8		1.4		40.6
1955	대학생	60.97	5.13	2.68	2.06		29.17
	교직원	67.69	1.02	0.51	5.13		25.64

이화여대에 재정적 후원을 해 준 W.F.M.S. 이하 기독교 단체들의 바람은 학칙에 제시된 바와 같이 많은 학생들이 기독교 정신에 의거한 인재로 양성되는 것이었다. 다시 말하면 기독교인이 되는 것이다. 『이화100년사 자료집』에 따르면 1954년에 학생의 58%가 기독교인이고 이듬해 1955년에는 60.97%가 기독교인 것으로 나타났다. 무종교는 1954년에는 32%였던 것이 1955년에는 29.17%로 감소했다.

학내 기독교인의 숫자가 이듬해 증가한 것에 대한 세부 이유는 명시되어 있지 않지만 이것은 기독교 신앙을 하는 신입생들의 입학도 이유가 있겠지만, 그 보다는 학원 선교를 목적으로 학교에서 정책적으로 실시한 채플을 통해 세례교인이 배출된 것에 더 큰 영향이 있어 보인다. 그 이유를 뒷받침하는 근거로 새로운 유입이 학생에 비해 많지 않았던 교직원의 기독교 신자의 증가폭을 보면 확연히 알 수 있다. 1954년 기독교 신앙을 하는 교직원은 전체의 55.2%였다. 그러나 1년 사이 67.69%로 12.49%나 증가했다. 이러한 증가 현상에는 1955년부터 학내에 설치, 운영된 교목실이 대학의 신앙 활동 및 선교에 지대한 영향력을 행사한 탓으로도 볼 수 있다. 결과적으로 이화여대는 학교

---

20) 이화100년사 편찬위원회, 『이화100년사 자료집』(서울: 삼진인쇄공사, 1994), 298쪽.

의 창립 정신인 기독교 정신의 구현과 W.F.M.S.의 기대에 부응하기 위해 직·간접적인 선교 활동의 일환으로 실시한 채플을 통해 학내 구성원들에게 세례를 주고 기독교 신자화 하는 데 효과를 보았다.

채플은 한 학기에 0.5학점씩 1년에 1학점을 취득하고 4년 동안 4학점을 이수해야만 졸업을 할 수 있었다. 필수 과목에 해당하였으므로 기독교인이 아니라할지라도 전원이 참석해야 했다. 이것은 이화여대가 정책적으로 추진한 기독교인 배출에 일조한 셈이다. 1954년 이화여대에 입학했던 박영숙은 당시 채플 제도에 대해 이렇게 말했다.

이화여대 들어오니까 매일 채플을 봐야 돼요. 저기 금요일까지 열두시에서 한시까지 봤지. 매일 낮에. 그게 학점에 1학점에 들어가요. 한 학기에. 그래서 1년에 1학점. 그래서 4학점을 못하면 졸업을 안 시켜, 이화여대가. 이제 그러면서도 예배 들어가서도 건성으로 보는 거지 뭐, 그냥. 학점 따야 되고, 또 내가 반장이니까 채플 카드 걷어야 되고. 출석중. 그 출석을 해야 돼, 또. 출석을 해야만이 그게 학점이여. 시험이라는 게 아니니까.

기독교인이 아닌 통일교 신자가 늘어나는 현상을 이화여대에서 반대한 이유는 이러한 데 기인한다고 강정원은 지적했다.

그 학교는 그 당시에 6·25사변 이후에 폐허가 돼 가지고 미국의 선교부에서 지원을 받아서 학교를 자꾸만 신축하고 건설해야 되는 입장에서 그렇게 통일교회, 그때는 통일교회가 아니야. 장충동에 있는 서울교회. 서울운동장 뒤에 있는 서울교회에 그렇게들 나가면 그 지원받는 데 막대한 지장이 있잖아요. 채플 시간이 몇 명이 채플을 보러왔다 하는 걸 매달 보고한다는 거야.

캠퍼스에 퍼져 나가는 통일교 현상을 이화여대 측은 쉽게 진압할 수가 없었다. 독실한 기독교인이었던 여러 교수들이 통일교에 입문하였고 신학적인 측면에서 원리를 연구 비판하도록 암암리에 파견한 김영운마저 입문하였다. 또한 통일교에 대한 조찬선의 비판적 설교 메시지는 오히려 학생들을 통일교로의 관심을 유도하는 격이 되어 버렸다. 통일교에 입문하는 학생들이 나날이 증가 현상을 보였던 당시의 상황을 이계순은 이렇게 기억했다.

> 그 숫자가 진압하기 어려울 정도로 확산돼 나가는데 처음에 한 사람이 시작해서 두 사람이 네 사람 되고 여덟 사람 되고 열여섯 사람 되고 배가로 누가 전도하라고 안하는 데도 가서 자꾸 말을. …(중략)… 그렇게 하고 우리들이 변화되거든. 사람이 변화되는 모습이 보이고, 그리고 말 안할 수도 없어. 말하고 싶어서. 막 증거하고 싶어서. 애(강정원)부터도 말하면 그 아이가 따라오고 또 따라오고 막 이렇게 하니까 자꾸 자꾸 하루가 지날수록 배가 하다보니까 전체가 막 뒤집히게 생겼지. 그래, 그냥 놔뒀다가는 이게 통일교 일색이 되겠고, 기독교가 추구하는 감리교 정신에서는 이탈된 그런 세계로 가게 생겼으니깐 밖에서 긴장한 거죠. 그리고 찌질한 사람이나 찌질한 교수가 가는 게 아니라 엘리트 교수, 엘리트 학생들만 거기로 모이니깐 말이 뭐냐 하면 "똑똑한 사람들은 다 거기 간다" 이렇게 됐단 말이야.

결국 이화여대는 1955년 3월 24일 양윤영, 한충화, 김영운, 이정호, 최원복 이상 5명의 교수를 면직시켰다.

■ 사교 담론의 형성

교수 면직이라는 크나큰 출혈을 감수하면서 이화여대는 통일교에 대한 냉각화를 시도했다. 기숙사의 경우는 내부 규율을 강화하고 기숙사의 귀사 시간도 밤 10시에서 8시로 2시간을 앞당겼다고 한다. 이와 같은 조치에도 불구하고 학생들은 통일교로의 행보를 멈추지 않았으며, 기숙사 내부 규율의 위반에도 여러 가지 방법이 동원되었다. 서명진은 이렇게 이야기했다.

> 기숙사생들은 우리 통일교회를 가고 싶어가지고 어디 그냥 외출한다고 그리고서는 또는 목욕간다고 그리고서는 교회로 목욕대를 들고 나온 학생들도 있었고. 그렇게 통일교회에 대해서 마음을 놓지 못하고 자꾸 통일교회를 그리워하고 사모하고 자꾸 가고 하는 그러한 분위기가 어느 정도 지속 됐어요. 목욕을 안가면서도 목

욕을 간다고서 목욕대를 들고 나오고. 그리고 기숙사 사감 선생님에게 눈을 가리고서는 그냥 외출하고 이런 일이 많았어요. 그냥 가만히 학교에서 놔뒀으면 통일교회로 나갈 학생이 많았어요.

기숙사 사감이 한충화[21]에서 조정자, 김영정으로 바뀐 후에도 기숙사생들의 통일교 출입은 계속되었다. 정대화도 당시 상황을 서명진과 유사하게 이야기했다.

> 하루에는 못 와. 토요일 쉬니까. 토요일 일요일. 그저 뭐 목욕탕 간다고 그래가지고 목욕 바가지를 들고 오는 사람도 있고. 그래, 오면 아무튼 그 원리 말씀들이 두 다다미방, 8조 다다미방에 가득했으니까요. …(중략)… 이화여대생들만은 아닐 거예요. 그때 잘 모르지만 말이죠. 그때는 잘 모르지만 나 좋아서 나 미쳐가지고 내가 기뻐서 날뛸 때니까 난 모르고 여유가 없었다구요. 그야말로 우리가 물밀듯이 들어온다고 그리했으니까요. 야, 거진(거의)……. 참 좋은 사람들 많이 왔었어요. 그 오륙십(50, 60)명 됐을 거요. 오륙십(50, 60)명. 하루에. 그 끝나고 또 선생님하고 또 얘기하고 노래하고 그때도 그랬거든요.

편향적 사고에 치우쳤던 일부 교수들은 논리적으로 통일교를 비판하거나 학생들을 설득하는 데 인색함을 드러냈다. 이것은 통일교

---

21) 『이화100년사 자료집』, 239쪽에는 한충화가 1953년 9월부터 1954년 9월까지 기숙사 사감직(11대)을 수행한 것으로 기술되어 있다. 그러나 한충화가 통일교에 입문한 시점이 1954년 10월경이고 사감 시절 그녀의 영향으로 통일교에 전도된 학생들의 입문 시점과 구술 등을 종합해 볼 때 1954년 9월이 아닌 적어도 1955년 초 그녀가 이화여대에서 면직 당하기 직전까지가 아닐까 하는 추측이 든다.

학생들이 대학을 신뢰하지 잃고 신앙을 더 굳건히 고수하는 하나의 계기가 되었다. 이에 대하여 정대화는 이렇게 말했다.

우리 학생들이 자꾸만 전도하고 자꾸만 가고 그러니까 우리들 한테 원리가 이렇게 이렇게 나쁘다. 거기가면 뭐가 나쁘다. 이렇게 했더라면 또 우리가 모르겠어요. 근데, 그런 얘기는 안하고 그저 나쁜 이야기만 하는 거요. "거기는 이단이다. 음란하다." 아, 그런 얘기만 자꾸 하는 거여. 그게 우리 귀에 들리나요? 안 들리지.

강정원도 이와 유사한 이야기를 했다.

학교에서 거짓말을 하지 않고 진실하게 뭐 창조원리에서 무엇이 틀렸다든가 타락론에서는 무엇이 잘못 해석되었다든가. 우리가 생각하는 부활론은 이러한데 거기서는 이렇게 한다. 재림론은 우리가 생각하는 재림론은 이런데 거기서는 인간은 육신을 쓰고 온다. 이렇게 한다는 데에서 좀 비판적이라든가 아니면 논박을 한다든가 이렇게 정당하게 얘기를 했으면 우리가 그렇게 강하게 나오지 않았을 텐데 "거기는 빨게 벗고 춤추고 남녀가 뭐 혼음하고" 뭐 하여튼 무슨 뭐 말도 안 되는 얘기들을 하는 거야. 근데 우리 교회가 하도 적어서 어디서 벌게 벗고 춤출 데도 없고. 또 뭐야 우리 교회는 타락론, 남녀가 때 아닌 때에 때의 것을 저지른 것이 범죄기 때문에 절대로 남녀가 같이 이렇게 앉는 것도 따로 앉고, 또 아버님께서 우리를 아주 철두철미하게 교육시켜서 그 당시는 오드리헷번이 '로마의 휴일'이란 영화에서 숏 커트하고 나시 입고 막 미니스커트 입을 때인데도 불구하고 우리를 어떻게 지도하셨느냐 하면 스커트도 길게 입게 하고 여기(목, 가슴 부위 단추)도 꼭 여미게 하고 단정한 모습으로 그렇게 신앙생활하게 했는데.

이화여대가 통일교를 편향된 시선으로 바라봤던 것은 무엇 때문이었을까? 물론 기독교의 신학과 통일교의 신학이 확연히 달랐던 것에도 이유가 있을 것이다. 그러나 통일교에 대한 부정적 시각의 렌즈를 좁히면 결국은 창시자에게로 초점이 모아질 수밖에 없다.

통일교 과열 현상을 수습하고자 파견한 김영운을 통해 원리의 일부를 접했던 총장 김활란조차 초반에는 관심을 보였다. 그런데 어느 순간 강경한 반대 입장으로 선회한 것은 무슨 이유 때문이었을까? 그 과정에 무슨 일이 발생했던 것일까? 강정원은 거기에 교수 김옥길의 개입이 있었던 것으로 보았다. 김옥길은 평양 숭의여중 시절의 동창이었던 김인주의 1946년 근황을 접함으로써 문선명 선생의 평양 선교의 행적과 그에 따른 일부 결과들을 표피적으로나마 알게 되었다고 한다. 이것은 그녀가 김활란 이하 학교 지도층에게 문선명 선생과 통일교에 대해 부정적 인식을 심어주는 한 요인이 되었다.

1946년 6월 10일 김인주는 내종사촌 김종화의 소개로 평양 경창리에서 열리고 있던 문선명 선생의 집회에 참석했다. 그 집회는 '신령과 진리로 예배하는 곳'으로 소문이 확대되었고 영적인 신비 현상이 강렬히 일어났다. 그때 문선명 선생은 늘 흰옷만을 입었는데 그 영향으로 신자들도 흰옷을 입었다고 한다. 예배가 고조되면 신자들은 은혜를 받아 소위 '불'이라고 하는 스스로 제어하지 못하는 뜨거움을 받았고, 몸에서 진동이 일어나고 주체할 수 없는 통곡이 벌어지기도 하였다.

그러나 집회의 내용과 현상을 제대로 이해하지 못하는 외부인들의 눈에는 방안에서 남녀가 모여서 춤을 추는 것으로 오해할 수 있는 소지가 많았다고 한다. 이와 같은 과열된 신앙으로 김인주는 가정에서 많은 핍박을 받았으며 감금을 당하기도 하였다. 집회 참석자들의 대다수가 기독교인들이었기 때문에 사태를 방관할 수 없었던 평양의 교회들은 경찰에 고소하기에 이르렀다.[22] 그 결과 문선명 선생은 1946년 6월 초 평양에 선교 온 2개월 만인 8월 11일 유정보안서에 종교를 지칭해 사기했다는 죄목으로 구속이 되었다.[23] 그 이후 대동보안서로 이송되어 동년 11월 21일까지 수감되었다. 그는 구속 기간 동안 사회 문란과 더불어 '미국의 스파이', '이승만의 앞잡이'라는 혐의를 받으며 고초를 겪었다고 한다.

김옥길이 중학교 동창 김인주의 과열 신앙과 사회 문란의 죄목으로 구속된 문선명 선생의 행적을 알고 있었다면 그녀로서는 이화여대에 나타난 극성스런 통일교 현상에 적극적으로 반대할 충분한 이유를 확보한 셈이었다. 이에 대해 강정원은 이렇게 이야기했다.

(김영운 교수) 자기가 알고 싶었던 문제가 해결이 되고 영계 문제가 다 해결되니까 "이게 맞습니다." 총장한테 간 거야. "내가 신학 공부한 사람으로서 해결하지 못한 문제를 거기에서 해결했습니다." 그러니까 "그래" 그랬는데 나중에는 김옥길 교수가 속닥속닥 해 가지고 "너도 미쳤구나" 이렇게 된 거야. (처음에) 알아보라고 보냈거든. 그래 알아봐서 "좋다. 기가 막힌 진리"라는 거. "신·구약 성서의 미지의 사실을 완전히 해결하고 아무도 해결하지 못한 문제를 해결했는데, 이런 곳입니다" 했는데. 그 원인은 어디에

22) 세계기독교통일신령협회 역사편찬위원회, 『증언』 제1집, 105~112쪽.
23) 세계평화통일가정연합 역사편찬위원회, 『참부모님 생애노정』 2, 89~90쪽.

있느냐? 김활란 총장 밑에 있던 김옥길 교수. 나중에 총장 됐지. 그이가 북한에서부터 우리 교회의 여러 가지 상황을 알았어. 좋지 못한 거를. 왜냐하면 또 그 영계에 가신 김인주 권사님. 김인주 권사님하고 같은 중학교를 나왔어. 그리고 같은 교회를 다녔어. 그러기 때문에 통일교에 입교한 다음에 핍박 받은 얘기도 듣고 그런 좋지 못한 얘기 들은 것을 김활란한테 얘기해 가지고 결국 이렇게 사건이. 원인은 이화대학에서 제일 키key를 든 사람은 누구냐 하면 김옥길 교수야. …(중략)… 아버님이 평양에 계실 때 경창리라는 곳에서 전도하고 계실 때 정말 그 말씀에 취해서 거길 나가니까 남편이 못나가게 하고 막 때리고 막 그러고 또 뭐 방안에다 감금시키고 그렇게 해서. 젊은 아낙네가 그렇게 나가니까 남자가. 정말 어느 면에서는 이해도 되는 거지. 또 그 집안들은 다 장로교인들인데 그렇게 신령한 집단에 빠졌다고 해서 그래 핍박을 당했거든. 그런데 그런 사실을 잘 아는 그 누가 있었느냐 하면 김활란 총장 다음으로 총장이 된 김옥길 교수가.

신미식도 통일교 학생들에게 제적 처분이라는 극단적 조치를 대학 측이 취하도록 결정적 영향을 끼친 인물은 김옥길이라고 생각했다. 그것은 김옥길이 자신과의 개별 면담에서 문선명 선생을 북한에서 사회적 물의를 일으킨 자로 강하게 비판하는 데서 느낄 수 있었다고 한다. 신미식은 김옥길과의 대화를 다음과 같이 기억했다.

아마 김옥길씨가 강력히 한 것이 아닌가 싶어요. 김옥길씨가. 그건 왜냐하면 김옥길씨는 이북의, 이북의 사건을 잘 아시는 분이에요. 그러니까는 말씀하시기를 "너희들은 모른다. 너희들은 그 문선명 선생님의 배경, 그리고 통일교회 그 이전에 서울에서라든가 부산에서의 시작 이전에 통일교회가 이북에서 어떻게 시작했다는 걸 너희들은 모르고, 거기서 어떤 문제가 있었다는 것도 너희들은 모른다. 그러기 때문에 너희들은 통일교회가 얼마나 이단이라고 하는 것을 너희들은 그 깊숙이 문제를 모른다" 그렇게 얘기를 하셨죠. (김옥길씨에게 북한에서 문선명 선생이 물의를 일으켰다고 하는 구체적인 내용에 대해서는) 안 들었어요. 저는 못 들었어요. 그냥 속속들이 이러쿵저러쿵 얘기는 안하시고 "너희들은 모른다. 너희들이 모르는 문제가 많다. 그러니까 너희들은 속아서 그러면 안 된다" 이제 이런 정도죠.

학생처장 서은숙도 통일교에 대한 부정적 시선의 끈을 끝까지 놓지 않았다고 한다. 사길자는 서은숙이 통일교를 성주교단의 계보로 오판한 것이 편견의 한 원인이 된 것으로 생각하며 당시 서은숙과 나누었던 대화에 대해 이렇게 이야기했다.

우리 보고 "너희들도 벌거벗고 춤췄지?" 그러더라고. 그래서 내가 학생처장 서은숙이. 그래서 "선생님! 우리는 옷 입고도 춤 안 춰봤어요. 벌거벗고? 거기가 뭐 댄스홀입니까? 춤 출라면 댄스홀에 가서 추지 왜 거기 가서 주님의 이름을 빌어가지고." "아니야 췄어!" 그게 이제 말하자면 정수원씨(새주파 철산 김성도의 손자)패 감사패들이 벌거벗고 춤춘 거. …(중략)… 김성도 할머니가 받은 계시가 세 가지가 타락론 음란이란 것하고, 예수가 육신 쓰고 한국 온다는 것, 이게 우리 교회 제일 중요한 것. 그걸 그대로 말하니까는 '아하, 이거는 틀림없이 이북에서 빨가벗고 춤추던 그 놈들이 다시 와서 이름만 바꿔가지고 하는 구나' 이렇게 오인했지. 그 할머니 패가. …(중략)… 그때는 팬티를 안 입고 그 '중'이라고 바지를 입어 팬티 없어. 그래, 자꾸 춤을 추니까 그 감사 노래 있잖아요. "감사합니다. 감사합니다" 하는 것. 자꾸 이렇게 몸을 움직이니까 점점점 미쳐서 추니까 제정신이 아니고 미쳐서 그게 자꾸 밑으로 내려갔어. 내려 간 줄 모르고 추는데 보니까는 앞에 사람, 뒷사람이 자꾸 발아래 그 중인가 그거를 밟으니까 아랫도리가 확! 그거 하나만 하체가 나온단 말이야. 그러니까는 그 중(가운데)에서 사람들이 "아! 그래, 그래, 에덴동산의 아담 해와가 발가벗고 있어도 부끄럽지 않다. 우리는 새 주님 김성도 할머니, 새 주님에 의해서 이렇게 생명의 말씀을, 우리가 지금 여기가 에덴동산인데 벌거벗고 춤추자."

그래가지고 하나 둘 다 벗어서 그러니까는 큰 파장이 난거야. 마당에서 밖에서 날마다 노래하면서 미친 듯이 춤추다가 홀랑홀랑 벗으니까는 경찰서에 이른 거야. 구경꾼들이. 그래 경찰관들이 일본 사람이거든. 잡아갔어. 잡아가지고 가 가지고 막 때린 거야. 그 뭐 복숭아나무로 때리면 뭐 미친개가 나간다고 무조건 때려. 가만히 생각하니까 무슨 항일운동 한 것도 아니고 종교 때문에 미친 것이거든. 그래 용서해 주고 싶고, 놔주고 싶단 말이에요. …(중략)… 쌀을 여기 저기 빌려다가 쌀을 들어 넣고는 석방이 된 거지.

그때부터 철산패들은 새 주님패들은 벌거벗고 춤춘다 소문난 것이 바로 그녀들의 교리 계시가 우리 원리에 제일 중요한 3점이 맞기 때문에 우리가 뒤집어 쓴 거야. 그러니까 아버님이 정석온 할머니, 김성도 할머니의 딸이지. "정석온! 야! 벌거벗고 춤춘 것은 너희들이 추어놓고 우리 통일교회가 한방 뒤집어썼구나. 한번 말해봐라 여기서." 그 양반 살아있을 때 "우리가 왜 벌거벗고 춤추는가?" 울면서 얘기하더라. 자기들 무슨 뭐 색정이 나서 춘 게 아니래. 정말 은혜 속에 취해 가지고 감사노래 부르면서 그렇게 벌거벗었다고 그러더라고. 정수원씨 아버지 정석온 할아버지. 저 수택리(에서). 그 벌거벗고 춤춘 얘기 좀 해보라니까 막 눈물을 흘리면서 하더라고. 그때 추는 사람들이 청년 남녀들은 없었대. 다 50, 60년

넘은 사람들이 "무슨 우리가 뭐 진짜 그런 색정 때문에 추었겠느냐?"고 막 울면서 간증했어.

『한국 메시아운동사』의 저자 최중현의 연구에 따르면 '새주파는 새로운 주님을 믿는 파'라는 의미로서 평안북도 철산군 부서면 정좌동의 김성도라는 여인을 구세주로 고백하는 믿음 공동체를 지칭한 말이다.[24] 1920년대 초반 태동한 새주파는 1935년에서 1937년 무렵 조선총독부로부터 '성주교단'이라는 명칭을 허가를 받고 본격적인 활동을 전개한 것으로 전해지고 있다. 교단 창립 초기에는 훗날 '이스라엘수도원'을 창설한 김백문이 일시 가담하였고, 예수교회의 창립 주역이었던 백남주 목사도 김성도를 새주님으로 인정하고 모셨다.

사길자의 구술대로 새주파 성주교단은 '감사패' 또는 '감사교'로도 일컬어진다. 그 이유는 김성도의 딸 정석천에게 1931년 2월 "새주님이 나타났으니 회개하지 않으면 안 된다"는 계시가 내려 그녀의 가족 모두가 3일 동안 금식 기도를 하면서 비롯되었다. 그녀의 가족들은 이때 김성도로부터 기도를 받음으로써만이 "생명의 자유"를 회복할 수 있다고 믿으면서 계시 받은 '감사의 노래'로 찬양을 올렸다고 한다.

감사합니다 감사합니다
생명의 자유를 찾아스니 감사합니다
생명의 자유를 찾아스니 감사합니다
애정의 자유를 찾아스니 감사합니다
애정의 자유를 찾아스니 감사합니다

24) 최중현, 『한국 메시아 운동사 연구』제1권, 18~53쪽.

자유원사탄이 장사함을 감사합니다
자유원사탄이 장사함을 감사합니다
기쁘고 감사하다 새 주님 왔다
기쁘고 감사하다 새 주님 왔다
사탄에서 승리함을 감사합니다
사탄에서 승리함을 감사합니다
영광 영광 내가 누릴 영광을 감사합니다
세상 사탄권세 다 없어지고
하늘의 주의 음성 들여오는데
새로운 천지에 머리 들고 나스니
광명한 에덴동산 열리었구나
에덴동산 좋은 나의 몸속에
무궁한 생명강수 흘러가는데
새로운 천지에 새 주님의 역사로
죽었던 나의 영혼은 부활 하였네[25]

사길자의 전술대로 김성도가 발표한 계시 내용과 통일교 원리의 핵심 내용은 대부분 일치하였다. 김성도의 첫째 아들 정석천이 회고한 영계 메시지 내용을 최중현 교수가 정리한 것을 아래에 게재한다.[26]

① 죄의 뿌리는 선악과라는 과일을 따먹은 것에서부터 온 것이 아니라 남녀관계가 원인이 되어 나타났다. 즉 음란이 타락의 동기가 되었다.

25) 정수원,『소명하신 길을 따라』(세계기독교통일신령협회 역사편찬위원회, 1982), 353쪽; 최중현,『한국 메시아 운동사 연구』제1권, 25~26쪽 재인용.
26) 정석천,『어려울 때 모신 영광』(세계기독교통일신령협회 역사편찬위원회, 1986), 200쪽; 최중현,『한국 메시아 운동사 연구』제1권, 25~26쪽 재인용.

② 예수님께서 십자가를 지시기 위해 오신 것이 아니라 돌아가 시지 않고 뜻을 이루어야 한다.

③ 하나님(께서) 2대 슬픔을 갖고 계시는데 그 첫째가 아담이 타락하는 순간을 아시면서도 간섭하시지 못하시고 바라만 볼 수밖에 없으셨던 슬픔, 둘째는 예수님께서 하나님의 뜻을 십자가에 돌아가지 않고 살아서 이루셔야 하는데도 불구하고 인간의 불신으로 말미암아 예수님이 십자가에 못 박히시는 장면을 보시는 슬픔이었다.

④ 재림 주님은 구름을 타고 오시는 것이 아니라 여인의 몸을 통해 오신다.

⑤ 재림 주님은 한국으로 오시며 만인이 한국을 신앙의 종주국으로 알고 찾아오게 된다.

위의 내용은 오늘날 통일교의 『원리강론』에 상세히 기술되고 있다. 그러나 이화여대 학생들의 전도가 활발하던 당시에는 교리서가 부재한 상황이었다. 물론 문선명 선생이 남하 이후 1952년 5월 10일 탈고한 『원리원본』이 존재하고 있었지만 그것이 통일교 신자들에게 보급되어 읽혀진 것은 아니었다. 문선명 선생의 『원리원본』은 그의 제자이며 통일교 초대 협회장을 맡았던 유효원에 의해 교리서로써 구체화 되었다. 유효원은 매일같이 전도 대상자들에게 원리를 강의하는 와중에서 『원리원본』에 대한 체계화 작업에 전념했다고 한다. 1954년부터 시작된 그의 집필 작업은 3년 8개월의 과정을 거쳐 1957년 8월 『원리해설』로 출판되었다. 그리고 『원리해설』을 근간으로 1966년 5월 1일 『원리강론』이 발행되어 오늘에 이르고 있다.

이화여대 약학과 시절

(아래) 김정은, (정중앙) 사길자, (정중앙의 좌측) 서명진

『원리강론』을 기초로 성주교단의 계시를 살펴볼 때 위 ①은 『원리강론』의 전편 「제2장 타락론」 중 「Ⅴ.죄의 뿌리」[27]에서 상세히 다루어지고 있고, ②와 ③은 「제4장 메시아의 강림과 그 재림의 목적」 중 「Ⅲ.예수님의 십자가의 죽음」[28]과 「Ⅳ.십자가의 대속으로 인한 구원의 한계와 예수 재림의 목적」[29]에서 구체적으로 전개되고 있다. 그리고 ④는 『원리강론』의 후편 「제6장 재림론」 중 「Ⅱ.예수님의 재림은 지상 탄생으로 이루어진다」[30]에서 설명되어지고, ⑤는 「제6장 재림론」의 「Ⅲ.동방의 그 나라는 바로 한국이다」[31]에서 언급되고 있다. 이화여대 지도층이 통일교를 성주교단 계보로 단정하였던 이유 중 하나는 이와 같은 교리적 측면의 유사성에도 기인했던 것으로 사료된다.

한편, 신종교 탄압 정책에 따라 일제는 1943년 김성도를 신사참배 거부 등을 문제 삼아 투옥, 혹독한 고문을 가하다가 3개월 후 석방시켰다. 그러나 고문의 후유증으로 이듬해 4월 김성도는 타계하였다. 그 이후 그녀의 가족들은 "내가 하나님이 맡겨주신 이 뜻을 성사시키지 못하면 다른 사람을 통해서라도 이를 이룰 것이다. 그 대신자도 나와 마찬가지로 음란 집단으로 오해받아 핍박을 당하고 옥고를 치를 것이다. 그런 교회가 나타나면 참된 교회인 줄 알고 찾아가라"는 김성도의 최후 유언에 따라 훗날 이단, 음란집단으로 언론에 대서특

---

27) 통일교, 『원리강론』, 82~83쪽.
28) 통일교, 『원리강론』, 155~160쪽.
29) 통일교, 『원리강론』, 160~162쪽.
30) 통일교, 『원리강론』, 531~542쪽.
31) 통일교, 『원리강론』, 550~563쪽.

필이 되면서 사회적인 이목과 지탄의 대상이 되었던 통일교로 자진해서 입문하였다.[32]

전술한 바와 같이 5명의 교수들을 면직시키는 이화여대 측의 강경 조치에도 불구하고 학생들의 통일교 과열 현상에는 제동이 걸리지 않았다. 면직을 불사한 교수들의 신앙 고수도 통일교로의 관심과 전도를 증폭시키는 또 다른 동기로 작용했고, 학생들의 원리 전파의 속도와 그 강도가 날로 높아졌다. 이에 대해 신미식은 이렇게 이야기했다.

> (통일교 입문 전) 길자가 제일 반박하고 어쩌고저쩌고 그랬지만 "너 가서 들어봐라" 이렇게 돼 가지고. 그래 들어왔더니 이제 다 말려들어 간 거죠. 그래가지고는 그렇게 되니까 아무, 이 사람이 이렇게 얘기하고 저렇게 얘기하고 자꾸자꾸 와서 그 이론적으로 논리적으로 풀어가니까 아무래도 그때 학생들은 거기에 다 그거 했죠. 그런데 그러니까 어떤 때는요, 뭐 몇 십 명도 나왔어요. 그러니까 학교에서 이제 공부들도 안하고 맨 날 나와서 강의 듣고 이제 그러니까. …(중략)… 뭐 그것이 휴강이었는지 어쨌는지는 모르지만 하여튼 와서 그렇게 몇 십 명씩 들을 때도 있었거든요. 그러니까 학교에서 이거 야단났다 이렇게 된 거죠. 그런데 그 학생들이 다 공부를 잘했거든요. 길자씨도 잘하고, 정은이도 잘하고. 저는 뭐 그때 약학과에서 잘한 거는 아니지만 이화여고 때 잘했으니까 그게 또 괜히 붙어가지고 이제 그러니까. 다 좋은 학생들이었단 말이에요.

---

32) 정석천, 『어려울 때 모신 영광』, 201쪽; 최중현, 『한국 메시아 운동사 연구』 제1권, 39쪽 재인용.

정대화는 이화여대가 원리에 대해 기독교 교리적 측면에서 제대로 설득하고 비판했으면 상황이 달랐을지도 모르겠으나 원리가 탁월했기 때문에 승산이 없었을 것이라고 했다.

> 설득을 시킬만한 실력이 없었어요. 워낙에 원리하고 성경(기독교 교리)하고 비교가 안 되니까.

■ '나'로 살아가기

    캠퍼스 내 통일교 과열 현상을 수습하기 위해 이화여대 측에서는 포착된 범위 내에서 통일교 학생들에 대한 면담을 시도했다. 학생처장 서은숙이 중심이 되어 면담을 실시했고, 교수들도 선도 차원으로 학생들과 개별 상담을 전개했다. 특히 4학년 학생들에게는 통일교 신앙으로 졸업에 위험이 따를 수 있으므로 잠시 유보하고 졸업 후 재개하라는 권유가 따랐다고 한다. 그러나 신미식은 이러한 학교의 처사에 순응하지 않고 자신이 선택한 길을 고수하기로 결심했다. 그때의 상황을 그녀는 이렇게 이야기했다.

    이제 교수들이 이제 야단났다 하고 막 개인적으로 들여다 놓고 얘기하고 뭐 이제 그랬죠. 그래서 이제 퇴학 문제까지 나오게 됐을 적에 한 사람씩 불려가 가지고 뭐 어쩌고저쩌고 하는데 …(중략)…
또 다른, 그냥 옆에서 사랑해 줬던 선생들도 개인적으로도 불러서
가고. 뭐 여러 학과의 선생들이 개인적으로도 불러다가 "너 왜 그
러냐?"고 그러고. 근데 눈앞에 졸업이 몇 달 남았으니까 그것만. 그
래서 "그러냐고 안 가겠다고 그러고서는 졸업장 타고 나가면 되지
않냐?" 이제 뭐 이런 거죠. 근데 나는 이제 그때 그 김활란 총장이
했던 말, 이제 기독교, "내가 여기서 하는 일, 너희들을 가르치는 목
적은 4년 동안에 기독교 정신을 너희들이 알면 내 교육의 목적은
완성이다." 이제 이렇게 말씀하신 것을 처음에는 내가 웃었지만 나
중에 내가 기독교 신자가 되고 난 후에는 참 그렇지.

　　그래서 이제 나는 서슴지 않고 퇴학에 대해서 두려움이 없었던
것은 '아, 내가 여기 와서 공부하는 목적을 달성했다.' 그것은 말하
자면 예수님을 알고, 하나님의 뜻을 알고, 기독교 정신을 알았기
때문에 내가 여기 와서 공부하는 목적은 달성한 게 아니냐. 그러니
까 내가 졸업장을 가지고 나가느냐, 안 나가느냐 하는 것은 나한테
대해서는 문제가 아니라고 나는 생각을 했어요. 왜냐하면 내가 인
생에서 추구하고 있었던 문제에 대한 것이 연관되어 있기 때문에.
…(중략)… 나로서는 내가 참 그렇게 목숨을 걸고 인생의 목적을
향해서 이제 헤매던 것에 대한 답이기 때문에, 그러니까 나로서는
무서울 것이 없었죠. 그러니까 그 결정을 하고 나온 거죠.

　신미식과 같이 약학대 4학년에 재학 중이었던 사길자도 학교 측의
설득에 대해 유사한 기억을 가지고 있었다. 특히 그녀는 6·25전쟁
당시 공산주의자들로부터 신의 존재 증명에 대해 강하게 요구받았
던 것을 상기하며 통일교 신앙에 대한 자신의 의지 표명을 이렇게 이
야기했다.

졸업만 하고 가라고. 졸업만. 근데 우리는 그럴 수 없다고 그랬어. "이게 진짜 6·25사변 난지가 얼마 안 되기 때문에 이거 아니면 공산주의도 막지 못하고. 또 제2, 제3의 6·25사변나면 다 죽는다. 난 절대로 양보 못한다" 그렇게 나간 거지. 학교는 자꾸만 우리, 더구나 졸업반 다섯 명은 한 학기만 남았어. 한 학기. 5월 11일날 퇴학 맞았으니까 등록 다했잖아. 이제 2학기 9월달에 한번만 더 하면, 그것만 끝나고 집에 가서. 안 된다고, 절대로 안 된다고 그랬지.

그 6·25사변이 우리로 하여금 통일교로 가도록 하나의 그 촉진제가 된 거야. 6·25때 너무 종교 핍박 받았으니까 우리가. 그리고 기독교인들 많이 죽였어요. 이북에서 내려와 가지고 많이 죽였어. …(중략)… 학과 과장도 그러고 다 그랬지. 만나는 사람들마다. 어떻게든 졸업을 시킬려고 했지. 자기들도 일생이 참 관계되는 건데 졸업 안 시키고 퇴학시킨다는 것이 자기들도 참 속상했죠. 근데 펄펄 뛰었죠. 우리가 그냥. 그래 잡을 수 없는 거야.

이계순도 이화여대 측으로부터 통일교와의 단절을 권유받았다. 서은숙은 그녀를 붙들고 안수 기도까지 하였다고 한다. 그녀에게 "기독교 집안에서 자랐고 앞으로 학교를 짊어질 유능한 인재가 왜 그런 곳에 빠져 허덕이느냐?"며 "불쌍해서 볼 수 없다"고 말했다. 또한 김활란으로부터도 개종에 관한 단독 면담을 받았다. 그녀가 그러한 관심의 대상이 된 것은 1학년 당시 학교 개교 기념행사 때 음악 공연에서 두각을 나타낸 것과 3대에 걸친 기독교 집안이었기 때문이다. 그러나 면담이 통일교 학생들 모두에게 형평성 있게 이루어진 것은 아니었다. 학교 측은 자신들이 관심을 가졌던 일부 학생들에 한하여서만 면담을 진행했다. 이에 대해 이계순은 이렇게 말했다.

법과대학 자체로는 그렇게 안 했어요. 그렇게 하지 않고 왜냐하면 우리 학생과장(최원복 교수)부터가 여기 와 계시니까. 또 그 당시 학장은 종교에 대해서 깊은 관심이 없었는데, 학생처장. 학생처장과 기독교 문화사를 가르치던 김옥길 선생과 총장과 그렇게만 탄압했죠. 1대1로 불러다가. 난 여러 번 불려갔어.

이계순은 김활란 총장과의 면담을 비교적 뚜렷이 기억하며 김활란의 조언에서 진정성을 발견할 수 있었다고 이야기했다.

"너는 하여튼 엘리트 코스로 해서 학교에도 남을 수 있는 그러한 자질을 가진 얘가 왜 그렇게 기독교 가정에서 자랐으면서 진리를 왜곡하는 그런 데를 가느냐? 이제 곧. 만약에 학교 조치에 따르지 않고 퇴학을 당하면 이제 곧 후회할 날이 올 거다. 니 인생에 큰 오점이 될 것이다. 앞으로 아무 데 가서도 올바른 뭐랄까 세속적으로 말하면 처세, 출세의 길이 막힐 것이다." 그런 식으로 얘기했어요.

강정원은 어느 교수로부터 "부유한 환경에서 자라서 무엇이 부족해서 통일교에 나가느냐?"고 통일교와 단절할 것을 권유받았다. 지생련은 이영석 법대학장이 직접 설득에 나섰다. 지생련은 단지 채플 0.5학점 이수를 위해 한 학기를 다니고 있던 상황이었기 때문에 그녀에 대한 이영석의 안타까움은 남달랐다. 그러나 2개월 후면 졸업을 하게 되는 상황이었음에도 불구하고 지생련은 만약 학교와 통일교, 양자 중에서 하나를 선택해야 하는 상황이 온다면 자신은 통일교를 택하겠노라고 소신을 밝혔다고 한다. 지생련은 제적 처분에 이르는 것을 자신이 응당 가야할 숙명적인 길로 받아들이고 있었다. 그때의 심경을 지생련은 이렇게 이야기했다.

그때 당시만 해도 다 친했으니까 굉장히 말렸죠. "알면 얼마나 아느냐?"는 거예요. "석 달 가지고 뭘 아느냐?"는 거예요. 얼마든지 졸업해 가지고도 앞으로 신앙은 가질 수 있는데. 저는 역시 꿈을 꿨어요. 꿈에 계시가. 원리를 내가 긍정을 하는 이상, '꿈도 나에게 정확하게 계시를 주면은 이 길을 자신 있게 나가겠습니다' 그런 마음이 있었어요. 그런데 이화대학에 대한 꿈을 꾸었어요. 퇴학 맞기 전에. 이화대학 운동장이 있었어요. 그런데 하루는 이화대학 전 교사校舍가 불이 붙었어요. 근데 그 불이 …(중략)… 지붕까지 다 타버렸는데 갑자기 전체가 먹구름이 나타나서 보이지를 않아요. 전체가요. 그래서 아, 이러면 안 되는데 이런 생각을 했거든요. 그런데 기숙사에서 큰 황소 한 마리가 막 쉬지 않고 말처럼 달려왔어요. 달려와 가지고 운동장에 막 드러누워 가지고 너무나 너무나 억울하대. 소가 말을 하면서. 너무나 억울하대요. 그러면서 눈물을 뚝뚝 흘리면서 "너무나 억울하다. 억울하다" 하는데 막 거기가 전부 다 연기가 꽉 찼었는데 학생들이 몇 명이 나와 가지고 기차 같은 걸 타는데 나도 거기에 타고 있고. 그렇게 해서 어디를 가는데 저기 먼 곳에 빛이 있는데 조그만 초가집 같은 곳으로 우리가 옮겨지는 걸 봤는데, 거기에 내가 있더라고요. 그래서 저는 이 마무리 때에 내가 올 수가 있었고, 또 내가 퇴학을 맞을 수 있는 조건이 되는 것은 이 조그만 한 조건으로 내가 인연이 될 수 있다면 하는 생각을 했어요. 그래서 그때 퇴학을 맞고도, 아직까지도 그때 그런 인연이 없었더라면 오늘의 내가 어떻게 이렇게 굳혀지는 신앙이 있겠느냐 항상 이렇게 생각합니다.

박영숙은 김영운에 이어 기독교 문화사를 강의한 김옥길에게 기도실에서 상담을 받았다고 한다. 그러나 "너 시집 못 간다. 통일교회 다녔다고 그러면"이라는 말로 설득이라고 하기에는 너무나 저급한 수준의 상담이었다고 기억했다.

전술한 바와 같이 이화여대가 통일교에 출입한 모든 학생들에 대하여 상담을 전개한 것은 아니었다. 박영숙은 이계순의 구술과 유사하게 이화여대 측이 핵심이라 할 만한 인물만을 뽑아서 상담했을 것으로 추측했다. 그러나 학교가 상담을 시도한 학생들의 선정 기준에 대해서는 아직까지 타당성 있는 구술 및 문서 자료를 수집하지는 못하였다. 당시 정황에 대해 박영숙은 이렇게 이야기했다.

그게 사람에 따라 조금 다른 것 같애. 저는 김옥길 선생님이 불러 갖고 설득을 했어요. …(중략)… 근데 핵심 멤버면 딱 어떻게 이제 누구를 아마 간첩 같이 보냈던 것 같애, 교회에다가. 그래갖고 제일 열심히 나가고 참 그러는 사람만 쏙 뽑아서 그렇게 했어요. 그랬던 것 같애요. 어떻게 알겠어요? 그 많은 학생 중에 그 열렬한 학생들을. 그랬어요. 알았던 것 같애요. 딱 뽑았지. 저 같이 얼마 되지도 않은 학생도 그 속에 들어간 것 보며는. 나보다 먼저 왔다 갔다 한 사람들 안 들어갔어도. 저는 협회 원서를 4월 17일 날 쓰고 5월 11일 인가 퇴학당했잖아요. 긍게(그러니까) 나 같은 사람도 거기다 집어 넣은 것 보면 그 핵심 인자를 알았어요. 누가 밀파하는 사람이 있어서 가서 …(중략)… 첩보원 같이 보냈던 것 같애, 학교에서. 그러니까 나 같은 사람이 (그 명단에) 들어갔지요.

■ 소결

통일교는 서울권 대학생들을 원리 전파의 1차 대상으로 삼았다. 그 중에서도 기독교 계통의 이화여대에 대해 통일교는 각별한 노력을 기울였다. 이화여대 음대 전임강사 양윤영은 통일교에 입문한 후 자택을 교단의 원리 강의소로 제공하는 한편 교수 및 학생 전도에 적극적으로 앞장섰다. 이를 계기로 이화여대에는 통일교 원리가 유입되었고, 수 명의 교수와 학생들이 전도되기 시작했다. 특히 교수 층에서는 양윤영의 뒤를 이어 한충화, 최원복, 이정호, 김영운이 전도가 되었는데 기숙사 사감인 한충화가 전도되면서는 이화여대 내에 제2의 공간인 기숙사에서 긴밀하고도 활발한 전도 활동이 이루어졌다.

상당수의 학생들이 통일교에 입문하면서 이화여대 캠퍼스에는 통일교 학생들의 비공식적 모임들이 형성되는 조짐이 나타나기 시작했다. 방과 후는 물론 강의실에서도 통일교 원리에 대한 논의가 오고 갔고, 학생들은 새로운 이념에 대한 호기심으로 통일교를 찾는 경우가 많았다. 여기에 덧붙여 문선명 선생도 이화여대의 전도 활동에 직접 가담하는 적극성을 보였다. 그는 매주 한 차례(수요일 무렵) 이화여대를 둘러본 후, 대학 후문 쪽에 위치한 김영운 교수의 자택에서 이화여대와 연희대 학생들에게 원리 교육과 신앙 지도를 하였다.

한편, 캠퍼스에 급속히 퍼진 통일교 현상을 이화여대는 더 이상 방치할 수 없었다. 그것은 첫째로 이화여대의 설립이 미국 감리교 해외여선교회W.F.M.S.에 토대를 두고 있었기 때문에 학칙 제1조에 명시된 기독교 정신이 통일교의 교리, 즉 원리로 와해되는 것을 막아야만 했다. 둘째는 W.F.M.S.를 중심한 기독교 단체가 이화여대의 직·간접적인 오랜 재정적 후원자로서 지원을 유지해 온 관계로 결국 그들의 영향력을 간과할 수 없었기 때문이다. 더욱이 6·25전쟁 이후 대학의 재건 및 확장에는 더욱 더 많은 원조가 뒤따르고 있던 상황이었으므로 이들의 기대를 이화여대는 저버릴 수가 없었다.

결국 이화여대는 1955년 3월 24일 양윤영, 한충화, 이정호, 최원복, 김영운 5명의 교수를 면직시키면서 학내에 파급된 통일교 과열 현상을 진압하고자 하였다. 또한 통일교 학생들에 대한 개별 면담을 실시하여 설득 작업에 나섰고, 통일교의 전도 활동이 가장 활발했던 기숙사에 대해서는 귀사 시간의 통제 및 내부 규율을 한층 더 강화하였다.

이화여대에 번진 통일교 과열 현상만큼이나 그에 대한 부정적인 정서도 만만치 않았다. 구술자들은 문선명 선생과 통일교에 대한 비판적 담론을 생산해 낸 주동 인물로 김옥길 교수와 서은숙 학생처장을 지목하며 이들로 인해 캠퍼스 전도 활동에 제동이 걸리기 시작했다고 보았다. 구술자들의 입장에서는 김옥길과 서은숙으로 인해 통일교의 대학생 전도가 봉쇄되기 시작했다고 볼 수 있지만, W.F.M.S. 지원 아래 형성된 이화여대가 대학의 정신적 존립 기반에 위협이 되는 통일교 과열 현상을 계속적으로 방치했을 리는 만무하다. 김옥길과 서은숙의 비판적 담론이 어느 정도의 수위였는지 파악할 수는 없지만 그들의 담론이 아니었다 할지라도 이화여대 측이 학교가 통일교화 될 수 있는 가능성이 전망되고 있는 상황을 그대로 방치하고 무대응으로 나설 수는 없었을 것이다. 1955년 당시 전교생 4,038명 가운데 400여 명이 통일교에 심취해 있거나 출입하고 있던 상황이었다면 이화여대 측으로서는 존립을 위한 강경한 특단의 조치를 취할 수밖에 없는 불가결한 환경이었을 것이다.

제4장

기억의 역사

종교적 이유로 이화여대에서 제적을 당한 통일교 학생들의 정체성을 회복하는 것은 일차적으로 그 당시의 역사를 그들의 언어로 복원하는 것이다. 다시 말하면 기득권층이었던 이화여대 중심이 아닌 통일교 학생들의 입장에서 제적 처분 사건을 재구성하는 것을 의미한다. 구술자들의 입장에서 볼 때 헤게모니를 가지고 있던 이화여대 측은 통일교 학생들을 학내 구성원으로서 받아들이며 포용적 관계를 형성한 것이 아니라 배타적 입장에서 타자화 했다고 볼 수 있다. 본 장에서는 이화여대의 제적 처분을 피지배적 입장에 처했던 당시의 제적생, 구술자들의 역사적 경험과 기억을 바탕으로 살펴본다.

■ 제적 처분 당하다

　이계순은 이화여대가 통일교 학생들에게 강경 조치를 취한 것에 대해 기독교의 교리와 다르다는 것이 가장 큰 원인이었을 것으로 판단했다. 기독교의 교리와 정면으로 배치背馳되는 부분이 너무 많았기 때문에 이단으로 정죄한 것이라고 본다고 했다. 또한 소수의 학생들만이 통일교 신앙을 추구한 것이 아니고 기하급수적으로 통일교 신자 학생들이 늘어났던 데 대해 이화여대 측은 캠퍼스 전체가 이단화될 것으로 불안을 느꼈다고 했다.

　신미식도 이화여대의 학칙에 종교적 이유로 제재를 가할 수 있는 조항은 전혀 없었지만 감리교 재단의 대학교라는 측면에서 학생들이 적그리스도의 종교에 심취해 있다고 봤기 때문에 더 이상의 확산을 방지하기 위해서라도 강경한 조치는 불가피했을 것이라고 했다.

이화여대 교정에서 기념촬영
(위, 좌측부터) 이계순, 사길자, 지생련, 강정원, 정대화, 최순화
(가운데, 좌측부터) 김경식, 임승희, 박영숙
(아래, 좌측부터) 신미식, 서명진, 김정은, 김숙자

　또한 통일교에 이미 입문한 학생들과 원리에 반응하는 다수 학생들의 적극적인 태도가 학교 측이 바라볼 때는 이미 적정 수위를 넘어섰다고 판단할 요인들도 있었을 것이라고 했다.

　이러한 상황에서 이화여대는 학내에 파급된 통일교 과열 현상을 더 이상 방치할 수 없다고 판단하면서 이를 근절하기 위한 방안으로 마침내 통일교 학생들에 대한 제적 조치를 결정했다. 그러나 제적의 피해를 최소화하기 위한 방법적인 기준안 마련이 필요했다. 그래서 모색된 것이 설문 조사였다.

구술자들에 따르면 설문지는 총 10개 문항으로 구성되었다고 한다. 하지만 이화여대 측이 설문 조사 대상의 범위를 어떻게 설정했는지, 10개 문항이 정확히 무엇이었는지는 알 수가 없다. 특히 이화여대가 통일교 학생들의 현황을 파악했던 부분에 대해서는 구술자들마다 엇갈린 기억을 가지고 있었다. 기숙사 '진'관의 관장을 맡았던 사길자는 설문 조사 때 이화여대 측이 기숙사생 전체를 집합시켜 통일교 학생들을 파악했다고 기억한 반면에, 서명진은 이미 사전 조사 작업을 거쳐 통일교 학생들만 모이게 하였다고 기억했다. 신미식도 정확한 근거는 기억하지 못했지만 이화여대는 누가 통일교 학생인지를 사전에 파악하여 100여 명 정도의 명단을 확보하고 있었다고 이야기했다.

　　나머지 구술자들의 기억 속에서는 여기에 대한 어떤 단서가 될 만한 언급들이 나타나지 않았다. 김경식과 박영숙은 자신들에게는 설문 조사가 전혀 없었다고 언급하고 있으나, 기숙사생이 아닌 이계순, 정대화가 설문 조사를 받았다고 기억하는 점을 전제할 때 이화여대가 기숙사생 이외에도 통일교 학생들에게 설문 조사를 실시한 정황만은 명확해 보인다. 하지만 사길자의 기억대로 이화여대 측이 기숙사생 전체를 소집시켜 통일교 신자 여부를 파악했다고 하더라도 그 이외의 전교생에 대한 파악은 어떠한 사전 조사를 거쳐 명단을 확보하고 설문 조사를 하였는지가 의문으로 남는다.

　　설문 조사는 제적 조치가 이루어진 5월 11일 이전에 실시되었다. 구술자들의 기억을 근거로 판단할 때 대략 5월 8, 9일경이 아닐까 추정해 본다. 아래에 구술자들의 기억을 토대로 설문지의 문항 일부를 재구성한다.

설문지

_____학과 ____학년

성명: ....

1. 언제부터 통일교에 다니기 시작했는가?
2. 누가 통일교로 인도했는가?
3. 통일교를 다니면서 받은 감명은 어느 정도인가?
4. 통일교에 다니고 있는 것을 부모님이 알고 있는가?
5. 학생들이 통일교를 다니는 것에 대해 학교가 반대하고 있는 것을 알고 있는가?
6. 통일교에 앞으로도 계속 다닐 것인가?
7. 학교와 통일교 중 하나를 선택해야 한다면 어느 쪽을 택하겠는가?
8. 통일교 신앙을 계속 유지하는 것으로 인해 학교로부터 어떠한 처벌을 받게 되어도 이를 감수하겠는가?

설문지의 문항을 검토해 보면 통일교 신앙을 추구하는 학생들에 대해 이화여대가 어떤 대응을 할 것이라는 것이 짐작된다. 이미 2개월 전 5명의 교수가 면직된 상황에서 통일교 학생들에게도 그와 유사한 조치가 취해질 것임은 자명한 일이었다.

기숙사를 중심한 설문 조사와 분석 작업은 비교적 신속히 이루어졌다. 이화여대는 설문 조사를 실시한 이튿날 내부 분석을 통해 통일교 학생으로 판명이 난, 보다 더 정확히 말하자면 통일교 신앙을 그대로 유지해 나갈 것을 표명한 학생들에 대하여 1차적으로 기숙사에서의 퇴사를 명했다. 그리고 설문 조사로부터 2일 후에는 학생관의 게시판에 제적자의 명단을 공표하였다.

사길자는 통일교에 출입했던 이화여대 학생들이 수백 명에 이른 것으로 보았다. 전술한 바와 같이 그녀는 이화여대가 기숙사생 전체를 소집하여 통일교 출입의 경험이 있는 학생들을 선별하여 설문 조사를 실시하였다고 기억했다. 사길자는 그때 퇴학이 임박했음을 직감했다고 한다.

그때 하루는 퇴학을 시킬 마음을 먹고는 저녁에 우리 기숙사에 기도실이 있어. 그것이 말하자면 일종의 강당 같이 전체가 모인, 회의 때마다 모이고 했는데. 통일교에 한번이라도 간 사람 나오라고 그래. 그래, 우리는 무슨 좋은 소식인가 하고 뛰어 나갔다.

그랬더니 탁 설문지를 내놔. 몇 번까지는 모르겠는데 학과, 이름 써라. 학년 이름 써라. 그 다음에 "통일교에 나가서 얼마나 됐느냐? 누가 인도했느냐? 느낀 소감이 뭐냐? 앞으로 어떤 처벌이 있어도 계속 나갈래?" 이런 정도야. 근데 그걸 받고는 좀 덜 익은 사람들은 울고 찢고 도망가고 그러더라고. 이제 퇴학 맞기 싫으니까. "어떤 처벌이라도 달리 받겠느냐?"고 그러니까 나는 각오를 했어. 왜? 교수가 먼저 다섯 명이 퇴직을 당했거든 이미 그때. '우리도 이제 나가야 되는구나' 싶어가지고. "소감이 뭐냐?" 그래서. "무한히 기쁘고 감사할 따름입니다. 어떠한 처벌도 이에 달게 받겠습니다." 그렇게 사람들이 이제 쫘악 그 다음날 그렇게 쓴 사람들 골라가지고 기숙사 그 게시판에 이름이 나왔더라고. 국문과 몇 학년, 무슨 과 몇 학년, 가정과 몇 학년, 약학과 4학년 사길자, 서명진. 그 다음에 정외과에 박영숙. 걔는 1학년인가 2학년인가. 신미식이. 이름이 학과하고 학년하고 이름이 쫘악 나왔어. 퇴사를 명한다고. 퇴사. 퇴사. 퇴사하라. 이제 그 다음날 학생관이 또 있어 본관에.

지하에 가니까는 착 열다섯 명 이름이 이제 그렇게 찾아냈겠지 어떠한 방법으로. 열다섯 명 이름이 착 써 붙어 있더라고.

서울 거주자였지만 건강상의 이유로 기숙사 생활을 했던 신미식은 사길자의 기억과 달리 대학이 이미 통일교 학생들 100여 명의 명단을 확보하고 있었다고 이야기했다. 학교가 강경 대응할 뜻을 보이자 대부분의 학생들은 통일교 신앙을 포기하였다고 말했다.

그 명단에 통일교회 가겠다는, 처음에는 한 100명쯤 명단이 있었는가 봐요. 그런데 자꾸 이제 학교에서 그런 식으로 모니까 애들이 무서워서 안 나가고 이제 그렇게 됐죠. 그래서 이제 완전히 그 퇴학 문제까지 나왔을 때 결국은 남은 것은 열네 명밖에 안 남았죠. …(중략)… 우리들, 그러니까 기숙사 학생, 뭐 이런 사람들이 늘 불려 간 거는 제가 알지만 다른 100여 명에 대한 그 사람들도 다 그러했는지 그건 난 모르겠어요. 학생처장 그리고 뭐 아마 김옥길 선생님한테도 한번 불려갔을 거예요.

서명진은 기숙사에서 사감과 부사감이 통일교 학생들을 개별적으로 호출하여 면담을 시도했다고 했다. 그녀는 신미식과 유사하게 정확한 숫자는 알 수 없으나 이화여대가 대략 100명 정도의 인원에 대해 사전 파악을 하고 있었던 것으로 이야기했다. 제적 처분에 앞선 설문 조사에 대해서 서명진은 다음과 같이 말했다.

세월이 어떻게 가는지 모르게 기숙사 생활에서 또는 새벽 기도회 시간에 이런 시간에도 늘 교회와 교류하는 그러한 생활로 이제 보내고 있었던 터에 한번은 기숙사에 젊은 사감 있어요. 또 젊은 사감이. 미국 갔다 온 사람이. 그 사람이 한번 오라고 그래요. 통일교회에 나가는 사람들을 어떻게 알았는지 다 조사를 해가지고 나오라고 그래요. 그래서 기숙사 어느 곳에 모였었죠. 그랬더니 이만한 쪽지를 주면서 거기다 적어내라고 그래요. "통일교회에 언제부터 나갔느냐? 통일교회에 나가는 것을 부모가 아느냐?" 또 "통일교회에 나가는 것을 학교에서 반대하는지 알고 있느냐?" 그래서 "받은 감명을 어느 정도냐? 앞으로 계속 나가겠느냐?" 등등해서 열 가지를 적어 내라고. 그래서 다 적어 냈지요. 그랬더니 이틀. 그 적어낸 다음에 2, 3일 안으로 우리한테 퇴학 처분서가 왔어요. 3일인가 그래요.

기숙사생이 아니었던 이계순은 설문 조사에 응했을 때 "원리보다 더 좋은 진리, 훌륭한 진리를 보여 달라. 우리를 (통일교에) 안 갈 수 있게 해 달라. 이게 이단이면 진리를 보여 달라"고 기술하였다고 한다. 하지만 설문지를 받았을 때 이계순도 사길자처럼 조만간에 닥쳐올 학교 측의 강경 대응을 감지하며 비장한 각오를 하였다.

죽음인들 가니까. 죽음이래도 우린 간다. 그때 심정은 그랬지.

김경식은 이화여대에서 채플을 필수 과목으로 운영하였지만 그 영향으로 학생들이 기독교 신앙을 갖는 경우는 드물었다며, 통일교 학생에 대한 제적 조치는 결국 감리교 재단인 이화여대의 위상과 전통이 무너지는 것을 두려워했기 때문으로 생각했다. 강정원의 경우는 "학교와 통일교 중 이자택일하라"는 학교 측의 요구에 신앙을 차후로 미루고 학업을 유지할 수는 없다고 생각했다고 한다. 일부 교수들은 졸업 후에 통일교 신앙을 재개하거나 학교의 요구에 맞추어 적당히 신앙생활을 유지해 나가라고 권유했다. 그러나 만약 그렇게 했다면 결국 통일교 신앙을 저버리는 것이 되었기 때문에 더 이상 통일교를 다니기는 어려웠을 것이라고 했다.

실제로 학교 측의 요구를 수용하면서 신앙생활도 겸하기로 했던 많은 학생들이 결국 신앙을 유지하지 못하고 떠나갔다고 강정원은 기억했다. 그것은 이화여대 측의 제적 조치에 응전하며 신앙을 유지했던 학생들이 있었기 때문에 거기에 가담하지 못한 심적인 부담감이 작용했을 것으로 판단된다.

한편, 이화여대는 제적생 명단을 공표한 이후에도 지생련에게는 일단 유보 조치를 하였다. 그리고 통일교 신앙을 단념할 것을 권하며 3일의 시간적 여유를 더 주었다고 한다. 그것은 그녀가 단지 채플 이수 하나 때문으로 졸업하지 못한 사정을 학교 측이 고려했기 때문이었다. 이에 대해 지생련은 이렇게 이야기했다.

"어지간하면 그냥 다 졸업하고 신앙을 믿으면 안 돼?" 그러면서 한 3일간 시간을 줬어요. …(중략)… 그때 당시 이화대학에서는 대大를 위해서 소小를 희생시키자고 결론을 내렸어요. 우리들이 말씀을 듣는 것을 선생(교수)들이 다 와서 조사해 가지고 가고. 심각한 입장에서 우리들을 조사했어요. 그래서 "통일교를 갈 것이냐, 아니면 이화대학에 나올 것이냐? 양자택일을 해라" 그렇게 나왔어요. …(중략)… 나는 원래가 3일을 생각할 시간을 줘서, 퇴학을 5월 14일 날 맞았어요.

다시 생각해 보라고 했는데 그때 제 생각에는 역시 내가 이 땅에서 하늘을 안다고 해야 하는데, 아쉽게 여자가 대학을 퇴학을 맞으면 다 결정 났잖아요. 그 어려운 환경 속에서. 저는 퇴학을 당하는 건 전부 희생하는 거지만 불과 세 달밖에 안 됐잖아요. 내용도 잘 모르고. 그러면서도 저는 꿈을 꿨기 때문에. …(중략)… 나는 절대적으로 이리(이곳)로 가야한다는 신념이 딱 생겼거든요. 그랬는데 만일 그때 내가 졸업을 다하고 그때 가겠습니다, 그렇게 가면 안 된다. 그렇게는 할 수 없다. 나 하나를 희생하더라도, 보잘 것 없는 우리지만 나 하나가 결국 하늘을 안다. 이 원리를 사수하고, 선생님을 사수하고 이럴 때는 이것이 틀림없이 다 풀릴 수 있는 조건이 되지만은 우리가 이것을 부인을 하고 사교라 하고 또 원리가 아니라고 하면 내가 어떻게 하늘 앞에 떳떳하게 대하겠느냐. 그런 마음이 굉장히 강하게 스며들었어요. 그래서 저는 7월 20일 날 졸업을 할 걸 5월 14일 날 퇴학을 받았으니까.

이화여대로부터 제적 처분을 당한 통일교 학생은 총 15명이다. 1955년 5월 15일 서울신문은 이들의 성명, 전공학과, 학년 등에 대해 이화여대의 제적 처분 상황에 맞추어 '이미 통고받은 학생'과 '금명간 받을 학생'으로 분류해 보도하였다. 서울신문에서 보도한 기사 내용을 인용하여 아래와 같이 제시한다.

한편 14일 현재 제적 처분의 통고서를 받은 학생은 10명이고, 학교에서는 이미 발송한 것으로 아직 받지 않은 학생이 5명이다.
이미 통고받은 학생＝신미식(약대 4년), 사길자(약대 4년), 김정은(약대 4년), 서명진(약대 4년), 김경식(약대 4년), 김연례(가정학과 2년), 정대화(가정학과 3년), 박승규(의학본과 3년), 최순화(국문과 1년), 김숙자(사학과 1년)
금명간 받을 학생＝박영숙(정외과 2년), 이계순(법과 2년), 강정원(법과 2년), 임승희(정외과 2년), 지말숙(법과 4년)[1]

---

1) 전술한 바와 같이 지생련의 본명은 지말숙이다. 그러나 구술자들 사이에서는 지생

제적자 중 가정학과의 김연례는 어머니의 간청으로 복학 조치되었으며, 그 이후 통일교와는 단절한 것으로 전해진다. 사길자는 세월이 흐른 후에도 문선명 선생이 김연례의 이름을 기억하며 안부를 물었다고 했다.

> 열다섯 명 중에 하나가 김연례라고. 근데 걔는 어머니가 일본 어머니거든. 얼마나 때리고 그냥 못 이겨서……. 걔는 그냥 어머니가 끌고 가서 내 딸은 절대로 안다니게 하겠다고 책임지고 막 사정을 해가지고 애는 복교, 복학을 했죠. 근데 지금도 아버님은 못 잊어 걔를. "김연례가 어디 사나? 너희들 만나 보냐?" 그러시고. 야! 통일교에서 퇴학 맞았다는 것 때문에 아버님이 못 잊으시더라고. 근데 안 나타나 이제.

박영숙도 김연례에 대해 다음과 같이 이야기했다.

> 그 애 하나는 좀 약한 애였어요. 내가 아는데. (학교로) 복귀했어요. 근데 걔(그 애)는 잘 못 집었던 것 같애, 학교에서. 잘못 집었어(웃음). (학교에서) 받아준다고 했었어요. "안가겠다고 하면 지금이라도 받아준다"고 했어요.

또한 이화여대는 제적자의 명단을 학교 게시판에 공표하고 5월 11일자로 '통고서'를 해당 가정에 우편 발송하였다. 이 역시 서울신문 5월 15일자에 게재되어 있어 다음과 같이 인용한다.

런이라 불리고 있기 때문에 이를 참작하여 지생런으로 기술하였다.

```
┌─────────────────────────────────────────────────┐
│                   통 고 서                         │
│                        ○ ○ 대학 ○ ○ 과 ○ ○ 년        │
│                                 ○ ○ ○              │
│                                                   │
│    우(右) 학생은 본교에서 통일교회의 부당성을 인정하고 돌아  │
│  오도록 권고하였으나 그 본의를 받지 않고 계속 역행하여 학교  │
│  방침을 따르지 않으므로 부득이 학교에서 제적 처분하였기 자  │
│  에 통고하옵니다.                                    │
│                                                   │
│                         단기 4288년 5월 11일         │
│                         이화여자대학교총장 김활란       │
│                              ○ ○ ○ 귀하             │
│                                                   │
└─────────────────────────────────────────────────┘
```

제적 처분 통고서가 가정으로 발송됨으로써 학부형들도 충격에
휩싸였다. 사길자의 아버지는 통고서를 받은 후 딸에 대한 분노로 사
길자를 호되게 매질했다고 한다. 당시의 상황을 사길자는 생생히 회
고했다.

  우리 아버지가 얼마나 실망했겠어요. 나를 보내놓고는 매 학기
  마다 등록금 대주는 것이 아버지로서 큰 즐거움이었는데, 딸이 느
  닷없이 퇴학을 맞아 오니까 너무나 화가 나고 그 실망은 이루 말할
  수 없지. 그냥, 얼마나 때렸는지, 나를 많이 때렸지. 근데 절대로.
  가서 학교 가서 빌래. 난 못하겠다. 그래서 거짓말로. 안하면 죽
  일려고 막 하니까 비는 척하면서 우리 아버지 검사잖아. 검사이기

때문에 그 쓰는 상황에 대해서도 동기를 잘 알지. "이년! 너 이래가
지고 통과 안 돼. 진짜로 너, 학교 들어가고 싶은 마음 있으면 다시
쓰라"고. 그래, 내가 그것도 합격이 안 되는 거지. 이래서 맞고, 저
래서 맞고. 내가 매 맞은 것은 참 말할 수가 없지요.

  서명진의 부모는 딸의 제적 사건을 계기로 통일교에 관심을 갖기
시작했고, 한충화가 통일교 전주지역 교역자로 파송되었을 때는 자택
을 교회에 헌납하기까지 하는 열성을 보였다고 한다. 특히 그녀의 어
머니는 전도 활동에 매우 적극적이었다고 한다. 그녀의 어머니는 전주
의 인텔리 여성들을 많이 전도했다. 또한 서명진의 아버지도 통일교에
입문하였다. 그러나 술을 마시고 나면 딸의 제적 사건이 상기되어 몹시
역정을 냈다고 한다. 서명진은 아버지의 당시 모습을 이렇게 회고했다.

    이제 아버지가 원리를 알고 무슨 뜻에 대해서 감동을 느끼고 해
    가지고 오신 것이 아니었고 이제 주위의 분위기에 의해서 또 어머
    니가 이제 잘 이끄시고 하니까 나오신 거지. 축복(축복결혼식)까지
    받으시고 그러지만서도 어, 술 잡수시고 오시면 막 우시고 "내가
    너를 어떻게 키운 딸인데 아들같이 키운 딸인데 니가 이렇게 부모
    가 반대하는 부모가 원치도 않는 그러한 길로 네가 갔느냐!" 내가
    여름 방학 때 집에 가 있으면 아버지가 그냥 술 잡수시고 오서 가지
    고 화가 나가지고 선풍기를 갖다가 들어가지고 막 그냥 나한테 던
    지고 막 그냥 화를 내시고 그러셨어요.

  신미식의 아버지는 통일교 신앙을 추구한 것으로 딸이 제적 처분
의 기로에 서게 된 것을 알게 되었을 때도 통일교 신앙을 유지하는

것에 크게 반대하지는 않았다고 한다. 그러나 실제로 제적 처분이 이루어졌을 때는 딸의 장래를 염려하여 타 대학으로의 편입을 권장하였다. 하지만 그때까지 통일교 내부는 제적 처분된 이화여대 학생들에 대한 타 대학으로의 편입을 논하는 분위기가 아니었다. 통일교는 이화여대가 제적 조치를 철회할 수도 있다는 데 일말의 희망을 걸면서 잠정적으로 기다리는 상황이었다. 그때의 정황을 신미식은 이렇게 말했다.

> 나는 우리 아버지가 그렇게 관대하게 봐줘서 말이야. 그래서 "네가 믿는다는 것에 대해서 나는 뭐라고 말할 수가 없지만 그러나 퇴학은 안하는 것이 좋겠다" 이제 그랬지만 퇴학을 했잖아요. 그러니까 그 다음에는 아버지가 "그래도 졸업을 어디서든 하는 것이 너의 장래를 위해서 네가 선교 사업을 하더래도 이익이 가지 않겠는가" 그래가지고 돈을 그때 돈을 이제 화폐 개혁하기 전 이 만큼을 이렇게 쌓아 놓고선 "이거 가지고 딴 학교에 가서 이제 입학을 하라"는 거야. …(중략)… 우리 아버지는 학교 계통이니까 이제 알잖아요. 그러니까 당신이 얘기하면 어디든지 갈 수 있으니까. 다른 학교로 가라 이제 그랬는데 내가 그거 거절하고…….

제적 사건으로 일부 학부형들은 딸들의 외부 출입을 통제했다. 김경식은 극심한 반대와 감시를 받아 한 동안 통일교와 단절된 생활을 할 수밖에 없었다고 한다. 그런 반면에 박영숙은 서명진과 함께 오히려 통일교회 앞에서 자취를 하게 되었다고 한다. 박영숙의 부모는 자식이 신앙하는 종교에 대해 핍박하지 않았다. 비록 사회적 여론이 좋지는 않았지만 딸을 신뢰하였다고 한다.

딴 부모들은 막 딸들 데리고 갔어요. 길자 언니 아버지랑 와가지고 막 다 데리고 가고. 혼났지 막. 때리기도 하고 그랬는데, 우리 아버지는 그러지 않았어요. 그냥 서울에 있었어요. 그냥 장충동 교회 앞에서 자취했어요. 명진 언니하고 둘이. 방하나 얻어갖고 자취했어. …(중략)… 집에는 한 며칠 갔다 왔지요. 한 보름 갔다 왔지. 갔다 왔을 때 길자 언니가 핍박을 많이 당했어요. 그 아버지가 장로라. 그리고 변호사고. 유명한 변호사였고 기성교회. 무지한 핍박 당했어요. 긍게 우리는 우리 어머니 아버지는 근본적으로 이렇게 사람을 나쁘다고 욕하고 뭐 그러지를 않는 사람들이었어요. 다 종교는 좋지 그러고. 백백교만 아니면 됐지. 그 김제 그쪽에 백백교가 있었잖아요. 백백교만 아니면 됐지.

정대화의 어머니는 자식이 통일교 신앙을 한 것보다는 이화여대의 제적 처분에 더 큰 문제가 있다고 강하게 비판을 하였다고 한다. 그녀의 어머니 역시 딸의 제적에 마음이 아팠지만 그 자체로 정대화를 비난하지는 않았다. 그 이유는 정대화가 통일교를 통해 오랜 세월 동안 투병해 왔던 늑막염이 치유되었기 때문이다.

우리 어머니는 학교에 오서 가지고 얼마나 책상을 치면서 학생과장한테 막 욕설을 퍼부었다구요. "왜 퇴학을 시켰느냐?"고. "이 학교에는 믿지 않는 사람도 많고 불교 유교 심지어는 내 주먹을 믿는 공산주의 자식들, 무당의 딸들도 많은데 어째서 잘 믿고 공부 잘하는 우리 딸을 퇴학 시켰느냐!" 얼마나 야단을 치고 그야말로 깡패 같이 고함을 쳤어요. 아마 교수들도 우리 어머니를 굉장히 무서워했을 거에요. 한복을 입고, 허리띠를 힐끈 조매고 말이죠. 우리는 오히려 그랬어요. 근데 우리 집에서는 통일교회가 나를 살려 주신 걸 아시거든요.

강정원이 제적 처분을 당하자 그녀의 아버지는 곧바로 서울대학교 사범대학 가정과에 그녀를 편입시키려 했다고 한다. 그러나 강정원은 함께 제적을 당한 동료들이 여전히 어려움을 겪고 있는 상황이었기 때문에 "지금은 때가 아니다"라며 이듬해로 연기했다고 한다. 그와 달리 이계순은 독실한 기독교 가정이었기 때문에 상당한 핍박을 받고 가족 간에도 심각한 갈등 관계에 처했다고 한다. 이계순은 당시를 이렇게 회고했다.

나는 마음속으로는 충만하지만 집에서 하도 이제 그렇게 반대를 하니까 갈등이 참, 참 컸어. …(중략)… 장학금을 받았고 또 유망주로서 자꾸 그런 시선을 받아왔기 때문에 굉장히 중압감이 있고 집안에서도 그렇게 묶어놓고 난리치고 하니까.

■ 신앙의 자유로 다시 말하다

제적 처분을 받은 통일교 신자 학생 14명은 헌법에 명시된 신앙의 자유를 근거로 학교에 대항하기 시작하였다.[2] 국민의 권리의무 가운데 하나인 신앙의 자유에 관해서는 헌법이 보장하고 있기 때문에 이에 관해서는 의문의 여지가 없다. 여기서는 오히려 이화여대가 헌법에 반하는 특별한 학칙을 설정하고 있는 것은 아니었는지에 관심이 모아진다. 그러나 구술자들은 이화여대 학칙의 어느 조항에도 종교의 다름으로 제적 처분을 내릴 수 있는 근거는 없었음을 강조했다.

---

2) "제2장 국민의 권리의무. 제8조 ① 모든 국민은 법률 앞에 평등이며 성별, 신앙 또는 사회적 신분에 의하여 정치적, 경제적, 사회적 생활의 모든 영역에 있어서 차별을 받지 아니한다. 제12조 ① 모든 국민은 신앙과 양심의 자유를 가진다. ② 국교는 존재하지 아니하며 종교는 정치로부터 분리된다." 대한민국 제헌헌법 (서기 1948년 7월 17일)

『이화100년사 자료집』에는 수업 연한 4년의 중등과가 설치되던 1904년 9월의 '이화학당 당칙'에서부터 1977년 1월 28일 전문 개정된 '이화여자대학교 학칙'까지가 명시되어 있다. 그러나 유감스럽게도 관심을 갖고 살펴봐야 할 1954년에서 1955년의 학칙 사항은 나타나 있지 않다. 학칙 변경 일지에 1954년 4월 13일 "이화여자대학교 학칙 변경 인가 받음"이라는 근거는 존재하지만 세부 사항은 찾아볼 수가 없다. 1936년 4월부터 실시된 '이화여자전문학교 학칙'에 이어서 수십 년을 뛰어넘어 곧바로 1977년 1월 28일 전문 개정된 '이화여자대학교 학칙'이 게재되어 있을 뿐이다. 불가피하고도 미흡한 시도지만 1936년과 1977년 학칙 중 제적에 관한 조항을 검토함으로써 1954년 학칙이 종교적 이유로 제적 처분을 가할 수 있는 개연성이 있는지를 조심스럽게 유추해 볼 수 있으리라 사료된다.

이화여자전문학교 학칙 (1936. 4.)[3]

제1장 총칙
제1조 본교는 조선교육령에 의하여 여자에게 문학·음악 및 가사에 관한 전문교육을 실시하는 것을 목적으로 한다.

제4장 입학, 퇴학, 휴학 및 정학
제22조 퇴학하고자 하는 자는 그 사유를 상세히 적어 보증인 연서의 퇴학 원을 제출해야 한다.
제25조 다음 각항의 하나에 해당하는 자에게는 퇴학을 명한다.
1. 품행불량으로 개선의 정이 없다고 인정되는 자

---

2. 학력이 열등하여 학업을 계속할 가망이 없다고 인정되는 자
3. 계속해서 1년 이상 결석한 자
4. 정당한 사유 없이 1개월 이상 결석한 자
5. 출석이 고르지 못한 자 및 수업료 납부를 태만히 한 자
제26조 학교장은 훈육 상 필요하다고 인정될 때는 생도에게 징계를 가하며 그 정상이 중한 자에게는 정학을 명할 수 있다.

이화여자대학교 학칙 (1977. 1. 28. 전문 개정~1986. 1. 7. 개정)[4]

제1장 총칙
제1조(목적) 본교는 대학민국의 교육이념과 기독교 정신을 바탕으로 하여 학술의 깊은 이론과 그 광범하고 정밀한 응용방법을 교수·연구하며, 인격을 도야하여 국가와 인류 사회의 발전에 공헌할 수 있는 지도 여성을 양성함을 목적으로 한다.
제8장 휴학 복학 제적 복적 퇴학 및 재입학
제28조(제적) 다음 각 호의 1에 해당하는 학생은 총장이 이를 제적한다.
1. 휴학 기간 경과 후 3주일 이내에 정당한 이유 없이 복학하지 아니한 자
2. 신고 없이 3주일 이상을 결석하거나 출석이 고르지 못한 자
3. 수업료 기타 납입금을 소정 기일 내에 납입하지 아니한 자
4. 성적이 불량하여 성업의 가망이 없다고 인정된 자
5. 재학 연한 내에 본교 소정 전 과정을 이수하지 못한 자
6. 타교에 입학한 자
7. 결혼한 자
제30조(퇴학) 퇴학하고자 하는 자는 보증인이 연서한 퇴학원서를 제출하여 총장의 허가를 얻어야 한다.

일제 식민지기의 '이화여자전문학교 학칙' 제4장 제23조와 1977년 1월 28일 전문 개정된 '이화여자대학교 학칙'의 제8장 제28조를 보면 종교적 이유 또는 신앙 행위 등으로 제적 처분을 내린다는 조항이 전혀 존재하고 있지 않다. 또한 '이화여자대학교 학칙' 중 제16장 학칙 개정의 부칙 ③을 보면 "제10조 제2항, 제23조 제2항, 제45조 제3항 내지 제5항, 제47조 제3항, 제49조 및 제50조 제2항의 규정은 1974학년도 이전 입학생에 대하여는 이를 적용하지 아니한다"[5]라고 기술되어 있다. 학칙 적용에 관한 부칙 설명에 제28조가 명시되어 있지 않은 것을 볼 때 제적에 관한 조항은 적어도 1970년대 초반 또는 그 훨씬 이전부터 형성되어 있었을 것으로 사료된다.

덧붙여 이화여대가 교수나 학생 등 학내 구성원들이 기독교가 아닌 타종교의 신앙 행위를 한 것에 대해 문제 삼지 않았음은 연도별 종교 동향을 통해서도 미루어 짐작이 가능하다.

제3장 종교통계(표)에서 전술한 바와 같이 학생들은 1954년에 기독교 58%, 천주교 7%, 불교 2%, 유교 1.5%, 기타종교 0%, 무종교 32%, 1955년에는 기독교 60.97%, 천주교 5.13%, 불교 2.68%, 유교 2.06%, 기타종교 0%, 무종교 29.17% 등으로 다양한 종교 생활을 하고 있었거나 무종교였다. 이 결과들은 이화여대가 학생들에게 헌법이 명시하는 바대로 학칙에서도 신앙의 자유를 그대로 누릴 수 있도록 존중하였음을 나타내는 증거라고 볼 수 있다. 다시 말하면 종교적

---

3) 이화100년사 편찬위원회, 『이화100년사 자료집』, 27~29쪽.
4) 이화100년사 편찬위원회, 『이화100년사 자료집』, 35~39쪽.
5) 이화100년사 편찬위원회, 『이화100년사 자료집』, 45쪽.

이유로 학생들에게 제적 처분의 불이익을 안겨 줄 수 없다는 역설이기도 한 것이다.

　이화여대가 통일교 학생들을 제적 처분한 것은 당시의 '제헌헌법' 제2장 제8조 ①을 위배한 것은 물론 결국 자신들이 설정한 학칙에 스스로 반한 자가당착적 행위였다. 헌법적 근거를 토대로 제적을 당한 통일교 학생들은 신앙의 자유를 침해한 학교를 비판하며 복학을 위한 시위에 나섰다. 박영숙은 자신들이 주장했던 바를 다음과 같이 말했다.

　　　이화여대는 이를테면 무당의 딸도 다닌다. 근데 왜 통일교회만 퇴학을 시키느냐 그게 우리의 주요 저기 가서 말하는 얘기였어요. 그렇죠. 불교도 있고 유교도 있고 뭐 도교도 있고 뭐 천리교도 있고 별의별 무당의 딸도 다니는 덴데. 굳이 통일교회만 이단이라고 하느냐.

　제적에 처해진 이후에도 통일교 학생들은 평상시와 다름없이 이화여대에 등교하여 수업에 참여했다. 그러나 제적된 이들이 강의실에 모습을 드러내자 수업은 원만히 진행될 수 없었다. 법대 강정원과 이계순은 주변 학생들의 시선에 전혀 아랑곳 하지 않고 강의실의 맨 앞자리에 앉아 수업에 참여했다고 한다. 교수와 동료 학생들은 수업에 참여하겠다고 들어온 이들에 대해 적극적으로 저지하지도 환영할 수도 없는 애매모호한 입장을 보일 수밖에 없었다. 왜냐하면 법대 입장에서는 헌법에 명시된 신앙의 자유를 학생들이 아닌 학교가 침해했기 때문에 이들의 항거 운동이 전혀 근거 없는 몰지각한 행위는 아니었던 것으로 판단되었던 것이다. 이에 대해 강정원은 이렇게 이야기했다.

우리 법과대학은 교수들이 좀 신사적이었거든. 모든 것, 법에 의해서 준수해 나가니까. 교수, 그렇게 핍박도 심하지 않고 퇴학 맞고 나서도 며칠 동안 학교에 나가서 강의도 듣고 그랬죠.

이계순도 유사한 기억을 이야기했다.

재들 뭐 어쩌고 쑥쑥 거리거나 말거나 아주 배짱 좋게 가서 "우리가 무슨 죄졌냐 가서 듣자. 강의실에 가서" 강의실에 앉아 있고 그랬어. … (중략)… 퇴학당하고 가니까 애들이 그냥 인사도 못하고 쭈빗쭈빗한 데, "뭐 우리가 죄졌니?" 하고 앞에 가서 딱 앉아서 강의 듣고 하면 교수들도 좀 멋쩍어 하고 …(중략)… 전혀 이름 없는 애들 아니고, 이름 있던 애들이 이제 또 주동자들이라고 그런 게 앞에 와 앉아 있으니까 강의하기도 어려웠나봐.

강정원은 제적 처분된 이후에도 수업에 참여할 수 있는 용기가 나온 것은 "영계의 역사이자 하나님의 인도함"이었다며 "그것이 오늘날까지 통일교 신앙을 하도록 하고 있다"고 했다. 이계순도 결코 "인간적인 힘이 아니었다"고 했다.

신미식은 "불이익을 감수하더라도 통일교를 택하겠다"고 스스로 설문지에 밝혔기 때문에 복학에 대해서는 일말의 미련도 없었다고 한다. 그러나 통일교의 분위기는 신앙의 자유를 회복해야 한다는 입장이었다고 그녀는 이야기했다. 그런 교단적 입장을 반영하여 제적을 당한 학생들이 집단행동으로 수업 참여에 나선면도 전혀 배제할 수는 없다고 했다. 신미식은 수업에 참여했을 때 교직원으로부터 쫓김을 받았던 기억을 잊을 수 없다고 했다. 특히 그렇게 내몰림을 당하는 자신의 모습을 바라보며 눈물지었던 친구들의 모습이 기억 속에서 지워지지 않는다고 했다. 그날의 기억에 대해 신미식은 다음과 같이 말했다.

> 근데 저는 원래 제 성격이 내가 선택해서 내가 기다(그렇다) 해서 선택하고 아니다 해서 안하고 그러면 그만이지 그걸 학교에서 나가라고 밀치는데 가서 앉아 있고 그러는 건 나는 못하는 성격이거든요. 그래도 투쟁을 하라고 이제 그러고, 여러 가지 그러니까는 저기 학교에서는 나가라고 그러는데 가서 앉아 있으라고 그래서 또 앉아 있고 그랬죠. 그랬는데 내가 제일 그거 한 것은 다들 친한 학우들이니까. 학우들이 그렇게 속상해 하는 거예요. 나보다도 더 속상해 하는 거예요. 그래서 나는 내가 구하고 있던 것에 대한 답이 나왔으니까 나는 떳떳하고 아무 그것이 그저 기쁘기만 한 지경인데 그 친구들 입장에서 보면 "아휴, 쟤가 저런 일을 당하고 있다" 그러니까 앉아 있는데 막 나가라고, 우리는 앉아 있겠다. 그리고 말이야 막 이런 식이니까. 얘들이 옆에서 보고는 그냥 나 때문에 우는 거예요, 다들. 줄 줄 줄 울고 …(중략)… 교수가 직접은 못하고 일하는 사람들이.

피지배적 입장에 처해 있던 통일교는 헌법에 명시된 신앙의 자유가 학교에서 실현되기를 바라는 분위기였다. 그런 견지에서 통일교는 제적 처분된 학생들이 강경히 대응해 나갈 것을 종용하거나 기대하는 입장이었다. 수업에 참여하여 어려움을 당했던 기억에 대해 정대화는 이렇게 이야기했다.

새로운 진리의 세계로 입문한 이화여대생들

학교로부터 제적 처분을 받은 직후, 1955년 5월 23일 학생들은 가까스로 김활란 총장과 만나게 되었다. 그러나 김 총장의 반응은 싸늘했다고 전해진다. 사진은 김활란 총장을 만나고 나와 캠퍼스를 배경으로 찍은 모습이다. 2015년 4월, 사길자는 "울어도 시원찮은 마당에 우리들은 그래도 용기를 잃지 않고 활짝 웃었어"라며 당시를 회상했다.
(위, 좌측부터) 서명진, 이계순, 사길자, 지생련, 박영숙, 강정원, 정대화
(아래, 좌측부터) 최순화, 임승희, 김정은, 신미식, 박승규

　퇴학당한 다음에는 아버님께서, 선생님께서 "누가 내쫓아도 저기 나가지 말라"고 "교실 들어가라"고. "퇴학을 무시하고 학교 다녀라"고 그러셨다구요. 그래, 우리가 학교 다 댕겼죠. 그랬더니 선생(교수)들이 수업을 안 하는 거요. 우리가 있으면 수업을 안 하는 거요. …(중략)… (출석) 안 부르죠. 그러니까 학생들한테 친구들한테 미안하잖아요.

　채플 이수 때문으로 학교를 다니다가 제적 처분된 지생련도 등교를 강행하면서 부딪쳤던 일들에 대해 다음과 같이 기억했다.

우리가 학교 교실에 들어가면 우리를 쫓아내고. 학교 당국에서. 수위를 불러서 우리를 다 쫓아냈어요. 그런데도 우리는 끝까지 했지만, 그런 학생들 들어오면 오지 못하게 하라고 통고를 했으니까. 친구들이야 동조를 하는 게 아니라 굉장히 입장을 딱하게 생각을 했지요. 학교가 너무하다 그렇게 생각을 하지요. 왜냐면 나쁜 짓도 아니고 신앙을 잘 믿어서 올바르게 생활 하는데. 그 보다도 이화대학에서는 별아 별 어려운 처지에 있는 사람도 많지 않습니까.

실험 실습이 많이 진행됐던 약학대의 경우는 제적생들이 수업에 참여하자 이를 반대하는 분위기가 여태까지 친구였던 학생들 사이에서도 표출되었다. 그것은 일반 학과와 달리 많은 시간 투자와 집중이 요구되는 과목이 많았기 때문에 자신들의 학업을 거스르는 이들의 수업 참여를 용납하기 어려웠던 것으로 보인다. 서명진은 그날의 기억을 이렇게 회고했다.

학교에서 우리를 퇴학시키고 나니까 학교 분위기가 다 달라지더라구요. 말하자면 우리가, 저희가 약학과거든요. 근데 실험 시간에 실험도구를 안 주고. 말하자면 실린더 같은 거. 실험 도구를 줘야 되는데, 실험 도구를 안 주고. 안주고 말하자면 눈치를 보여요. '왜 너희들이 들어와 가지고 통일교 나갔으면, 한번이면 그만이지 왜 츠근 츠근 학교에 나오냐' 이거야. '너희들이 좋다고 통일교회에 갔으면 깨끗이 그만 두든지, 안 그러면 통일교회에 갔으면 아주 깨끗이 학교를 그만 두고 통일교회로 가든지 하지 왜 츠근 츠근하게 학교를 나오냐' 이거에요. 그래가지고 친한 친구들도 갈라지더라구요. …(중략)… 나중에는 눈치가 보이더라고. 그래서 우리가 이제 그만 두고 나왔죠.

사길자도 서명진과 유사한 기억을 이야기했다. 또한 이들 제적
생들과 교우 관계를 형성하고 있는 것 자체로도 이화대학 측으로
부터 어떤 불이익을 당할까봐 기존 관계를 단절하는 태도까지 보
였다고 한다.

> 아, 그래서 우리가 얼마나……. 또 이제 우리가 무슨 죄가 있냐.
> 무당의 딸도 교파, 교회 다른 데도 다닌다고 수업 시간에 꼭 들어
> 가 우리가. 그러니까 학교 방침에 출석부를 갖다 놓고 우리 이름이
> 다 있나봐. "통일교에 의해서 제적당한 학생들이 있는 이상은 여
> 기서 수업할 수 없으니까 나가주세요" 그러더라고. 그래도 버텼
> 어. 난 시험까지 쳤는데도. 근데 아이들이 말이야 막 우리를 째려
> 보는 거지. 너희들 때문에 우리가 공부 못한다. 그 약학과는 한번
> 이라도 쉬면 그 만큼 손해거든. 그러니까 뭐 나갔지. 그것들(약학
> 과 동료들)이 다 반대하니까. 내가 한마디 했어. "우리가 지금은 이
> 렇게 나가도 다시 돌아올 때가 올 거다. 내가 20년 내에 돌아온다"
> 고. 지금 20년이 지났구나. …(중략)… 아이고, 막 말은 못해도 그
> 냥 저희들끼리 쑥덕거리면서 그냥 …(중략)… 다 기성교인들이고,
> 학교에서 하는 건 옳다고 생각하고 우리하고 가까우면 저희들도
> 해를 입을까, 불이익을 당할까봐 모른 척 했어. 많이 나왔는데 퇴
> 학 바람에 다들 도망가더라고.

제적 처분된 통일교 학생들은 등교 강행을 위해 운집해 있는 동안
에는 힘이 결집되었지만 각자 자신이 속했던 학과로 흩어지면 결연
했던 의지와 열정도 그 만큼 분산되었다. 박영숙은 수업 참여를 하였
다가 번번이 교수에 의해 퇴실 당했던 것이 무엇보다 서러웠다며 다
음과 같이 술회했다.

우리가 퇴학을 맞았어도 한 달 간 우리가 수업을 들어갔어요. 이걸 인정할 수 없다. 그러면 용케. 내가 이제 예를 들면 정치외교과라면 무슨 이제 거기에 관련되는 과에 딱 들어가 있잖아요. 그러면 저 하나지요. 그때는 한 반에, 반에 우리가 모이면 열네 명이 돼도 각자가. 또 그 약학과 언니들은 또 한 서너 명이 되니까 그 과에 같이 들어가잖아요. 그(러)면 쫓겨나도 같이 쫓겨나. 나는 딱 하나야. 그러면 어찌 그렇게 아는지. 출석을 다 부르고 박영숙이 일어나라고, 나가라고 그래요. 어쩌면 그렇게 알았는지 몰라요. 나는 그때가 제일 서러웠어요. …(중략)… 그때 서러움이 야, 나 혼자 앉았다가 출석 똑같이 불러놓고 나만 딱 부르고 나가라고. …(중략)… 다 불러 한번은. 출석을. 그래 놓고 마지막에 다 불러놓고는 이제 박영숙이 일어나라고 나가라고 그래요…(중략)… 수업에 또 들어가고 또 들어가고 했어요. (학교 친구들도) 이상하게 봤지요 다들. …(중략)… 학교에서 막 지지해주고 그런 층은 없었어요. 전혀 없었어요. 수업에 그 들어갔을 때 그 어떻게 하면 족집게 같이 그렇게 출석부에다 이름 적어 갖고서는 이름 불러서 나가라고 했을까요. 난 그때를 생각하면 진짜 100년 후, 200년 후, 300년 후에 언제든지 이화가 복귀할 날이 왔으면 하는 마음이 지금도 있어요.

수업 참여를 강행하면서 다른 한편으로 통일교 학생들은 제적 처분으로 인한 억울함을 호소하기 위해 김활란과의 직접적인 면담을 시도했다. 학교 내에서는 접촉하기가 쉽지 않아 이들은 김활란의 가회동 자택 방문을 추진했다. 그러나 김활란은 자신이 제적 처분한 통일교 학생들과의 만남을 원치 않았다. 철야 농성까지 벌였으나 면담은 끝내 성사되지 않았으며 오히려 경찰에 연행되는 일이 벌어졌다고 한다. 당시를 서명진은 이렇게 설명했다.

우리 나름대로 할 수 있는 범위에서 우리가 투쟁을 한 거지. 이를테면 김활란씨를 찾아간다든지. 집으로 우리가 며칠 찾아갔어요. 그랬더니 누구야, 김옥길씨 동생이 연대의 무슨 교수였어요. …(중략)… 김활란씨 집에 와 있더라구요. 그래가지고서는 대문을 걸어 잠그고 우리를 면회를 시키지 않아요. 그래서 우리가 그 이튿날 그 앞에 가 가지고 하루는 철야를 했어요. 철야를. 만나 달라고. "우리 평생에 큰일을 저질러 놓고 왜 안 만나주느냐!" 그렇게 투쟁을 했거든요. 그랬더니 김활란씨가 몸이 불편하다고 안 만나줬어요. 그래서 그 이튿날 또 갔어. 그랬더니 또 안 만나줘요. 그러더니 경찰이 우리가 그 대문 앞에서 웅성거리고 있으니까 경찰을 시켜가지고 경찰이 우리를 잡아가게 했어. …(중략)… 우리가 그 문 앞에서 투쟁을 하다가 밤에 경찰에 붙들려 가 가지고 종로서에 갔어요. 종로서에. 종로서에 가 가지고서도 우리가 그때 그 순경들을 붙들고 어떻게 대한민국에서 이런 일이 있느냐 하면서 우리가 순경들을 전도하고 그랬어요. 그리고 그날 이틀째에 계속 하라고 그랬어요. 만나줄 때까지. 만나줄 때까지 계속 할라고 했거든요.

박영숙도 이와 관련한 경험을 피력했다.

그때 우리 퇴학 맞을 때 …(중략)… 김활란 박사인가, 거기 가회동 집에 우리가 가서 철야하고 그랬었어요. 그랬더니 종로경찰서에다 연락을 해가지고 이 밤늦게까지 두시 세시까지 안가고 거기서 그렇게 우리가 했어요. 그러니까 종로경찰서에서 찦차(지프)를 갖고 와 갖고 우리를 종로경찰서로 실어 갔어요. 항의. 우리 좀 만나달라고. 일단 퇴학 딱 붙여놓고는 안 만나주는 거예요. …(중략)… 그 학교 게시판 있잖아, 애들 보는데. …(중략)… 건물 안 보담(보다)도 본관 들어가는 데가 있어요. 문리대 있는 데 거기가 크게 났어요, 명단이.

사길자도 이와 유사한 기억을 말했고, 처음 가본 경찰서에서의 하룻밤을 흥미롭게 이야기했다.

> 김옥길씨 남동생 그 이름이 뭐더라. …(중략)… 거, 살았나 아직도? 그이가 그, 그 집에 어떻게 있더라고. 우리가 문을 열어달라고 총장한테 직접 말해보겠다고 했더니 그 놈이 나와. 나와 가지고는 왜 왔냐고 막 호통을 치더라고. 그 놈이 전화를 했어. 종로경찰서에. 다 잡혀 갔지 종로경찰서에. "이거 아가씨들이 뭐 겁도 없이 왜 밤에 이렇게 돌아다니느냐!"고 야유를 하고. 근데 그 유치장이 참 그 더럽더라. 유치장이 아니라 그 사무실인가. 앉혀 놓고는 밤을 샜어, 우리가. 통행금지도 아마 있었을 거야 그때. 그러니까는 안 보내주고 그때까지 통행금지 그때까지 여기 앉아 있으라고. 잘테면 자고, 말라면 말고. 그러니까 높은 곳에서 부탁을 하니까는 어떡하겠어요. 근데 그냥 제일 인상에 남는 것은 얼마나 빈대가 많은지 긴 의자에 빈대가 줄을 섰더라고. 막 다리에 뭐가. 난 빈대에 약하거든. 모기한테는 안 물리는데. 참 그게 인상적이었어.

면담을 요청하다가 급기야 경찰에 연행까지 됐던 이들은 김활란의 수락으로 마침내 총장실을 방문하게 되었다. 그러나 김 총장과 제적 징계를 받은 이 학생들 사이에 진정성 있는 대화는 전혀 이루어지지 않았다. 그때의 기억을 서명진은 이렇게 회고했다.

> 우리가 종로경찰서에서 하룻밤을 새웠거든요, 그래가지고서는 오늘은 몸이 아프니까 못 만나니까 내일 학교에서 만나자고. 내일 학교 오라고. 그래서 우리가 이제 하루 경찰서에서 자고 그날로 이제 학교로 갔어요. 그랬더니 김활란씨도 나왔더라구요. 딱 10분 만

나줘요. 10분 만났는데, 뭐라고 그러냐면 우리 보고 "지금 너희들의 눈이 흑막에 가려서 아무 것도 안 보인다." 통일교회에 우리보고 말하자면 미쳤다 이거야. 그러니까 너희들의 눈에, 우리 보고 "눈에 지금은 흑막이 가려서 아무 것도 안 보이니까 흑막이 걷히고 난 다음에 조용한 곳에 가 가지고 흑막을 거두고 오라" 이거야. 그럼 만나주겠다 이거야. 그러면서 그 말만 딱 하고 자기가 무슨 회의가 있기 때문에 가봐야 되겠다고 그러면서 그냥 나갔던 거예요.

사길자도 서명진과 유사한 기억을 이야기했다.

그때 우리가 완전히 학교를 그만두지 않고 계속 하여튼 출석할라고 버티고 있었으니까. 그래서 김 총장 방에 마지막 갔는데 "봐라. 너희들 눈들 봐라. 다 미쳤어. 미쳤어. 너희 제정신이 아니구만" 하면서 대개 혼내고 "난 절대로 너희들 퇴학 처분한 것을 철회할 수 없다"고 죽게 욕만 먹고 나왔지.

김활란과의 짧은 만남 이후로도 통일교 학생들의 수업 참여 시위는 계속 되었다. 한편, 제적 처분으로부터 며칠이 지났을 때 지생련은 자신의 신앙적 의지를 혈서로써 표명하고 거기에 강정원과 이계순을 동참시켰다. 이 혈서 사건은 구술자들 사이에서도 인상 깊이 회자되었다. 혈서 사건의 주동자 지생련은 이렇게 피력했다.

저희들이 그때 퇴학을 맞고 난 이후에 며칠이 더 지나고 난 이후에 '이게 역사의 혁명인데, 혁명을 하면 피를 흘리는데' 그런 마음이 우러났어요, 제가요. 그래서 그냥 이러한 피의 조건을 딴 사람이 '이화대학에서 흘릴 사람이 없으면 나라도 피를 흘려서 조건을 세웠으면 좋겠다' 그런 마음이 있어서 1955년도 부활절에 입었던 흰

치마가 있었어요. 그 한 폭을 찢어가지고 내가 만약에 쓰러지면 그 손을 묶어가지고 피를 멈추게 하라. 그래가지고 우리 남동생 지원 대가 있어요. 내가 전도했던 남동생인데, 그러겠다고. 그런데 "누나, 그걸 꼭 그렇게 써야겠느냐?"고 그러기에. 집에서, 집에서 쓰는데 이 손을 면도칼을 가지고 잘랐죠. 이 천이 면 같이 막 힘든 천 같으면 그렇게 많이 쓸 수가 없었을 거예요. 이것이 피가 잘 내려갈 수 있는 그런 천이었어요. 그래서 내가 생각하기에 '나 혼자는 이게 조건이 올라가지가 않겠다. 틀림없이 세 사람을 찾아야만 되겠다' 생각하니까 법정대학에서 강정원, 이계순이 다 법정대학 …(중략)… 그 둘은 자기의 이름만 쓰고. 거기에서 제가 그날 저녁에 그 피가 나오는 데까지 쓰자고 그렇게 해가지고, 만약에 어려우면 이거를 이렇게 하니까 피가 자꾸 나와요. 그랬는데 '내 하나가 이 피의 조건을 세우면 이것이 하나의 혁명이 성사가 될 수 있다. 해와의 저질렀던 잘못을 탕감할 수도 있다' 이런 생각이 났어요. …(중략)… 내용이요, "2000년 전에 대제사장이나 교법사들이 예수님께서 메시아인 것을 모르고 십자가에 못 박았다. 그때처럼 새 역사가 시작되는 이때에 잘못하여 2000년 전과 같이 다시 주님을 십자가에 못 박는 제사장이나 바리새인이 돼서는 안 된다."

붉게 피로 이렇게 쓰여진 이 글씨를 게시판에 붙였어요. 그러니까 학생들이 많이 몰려오고 그랬는데, 거기에 교수 하나 조교수예요. 우리들이 채플 시간 끝나고 이렇게 그 붉은 글씨를 게시판에 붙였는데 와 가지고 그냥 사정없이 우리들을 처 밀어 버리니까 우리들이 아무리 발버둥을 치더라도 그 힘센 교수에게 당할 수가 없으니까. 다 우리들을 차버리고 그거를 뺏아서 그냥 가버렸어요. 그 글씨 쓴 거를. 그래서 그거를 아무도 모르고, 강정원랑 계순이랑 우리가 읽었으니까. 그 글씨를 그 한 폭의 치마폭에 다 썼어요. …(중략)… 그렇게 해서 셋이 이름을 다 적어서 그렇게 했어요. 이때까지 이것이 발표도 안됐고 누구도 알지 못할 거예요. …(중략)… 그것이 있었더라면 영원한 유물이 됐을 거예요.

이화여대에서 제적 처분을 받은 이후 퇴학생들은 '명원회'라는 모임을 구성했다.

(좌측부터) 임승희, 김경식, 강정원, 시길자, 최순화,

지생련, 김숙자, 박영숙, 김정은, 서명진, 신미식, 이계순

　지생련의 혈서 시위에 동참한 강정원은 당시의 상황을 이렇게 이야기 했다.

　그 언니(지생련)가 얼마나 열렬하냐면 학교에서 핍박을 하니까 …(중략)… 자기 지생련 한 사람 가지고는 하늘이 역사 안하니 우리 법과대학생이 같이 써야 되겠다고. 아, 그래서 또 김영운 선생님 댁으로 어디 가서 쓸 데가 없잖아, 퍼 놓고. 그래서 김영운 선생님 댁 가 가지고 아이, 또 미제로 된 칼, 면도칼을 가져 왔더라구. 나는 "어휴, 언니 어떡할려고 그래?"라고 그랬더니 아, 그냥 눈 감으래. 자기가 한다고. 여기(손가락을 가리킴)를 툭 잘랐어요! 잘랐어! 여기를 자르니까 피가 나오잖아! 그래서 강정원 쓰고, 내

가 전도한 또 이계순이 이계순 쓰고. …(중략)… 채플 시간이 끝나고 나면 점심시간이거든. 그래 학생회관의 본관, 본관의 학생회관이 지하실에 있어. 거기 게시판이 있어. 게시판 아주 그냥 이 박는거 그거 있잖아. 압정. 아주 좋은 거. 미군 부대에서 얻어가지고 자기 동생이 미군 부대에 근무했거든. 미군 부대에서 그걸 갖다가 그걸 가지고 와 가지고 그냥 돌멩이도 가져 왔더라고. 탁탁 해가지고 조용할 때 아니야 그때는 이제 채플 보니까. 그걸 탁 붙여놓고 이제 끝나니까 뭐야 학생들이 몰려오지. 채플이 끝나면 학생관에 와서 자기 뭐 편지도 가져가고 뭐 다 일들 보잖아. 그래가지고 학생들이 거기 막 몇 십 명이 왕 몰려드니까 교무처에서 이거 웬일인가 하고 그냥 성이 조씨인 교수가 내려오더니 "이거 뭐야! 이거, 이거!" 그래가지고 보니까 2000년 전에 예수 그리스도가 이 땅에 오셨는데 말이야 뭐, 뭐 바리새인 사두개인이 뭐 어쩌고 저쩌고 대제사장이 뭐 예수님이 십자가에 못 박혔는데 다시 오는, 이걸 보고서 깜짝 놀라서 뜯어가지고 가더라구. 그러니까 나는 그 교수를 말리지도 못하는데 우리 생련 언니는 악착같은 게 있거든 아주. 가서 뜯어 말리면서 왜 뜯느냐고 말이야 막 항쟁도 하고 그랬는데 결국 뺏겼지. 그래서 그 교무실에서 난리가 났었겠지. 그걸 보고. 얼마나 기가 막히겠어. 그런 역사도 있어. 한 페이지로 지나간 거지만.

　제적 처분에 대한 통일교 학생들의 항거는 이화대학 측의 저지 그리고 재학생들의 냉담한 반응으로 오래 지속되지는 못했다. 그 이후 이들은 신앙인으로서 금식 기도를 결의하며 서울 삼각산으로 들어갔다. 삼각산에서 이들은 성령의 역사를 체험하며 은혜를 받고 내적인 충전을 하게 되었다. 이계순은 삼각산에서의 경험을 이렇게 말했다.

삼각산에 가서 기도할 때 그 성령의 역사가 내리는 거 봐. 그 방언하고 난리 나고. 난 방언에 노래까지 하고 그때 얼마나. 야, 내가 순수한 깨끗한 물이기 때문에 바로 그렇게 뭐가 내릴 수가 있었어. 성령의 역사가. …(중략)… 내가 거기서 하늘 노래를 부르면서 음악가를 결정한 거 아니야. …(중략)… 아, 우리가 삼각산 기도원에 퇴학 맞고 거기서 모여서 이제 금식 기도할 때 다들 방언하고 통역하고 이런 은사를 받았는데, 나는 하늘 노래를 부르는 은사를 받았어. 워낙 그 노래를 좋아해서 그런지 몰라도 하늘 노래를 불러. 남이 기도를 하고 있으면 나도 모르게 그냥 하늘 노래를 부르는데 그렇게 아름답고 은혜롭고 좋았다고들.

서명진도 삼각산에서의 영적 체험과 은혜의 경험을 다음과 같이 이야기했다.

우리가요, 그때 퇴학한 사람들끼리 이제 내적으로 하다 안 되니까 이제 삼각산으로 일제히 금식 기도를 하러 들어갔어요. 그래 삼각산에 들어가 있도록 그 삼각산에 에덴수도원이라고 있어요. 거기서 많이 기도를 하면, 기도하는 굴이 있더라고. 거기 들어가 가지고서는 이제 우리가 밤을 새우면서 금식을 하면서 이제 기도를 했거든요. 그랬더니 막 영적인 역사가 일어났어요. 우리 형제한테 "너희들 승리한다. 승리한다. 낙심 말고 싸워라. 낙심 말고 싸워라" 그렇게도 나오고 또 막 노래도 지생런씨 같은 사람은 노래도 나오고, 말로 나오는 사람도 있고, 그렇게 밤새껏 영적 분위기에 밤을 지나는지도 모르고 그랬거든요.

입산 당시 통일교 학생들은 7일 금식 기도를 계획하였다. 그러나 문선명 선생이 남자 신도 1명을 대동하고 와서 3일 금식만으로 끝마칠 것을 권고하여 그것으로 종료하였다고 한다.

■ 언론은 누구를 위해 말하는가

　이화여대가 헌법이 보장하는 신앙의 자유를 넘어서면서까지 강경 대응으로 통일교 교수들을 면직시키고 이어서 학생 14명을 제적 처분할 수 있었던 동력은 어디에서 비롯된 것일까? 구술자들은 이화여대 측이 통일교 교수 및 학생들을 제적 처분할 수 있었던 배경에는 국가 권력이 깊이 개입되었기 때문이라고 단언했다. 그리고 국가 권력과의 교량적 역할, 제적 처분을 실제 주도한 인물로 부총장 박마리아를 지목했다.

　박마리아는 휴전 이후 이화여대가 서울로 복귀하고 1년이 지난 1954년 제도적으로 처음 신설한 부총장에 취임한 인물로서 학무와 섭외에 관한 업무를 맡았고, 그 이외 또 다른 1명의 부총장은 외부 행정과 재단 사무를 관장하였다. 국가 권력의 개입과 박마리아를 정치적으로 연결시켜 볼 수 있는 개연성이 충분했던 것은 그녀의 남편이 이기붕이라는 사실에서 찾을 수 있다.

1953년 12월 자유당 중앙위원회 의장이 된 이기붕은 1954년 6월부터 제3, 4대 민의원 의장직을 맡고 1955년부터는 국제올림픽위원회IOC 초대의원에 피선되는 가운데 제1공화국 이승만 정부의 제2인자로 등극하였다. "항간에서는 이승만 대통령에게 인人의 장막을 쳐서 독재를 가능케 한 사람"이 바로 이기붕이고, 그 이기붕을 "멋대로 조종"한 사람은 그의 부인 박마리아라고 "손가락질했다"고 한다.6)

1906년 강원도 강릉 태생의 박마리아는 유년 시절에 아버지를 여의고 홀어머니 아래서 어렵게 성장하였다. 1928년 이화여자전문학교 영문과를 졸업하고 모교 영어 교사로 재직하다가 선교사의 도움으로 도미하여 석사학위를 취득하고 1932년 귀국, 다시 모교에서 강의를 재개했다. 1935년에는 10살 연상의 이기붕과 결혼한 후 조선여자기독교청년회연합회YWCA 총무로도 10년간 활동하였다. 당시 일제는 1938년 내선일체의 원칙하에 조선 YWCA를 일본 YWCA 산하에 두었다. 박마리아는 여기에서 김활란, 유각경 등과 함께 중역을 담당하였으며, 그 이후 "중일전쟁과 태평양전쟁이 진행되던 와중에서 지식인들을 동원한 친일 강연에 적극 참가하여 일본의 침략 전쟁을 지원했다"고 한다.7) 8·15해방 이후 그녀의 남편 이기붕은 이승만 대통령의 비서로 발탁되어 정치의 길을 본격적으로 걷기 시작하였고 박마리아는 이화여대에 복직하여 영문과 학과

---

6) 민숙현·박혜경, 『한가람 봄바람에』, 310쪽.
7) http://ko.wikipedia.org/wiki/박마리아.

장, 문리대 학장, 부총장 등의 요직을 점하였다.[8]

　구술자들은 박마리아를 중심한 이기붕이라는 절대 권력이 전제되어 있었기 때문에 이화여대가 자신들에게 제적 처분을 감행할 수 있었다고 보았다. 이에 관련해 사길자는 이렇게 이야기했다.

　　그때 이기붕 부인이 박마리아인데 부총장이거든. 그래 김활란 총장이 퇴학을 시킬라면 정치적인 어떤 서포터가 있어야 되잖아. 그러니까는 국회의장 그 빽(권력)을 믿고 또 그 이기붕 큰아들이 이승만 대통령 양자로 들어갔거든. 그러니까 그냥 대통령하고 그 집은 아주 완전히 하나지. 그런 정부의 자유당. 그 자유당이 말하자면 기독당이거든. 기독교 당이거든. 그것들이 그냥 다 이화대학에서 하는 것을 밀어줘서 자신만만하게 퇴학 처분한 거야. …(중략)… 그러니까 우리나라 헌법에 종교는 자유라고 했는데도 그렇게 강하게 나온 것은 그 이승만의 배경을 얹고 마누라(이기붕의 부인 박마리아)가 정치적으로 보호하고.[9]

---

8) 민숙현·박혜경, 『한가람 봄바람에』, 311쪽.
9) "미군정의 절대적 지지를 얻어 출범한 제1공화국은 미군정의 노선을 거의 그대로 계승하였다. 초대 대통령으로 선출된 이승만은 대통령 취임식 선서를 기도로 시작하였다. 그리고 초등학교에서 행해지고 있던 국기에 대한 경배가 우상숭배의 혐의가 있다는 기독교계의 건의를 받아들여 국기에 대한 경례를 주목례로 바꾸었다. 1951년에는 대통령령으로 군종 제도를 실시하였는데 여기에는 개신교와 천주교만이 참여할 수 있었다. …(중략)… 당시 과도입법의회 의원 90명 중 21명, 그리고 초대 입법의원 190명 중 38명(목사 13명 포함)이 개신교인이었다. 물론 대통령 이승만 자신은 감리교회의 장로였고, 부통령 이기붕은 감리교의 집사였다. 그리고 이들의 주위 즉 권력의 핵심부에는 수많은 개신교 인사들이 포진되어 있었다. 제헌헌법에서는 정치와 종교의 분리를 선언하고 있었음에도 불구하고 이처럼 1공화국은 개신교가 사실상 '국교'행세를 하는 '개신교 공화국'이었다." 이진구, 「해방 이후 국가권력과 종교」, 『참여불교』 9·10 (서울: 참여불교재가연대, 2001), 125~126쪽.

박영숙도 이와 유사한 의견을 피력했다.

> 박마리아라고 생각했어요, 우리는. 그리고 그 정치적인 빽이 있
> 잖아요. 이기붕씨의 빽이. …(중략)… 이때에 몇 사람 있을 때 꽉
> 잡아놔야 본보기로 이렇게 퇴학을 시켜놔야 학생이 안 불겠다 그
> 런 생각은 해봤어요.

강정원도 박마리아의 권력이 상당한 위치에 있었다고 이야기했다.

> 남편이 자유당 정권의 2인자이기 때문에 그 정치적인 모든 걸
> 카바cover할 수 있는 그런 입장에 있는 사람이지, 박마리아는.

박마리아가 남편 이기붕의 정치권력을 등에 업고 통일교를 핍박
했다고 보았던 결정적 이유로 구술자들은 당시 언론을 주도한 신문
의 보도 변화를 들었다. 통일교 학생들의 제적 처분 사건이 발발했던
초기, 신문들은 공정성과 객관성을 견지하는 보도에 나섰다고 한다.
그러나 시간이 경과하면서 기득권층의 대변자 역할을 자임하는 어
용 언론으로 퇴색했다고 지적했다.

통일교 학생들이 제적 처분되고 4일이 지난 5월 15일 평화신문이
'이화여대에 때 아닌 종교 파동'의 제하로 "새로운 종교혁명을 일으
킨다는 이유로 동교 교수 수 명을 면직시키는 한편, 이에 참가한 10
여 명의 학생을 제적 처분하는 등의 불상사가 발생하여 종교계에 커
다란 파문을 일으키고 있다"는 기사로 사건 자체에 대한 객관적 보
도를 견지했다. 서울신문도 5월 15일자에서 '기독계의 이단시비' 제

하로 이화여대와 통일교 학생 양방의 주장을 대등하게 게재하였다. 조선일보도 5월 16일자에서 '이화여대에 제적 사태' 제하로 이화여대 학생처장 서은숙과 제적 처분을 받은 통일교 교수 한충화와 학생 박영숙의 인터뷰를 게재하면서 역시 보도에 공정성을 기했다.

동아일보는 5월 17일 사설 '덕화력의 경쟁'에서 "우리 헌법은 신교信敎의 자유를 보장하고 있거니와, 이는 정부가 국민의 신교의 자유를 보장한다는 규정인 것을 의심할 수는 없다"고 밝히며 헌법에 반한 이화여대의 처사를 비판하였다. 또한 "종교 대 종교의 경쟁은 각기 종교의 덕화력의 경쟁이어야만 종교로서의 가치가 인정될 수 있는 것이지 압박이나 박해로서 타종교의 발전을 저해한다는 것은 도시 종교로서는 택해서는 절대로 안 될 수단이다"라고 이화여대 측의 행위가 적절하지 못했음을 지적했다.

한국일보도 5월 23일 사설 '신앙의 이유로 퇴학을 시킬 것인가'의 제하로 "국법이 신앙의 자유를 보장하고 있는 이상 교문敎門안에서 그 질서를 유지하기 위한 종교적 제재를 넘어서서 학생의 퇴학이라는 하나의 사회적 제재로 나타나게까지 하였다 하면 간과할 수 없는 문제"라고 지적하면서 설혹 통일교가 이화여대 측이 지적하는 이단이라 할지라도 학생들을 제적 처분할 수 없음을 강조했다.[10] 또한 한

---

10) "첫째로, 그 단체가 이단이기 때문인가. 반문하건대 그 단체는 기독을 신앙하고 성서를 경전으로 삼고 있다하니 기독교의 일분파인 듯하며 또 비록 이교라 할지언정 퇴학의 이유가 없는 것은 현재 양교 학생의 상당수가 무종교 또는 타종교에 속하고 있는 까닭이다.

둘째로, 그 단체가 사교이기 때문인가. 그 단체가 국권을 무시하거나 금품사취와 같은 파렴치를 감행하는 것이라면 사직에서 그 사실이 적발되어야 할 것이며, 만일 이리하여 사교임이 판명된다 하면 퇴학 처분 같은 것은 그 후에도 용이하게 취

국일보는 이날 사설의 결미에 "자교파의 학생이 아니라도 입학을 허가하고 있는 이 양교에서 그 운영을 담당하는 이들이 이와 같이 전후를 따져 밝혀야 할 절차를 망각한 것이 아니라면 학교 이외의 압력에 의하여 부득이한 것이었다는 상정이 있게 되는 것"이라며 종교적, 정치적 압력의 개연성도 배제할 수 없음을 지적했다.

　제적 처분 사건이 발발한 초기, 언론의 보도가 공정성을 유지하는 모습이 엿보였던 데는 제적을 당한 통일교 학생들의 다각적인 노력도 뒤따랐던 것으로 보인다. 학교의 수업 참여 강행과 총장 면담 등 캠퍼스 내에서의 항거가 대부분 난관에 봉착하면서 이들은 언론에 호소하는 것으로 방향을 선회하였다. 주요 일간지를 방문하여 적극적으로 자신들의 입장을 피력했다. 강정원은 조선일보 홍종인 편집국장을 만났을 때를 인상 깊이 기억했다.

> 우린 뭐 퇴학 맞고 나서 삼각산에 기도하러 가고 또 신문사에 일일이 쫓아다니면서 신문사마다 편집국장 만나서 우리의 정당성을 주장하면 그 사람들도 학생들이 정당하다는 걸 다 안다는 거야. 조선일보 홍종인 편집국장. 다른 편집국장은 생각 안나. 홍종인 편집국장 "제군들의 말이 맞지만서도 신분이 학생이니까 학교에 가서 공부하고 후일을 도모해라" 그렇게 우리한테 지시했다고.

할 수 있는 조치이다.
셋째로, 그 단체가 이단이기 때문인가. 그들이 만일 기독교회의 신앙을 부인하거나 신앙에서 탈락하는 '아포스타씨'라 하더라도 이미 이교나 무신앙의 학생이 허용되는 이상 퇴학의 이유가 없는 것이요 …(이하 생략)" 「신앙의 이유로 퇴학을 시킬 것인가」, 『한국일보』, 1955년 5월 23일자.

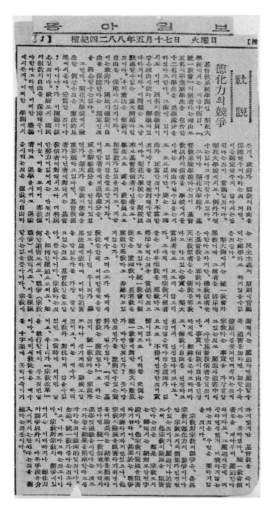

동아일보, 1955년 5월 17일자, 사설 『덕화력의 경쟁』

이날 동아일보는 사설을 통해 "우리 헌법은 신교信敎의 자유를 보장하고 있거니와, 이는 정부가 국민의 신교의 자유를 보장한다는 규정인 것을 의심할 수는 없다"라고 밝히며 헌법에 반한 이화여대의 제적 처분에 대해 비판하였다.

그러나 강정원의 기억과 달리 신미식은 신문사를 방문하였을 때 그다지 긍정적인 지지를 받지 못했다고 기억했다.

> 그때 이제 여러 음란한 소문이 잡지다, 신문이다, 뭐 이런 거로 쫘악 나왔거든요. 퇴학 그 전후해서. 말하자면, 그러니까 사회 문제가 돼 버렸죠. 그러니까 우리가 가서 아무리 이렇게 신문사 찾아가고 뭐 이렇게 하면서 이거는 불법이다. 이제 이러고 부당하다. 우리가 이렇게 억울하다. 이렇게 호소해도 하여튼 뭐 기독교계나 뭐 하여튼 신문 잡지 뭐 이런 데서 너무 그런 말이 나오니까 사회에서 우리를 지지해 주지를 않죠. 그냥, 저 놈의 처녀들이 말이야 문선명 선생님하고 무슨 관계가 있다 뭐 이런 식으로.

서명진은 언론사가 집권 여당 쪽인가, 야당 쪽인가에 따라서 이화여대의 제적 처분 행위를 바라보는 관점에도 차이가 있었다고 말했다.

> 학교 밖으로 나가서 신문사를 찾아다니면서 이화대학에서 우리가 이화대학에 들어갈 때에 감리교를 믿겠다고 서약을 하고 들어간 것도 아닌데 이화대학에서 신앙의 자유를 안 주고 우리를 통일교에 나간다는 그 조건 하나로 왜 우리를 이렇게 퇴학을 시키느냐 그러면서 그때 큰 신문사 다 찾아다녔어요. 조선일보에 찾아 가니까 …(중략)… 우리보고 뭐라고 그러냐면 "중이 절 밥이 싫다면 그냥 그릇을 놔두고 나가는 것이지 무슨 자유가 있느냐" 그러면서 우리보고 "여러분이 좋아서 택한 길이면 이화대학교를 그만 두고 나오는 것이지 뭐 말이 구만리냐" 이거야. 그런 식으로 얘기하더라구요. 몇 군데 그렇게 찾아다니고 (기자들이) 교회도 많이 다녀

갔어요. 그렇게 이화대학교를 두둔하는 그러한 편에서 얘기를 하더라구요. 그런데 야당 신문 동아일보 같은 데서는 종교의 자유가 있는 대한민국에서 이화대학에서 이렇게 퇴학 사태가 일어났다. 어떻게 하면 이럴 수가 있느냐는 식으로 하여튼 동아일보에서 크게 신문에 내주었더라구요. 양 갈래가 있었어요. 이화대학교를 두둔하는 신문이 있었고, 이화대학교의 처사를 갖다가 반대하는 신문이 있었고.

1955년 5월 21일 정례 기자 회견에서 문교부 장관은 "문교부로서는 학생 제적 처분 문제에 대하여는 '텃취'할 성질의 문제가 아니므로 아직 아무런 조처도 않고 있으며 통일교회가 정당한 교단인지는 여러 각도로 조사를 진행하고 있다"고 언급하며 "학생 제적 처분은 학교 방침 상 학칙에 의거하여 할 수 있는 문제이다"[11]라고 이화여대가 통일교 학생들에 대해 행사한 제적 처분을 인정했다. 헌법으로부터 보호되어야 할 신앙의 자유가 침해되고, 학칙에도 명시되지 않은 근거로 수 명의 교수와 학생들이 제적 처분을 당했음에도 불구하고 국가는 이화여대의 행위를 묵과 또는 지지하는 태도를 취했다.

한편, 시간이 경과하면서 언론들의 보도 행태는 편향된 비판적 논조로 일색 되었다. 1955년 5월 27일자 중앙일보는 이화여대의 통일교 학생 제적 처분에 대한 인터뷰 기사를 게재하며 대제목으로 '과연 統神敎는 사교인가?', 부제목으로 '나체주의에 유사'를 선정했다. 이 날 중앙일보는 각계 여론이라는 명분을 달고 통일교에 대한 사교 담론을 생산했다. 치안국 관계자의 담談이라면서 "남녀의 성 관계에 대

---

11) 「통일교회 조사 진행」, 『서울신문』, 1955년 5월 22일자.

한 구체적인 증거는 아직 발표할 수 없으나 과거 평북에 있었던 나체주의 신앙파였던 새주교파와 통하는 모양이다"라고 유사 종교로 취급했다. 또 채기은 기독공보 편집국장이 "모든 문제를 성性에 결부시켜 해석하였고 3일간의 세뇌 공작에 과연 그럴듯하였으나 성경을 부인하는 행위는 결코 오래 못갑니다. 이화대학교 처사는 현명하였다고 확신합니다"라고 피력한 부분을 게재하여, 편향적 사건을 객관성을 견지한 여론인 것처럼 보도했다.

연합신문은 5월 26일자에서 '화제의 집중: 과연 부당한 처사, 제적생들 신앙의 자유와 학업 단속 근원, 제적생들 복교는 부당', 6월 4일자 '하나님으로부터 자처하는 교주, 대성통곡하며 찬송가 부르고 기도, 불의 세례로 병이 낫는다고', 6월 5일자 '性에 기초를 둔 것이 특색, 생태 살피러 간 교수도 통일교로 전향, 교리도 이틀이면 졸업 가능', 6월 6일자 '기독교 등 기성교회의 전부를 부인, 전 세계 종교를 통일한다고' 등의 연속적인 보도에서 원색적인 제목으로 통일교를 사교로 규정해 나갔다. 사회의 여론 형성에 주도적 역할을 했던 신문들이 편향적 보도 행태를 취하며 통일교 비판에 나선 배후에는 기득권층의 압력이 작용했음을 강정원은 다음과 같이 술회했다.

맨 처음에 동아일보나 조선일보, 서울신문 이런 데서는 우리 퇴학 사건 났을 때 우리를 옹호했어. 대한민국 헌법에 신앙의 자유가 보장돼 있는데 왜 그러느냐. …(중략)… 그런데 왜 그렇게 신앙의 자유를 억압하느냐고 다 논설한 게 나와 있잖아. 그런데 며칠 지나 가지고 그 당시에 자유당 정권을 잡고 있는 자유당 정권의 1인자는 이승만 대통령, 2인자는 이기붕이 저 국회의장. 국회의장의 부인이 박마리아. 박마리아가 이화대학의 부총장. 그러니까 정치적으로 우리를 막 때린 거야. 뭐 음란하고 어쩌고저쩌고 해가지고 그래서 사건이 터진 아니야. 정말 기가 막힌 사건이 터진 거지.

정대화도 강정원과 유사한 이야기를 했다.

다 우리를 동정해가지고 사설에까지 났거든요. 근데 그 다음날 번복이 된 거야. 180도로 전환된 거야. 통일교가 이단이다. 왜냐하면 그때 이기붕 시대였다구요. 그 이기붕씨 부인이 박마리아라고 이화대학에 부총장이었거든요. 그러니까 뭐 그때는 그 사람들 세력에, 입에, 입 한마디에 왔다갔다 모든 것이 하던 때였어요. 그래, 그 사람들의 지시를 받아가지고 그렇게 한 거죠.

박영숙은 통일교 학생들의 제적 처분 사건은 "시작에 불과했어"라고 말했다. 그녀는 이화여대가 정치권력을 이용해 통일교를 매장시키려 했다고 단언했다.

박마리아, 이기붕씨가 주도권을 잡고 있을 때 아니에요. 이기붕씨의 부인이. 그 남편 이기붕씨가 이승만 대통령 바로 밑에 부통령으로 그분이 우리 대학교회를 나왔었어, 이화여대. 그 사람들이 뭐 정치적으로 우리를 완전 매장할라고 했지요. 더 쎄게 나왔어요.

통일교 학생들은 국회의원들과도 접촉해 신앙의 자유를 회복하기 위한 자신들의 주장을 피력했다. 그러나 국회의원으로부터도 지지를 받기는 어려운 상황이었다. 서명진은 다음과 같이 진술했다.

한국일보, 1955년 5월 23일자, 사설 『신앙의 이유로 퇴학을 시킬 것인가』

이날 한국일보는 사설을 통해 "국법이 신앙의 자유를 보장하고 있는 이상 교문敎門안에서
그 질서를 유지하기 위한 종교적 제재를 넘어서서 학생의 퇴학이라는 하나의 사회적
제재로 나타나게까지 하였다 하면 간과할 수 없는 문제이다"라고 지적하면서 헌법에
명시된 신앙의 자유가 수호되어야 함을 강조하였다.

국회의원들 역시 나라의 녹을 먹는 사람들이기 때문에. 우리, 말하자면 통일교회 편을 드는 사람은 없어요. "왜 학생이 그런 짓 하느냐? 공부할 때 공부하지 왜 그러느냐."

기득권층의 통일교에 대한 비판이 언론을 통해 고조되고 있는 상황에서 수많은 여인과 간음 행각을 벌인 것이 발각, 구속된 한 남자의 이야기가 사회 전체를 술렁이게 만들었다. 해군 헌병 대위였으나 군기 문란과 무단이탈 죄 등으로 불명에 제대한 돌출 사건의 주인공 박인수는 1954년 4월부터 1955년 6월에 이르는 1년 사이 '처녀 수렵'을 시작해 70여 명의 여인을 상대하였다. "공무원 자격 사칭 및 혼인 빙자 간음 등"의 죄명으로 기소된 그는 국회의원 등 고위층의 딸들도 상대하였고 피해자 가운데는 이화여대생 또는 이화여고 출신들도 포함되어 있었다.[12]

동아일보는 1955년 6월 23일자에서 사교댄스로 인해 여성들의 정조가 무너지고 있음을 지적했고, 한국일보는 6월 24일자에서 '몸을 함부로 하는 여성들'이라는 제하로 피해 여성들을 비난하였다. 박인수 사건은 한국 사회뿐만 아니라 피해 당사자가 포함된 이화여대에도 엄청난 충격을 안겨주었다. 그리고 설상가상으로 "나체주의파", "성에 기초를 둔 것이 특색"이라는 내용 등으로 통일교에 대한 보도가 사회적 초미의 관심사가 되면서 박인수 사건과 통일교가 동일시 또는 오버랩overlap 되는 경향까지 나타났다. 특히 제적 처분된 통일교 학생들이 이화여대생들이었기 때문에 박인수가 상대한 이화여대

---

12) 민숙현 · 박혜경, 『한가람 봄바람에』, 298~300쪽.

생들이 바로 이 통일교 학생들인 것으로 연결되기까지 하였다고 한다. 이에 대해 사길자는 이렇게 이야기했다.

> 그 신문도 어떻게 보면 종교는 자유라고 하더니 하도 그쪽에서 그냥 억압을 하니까 다시는 그런 소리를 못하더라고. 논조가 바뀌었지. 오히려 저쪽 편을 들어가지고 뭐 문교주가 뭐 그때 댄스 선생하나 진짜 그놈은 음란한 놈이 하나 있어. 박 뭐라는 박인수인가. 박인수라고 그때 같이 폭발했어. 젊은 여자들 많이 유혹했는데, 그래 하여튼 동일시 해버리더라고. 묻혀서 동일시 해버리고. 억울한, 참 어려움 많이 받았죠.

박인수 사건과 관련해 이화여대에서 제적 처분된 통일교 학생들에 대한 사회의 시선에 대해 이계순도 사길자와 유사한 기억을 피력했다.

> 신문 기사에서 어떻게 기분 나쁘게 하냐면 박인수 사건에 날치는 애들이나 거의 비슷한 레벨로 우리를 취급을 한단 말이야. 춤바람 난 박인수 사건의 아이들이나 종교에 미친 애네들이나 거의 같은. 애들은, 반신반의했어. "저 아이들이 결코 저런 일에 빠질 아이들은 아니다" 뭐 또 이렇게 "세상에서 이렇게 말하는 게 절대 거짓말은, 아니 땐 굴뚝에 연기는 아닐 것이다" 하는 그런 반신반의했지 친구들은. 그러다가 이리 쏠리는 애들도 있어서 왔다 갔다 하기도 했지만 학교에서 딱 퇴학 조치를 한 후부터서는 한 사람도 우리와 가까이 아예 말조차도 안 할라고 그랬어. 퇴학 후.

박영숙도 박인수 사건에 대해 어렴풋이 기억하며 당시 분위기를 언급했다. 그리고 딸이 제적을 당한 것도 충격이었지만 음란 종교에 빠졌다는 소문에 더 분개했던 자신의 아버지에 관한 일화를 이야기했다.

그때 마침 또 춤바람이 뭐가 있었어. 사회적으로. 그래 갖고 우리를 오해하는 것이 있었어요. 그리고 여기가 음란 교회라고 소문이 나니까. …(중략)… 근데 그때 그 음란한 저기가 춤바람 나는 데가 있었어요. 그게 또 신문에 났어요. 그래, 이 학생들인 갑다 이렇게 오해를 한 적이 있었어요. 그래갖고 우리 아버지도 애가 이상하다 해가지고 퇴학 맞은 통지서 받고 내 자취방에 딱 오더니마는 "앞장서. 교회 가자! 일단 교회 가서 일단 원리를 들어봐야겠다. 나도 어떤 교회인가를 알아봐야 되겠다" 그래가지고 와 가지고 유 협회장님한테 딴 것도 다 싫고 타락원리(타락론)만 강의를 해 달라. 그러니까 하도 문란하다, 음란하다는 걸로 소문이 나니까 그 무슨 댄스 그룹인가 박인수 사건. 뭔 사건이 있었어요. 거기에 우리가 얽매인 것 같이 그렇게 착각으로 돌아갔다고 사이비 종교. 학교 분위기도 그렇고 사회에서도 그렇고. 그러니까 통일교회가 이단 교회고 뭔 교회다 하니까는 그래서 우리 아버지가 타락원리 듣더니 "그러면 그렇지. 우리 딸이 이런 데 들어갈 리가 없다" 그래갖고 우리 아버지는 막 이거 들어보니까 "종교 혁명이다. 기독교 혁명이다. 야! 학생 때 이런 데 혁명 가입, 그것도 똑똑한 놈이나 가입하지 아무나 하는 줄 아냐."

그래가지고요, 전주에 내려와 가지고요. …(중략)… 도지사하고 전북일보사 사장하고 아버지하고. 아버지는 도의회 의장이니까. 한번 신문사 사장이 만나자고. 셋이 술자리를 같이 했대요. 이제 슬슬 말이 박 의원님 따님이 박 의장님 따님이 통일교회에 뭐 퇴학당하고 뭐시고 거기가 음란한 교회고, 뭐시 어쩌고 저쩌고 한데. 우리 아버지가요 굉장히 의리파예요. 술상을 갖다 그냥 전북일보 사장 앞으로 탁 집어 던지고 나왔어. 그게 신문에 다 나왔어요. "니가 통일교회에 가봤냐? 니가 통일교회에 가봤냐? 나는 갔다 왔다. 우리 딸 땜에 갔다 왔다. 음란 교회 아니다. 절대 그런 데 아니다" 술상을 다 엎었어요.

6월에 접어들어 대부분의 언론이 통일교를 이단으로 규정한 데 반하여 자유신문은 6월 24일자에서 "이화여대학생 제적은 부당, 확증 못 잡은 채 내사를 완료, 통일교회 혐의점에 검찰태도 주목"이라는 기사를 보도했다.

■ 7 · 4사건에 대한 해석

이화여대에서 시발된 통일교에 대한 강경 대응은 그 이후 국가 권력의 개입으로 한 차원 더 확장되었다고 한다. 박영숙은 이에 대해 이렇게 말했다.

통일교회를 아예 말살을 시켜버릴라고 했다고. 권력 갖고 말살 시킬라고 했다고 사실은 우리를. 퇴학 정도가 아니여. 그건 전초전 이여. 그러고 나서 7월 달에 아버님 감옥에 집어넣고. 그거 다 전초전이었지요. 그럼. 완전히 그건 아니에요. 완전 없앨려고 전초전 이었지.

사길자도 이와 유사한 이야기를 했다.

다 그 (이화여대 통일교 신자 제적 처분 사건) 여파죠. 우리로
말미암아서. 그 장본인을 갖다가 어떻든 간에 꽉 그냥. …(중략)…
장본인이 바로 아버님이니까. 아버님의, 그래도 이제 최종적으로
없앨라고 한 거죠. 뿌리를 뽑을라고 한 거여.

구술자들의 언급대로 국가 권력이 개입된 통일교에 대한 강경 조치
는 창시자 문선명 선생으로 초점이 모아졌다. 검찰 측과 협의 아래 통
일교에 대한 내사를 진행 중이었던 치안국 특수정보과는 1955년 7월 4
일 문선명 선생을 '병역법 위반 및 불법감금' 등의 혐의로 구속하였다.
그리고 그 뒤를 이어 교회 간부 김원필(7월 5일), 유효민(7월 6일), 유효
영(7월 6일), 유효원(7월 11일)을 구속했다.[13] 김경식은 문선명 선생의
구속 사건은 전적으로 정치적인 중상모략이었다고 단언했다.[14]

그거는 알고 자시고가 없어. 그 사람들이 괜히 그냥 죄목 갖다
붙였지 뭐. 무슨 이유가 있어. 왜냐하면 하도 선생님 잡으러 통일
교회가 하도 그렇게 난리가 나니까 이제 무슨 정치적으로 박마리
아가 시켰는지 누가 시켰는지 하여튼 조사해 보라고 그래가지고
뭐 병역 기피인가 하여튼 꼬다리(꼬투리) 붙여서 그냥 잡아 간 거
야. 이유가 없어. 그때가 이승만 정권인가. 근데 그때는 이승만 정
권 때는 이기붕이가 다 했잖아. 박마리아 때문에 잡아갔는지도 몰
라. 하여튼 이유가 없어.

13) 「불법감금 등의 혐의: 통일교회 교주를 구속」, 『경향신문』, 1955년 7월 6일자.
14) 1955년 3월 박상래 교수가 '이단 신앙'을 이유로 연희대에서 퇴직 되었고, 동년 7
    월 7일 문선명 선생이 구속된 7월 4일로부터 3일후 연희대에 제학 중이던 통일교
    학생 황환채, 유경규가 '이단적 신앙'을 이유로 제적 처분 되었다. 세계기독교통일
    신령협회 역사편찬위원회, 『통일교회실록』, 29쪽.

제1심 공판은 7월 20일 오전 10시 서울지법 제4호 법정에서 윤학로 판사 주심으로 개정되었다. 정대화는 문선생 선생의 재판이 있던 날 기독교인들이 대거 몰려왔다고 기억했다. 기독교인들의 투서도 많았고 문선명 선생이 기독교인들에게는 적그리스도의 대표적 인물이었기 때문에 그에 대한 심판을 지켜보기 위해서 인산인해人山人海를 이루었다고 한다. 또한 당시 통일교에는 기독교 신앙을 오랫동안 유지해오던 기성 교회의 신자들이 통일교로 교적을 옮긴 사례가 많았기 때문에 이것이 기성 교회로 하여금 통일교에 대해 적개심을 더 유발시키는 동기가 되었다고 한다. 이에 관련해 정대화는 이렇게 말했다.

그 사람들은 정말 (문선명 선생을) 없앨라고 마음먹었거든요. 활동 못하게 하는 것뿐만 아니라 이단이라고 하는 것은 적그리스도란 말이야. 적그리스도. 우리가 지금과 같이 재림주요, 구세주요, 참부모란 말을 안했어도 뭐 구전으로 해가지고 사람들이 다 알고 있지요. 그러니까 "저 적그리스도를 없애야 된다" 그뿐만 아니라 자꾸 사람들이 거기로 몰려가니까요. 기독교인들도 신앙 좋은 사람들만 몰려가니까 자기들은 교인들 빼앗기니까 그런 거예요.

이날 공판에서 강서룡 검사는 피고 문선명 선생에게 징역 2년, 유효원 징역 2년, 유효민 징역 1년, 유효영 징역 1년, 김원필 징역 1년을 구형하였다. 1심 공판 현장에 참석했던 정대화는 이날의 분위기, 특히 판사의 질문에 문선명 선생이 응수한 장면을 잊을 수 없다고 했다. 정대화에 의하면 문선명 선생은 판사가 무엇을 질문하였고 어떤 대답을 요구하였는지 알고 있었지만 그와는 무관하게 자신이 누구인가를 통일교 원리에 근거해 증명하려 애썼다고 한다. 그때의 상황을 정대화는 이렇게 이야기했다.

> 한 두서너(2~4) 시간 기다리다가서 재판 받으러 가셨죠. 재판 받으러 들어가시면서도 뒤에 다 '누가 왔는가, 누가 잘 있는가, 나 때문에 또 떨어진 식구는 없는가' 하시듯이, 그렇게 하시듯이 돌아보시고. 재판석에 심문석에 앉으시더라구요. 글쎄, 확실히 내가 기억하는 것은 여러 가지 판사가 묻는 데 대해서 아버님이 생명나무 말씀을 힘차게, 너무나 힘차게 우렁찬, 장내가 울리도록 그렇게 힘차게 '너희들이 죄인이지 내가 죄인이냐 하시는 것 같은 그런 태도였어요. 참, 몸은 죄인 같이 초췌해 하시지만 그 나오는 음성은 쩌렁쩌렁 하셨다구요. 그래서 원리 강의를 하시듯이, "나는 생명나무로 왔다"고. 첫 생명나무가 뭐고, 요한계시록의 생명나무가 같은 나무인데, 생명나무로 왔다고 그러신 것 같아요. 그땐 누가 녹음 안 했는지 몰라요. 할 만한 사람이 없었어요. 유광렬 박사도 없었고, 뭐 제일 녹음 같은 거 잘하던 유효민 형제도 같이 연행돼 갔으니까.

문선명 선생을 포함한 5명의 통일교 핵심 간부들은 기소된 후 서대문형무소에 구속되었다. 창시자 문선명 선생이 구속되자 교단 내부에서는 더 이상 이화여대 학생들의 제적 처분 사건에 관심을 가질 수 없게 되었다. 박영숙은 이에 대해 다음과 같이 이야기했다.

> (이화여대 사건에 대해) 무슨 정리고 그런 거 어디가 있어 그때. 초창기인데 그냥. 그렇게 하다가 한 달 있다 아버님이 또 7월 4일 들어가시잖아. 그러니까 이 퇴학은 또 저쪽이야 지금. 아버님이 들

어가시니까. 진짜 교회가 존속하느냐 마느냐 하는 그런 찰나거든
요. 한 명이나 들어갔어요, 다섯 명인가가 다 들어갔지.

문선명 선생 일행이 서대문형무소에 구속되어 있는 동안 통일교
신도들도 경찰의 조사를 받았다. 조사는 서울 종로경찰서와 용산경
찰서 두 곳에서 실시되었다고 한다. 정대화도 조사를 받았다. 그녀는
이에 대해 이렇게 술회했다.

나는 용산경찰서에 가서 다 조사를 받고. 그때 지금 기억이 뭐
주소랑 가정 형편이랑 가정 상황이랑 이화여대에서 어떻게 쫓겨
났느냐? 여기 이렇게 교회 들어오니까 어떻드냐? 그런 현실적인
얘기 다 물어가지고 적기는 자기들이 다 적더라구요. 우리가 적는
게 아니라. 그 누구하고 같이 갔는지도 기억이 안 나요. …(중략)…
1대 1로 가니까. 경찰서마다 다르고. 종로경찰서 가는 사람도 있
고. 나는 저기 용산경찰서에서. 지금도 그 조사 받던 데가 훤히 보
이는 것 같애요. 잊혀지지가 않아요. …(중략)… 우리도 여자고, 젊
고, 우리가 연행돼 간 게 아니라 그냥 조사받기 위해서 갔으니까
신사적으로 우리를 대해 주더라구요. 그래서 그날로 나왔어요.

문선명 선생이 경찰에 연행되었을 때 통일교의 초기 분위기는 그
다지 침울하거나 위축되지 않았다고 한다. 박영숙에 의하면 교회에
서는 매일 철야 기도가 실시되었고 신도들 간에는 깊은 신뢰와 믿음
의 단합이 이루어졌다고 한다. 물론 탈교자들도 발생하였지만 내적
으로는 더 강하고 성숙해지는 분위기가 조성되었다고 한다.

교회 분위기는요, 참 좋았죠. 매일 철야하고 기도하고 …(중략)… 그 남아진 식구들은 더 끄떡이 없었어. 오히려 더 핍박이 있을 때 신앙이 좋아져요 사실은. 남아진 사람들은 신앙이 더 강해졌지. 더 잘 뭉치고.

통일교에서는 문선명 선생의 구속 사건을 "7·4(칠사) 사건"이라고 명명한다. 정대화는 이화여대의 제적 처분 사건으로부터 이 7·4사건에 이르는 통일교의 수난을 문선명 선생의 고무신을 예로 들어 이렇게 회고했다.

그렇게 오래 계실 줄 몰랐고, 잠깐 연행돼서 뭐 조사 좀 받고선 곧 나오실 줄 알았다구요. 그러니까 '이게 끝이구나' 하는 생각은 안했고. 아, 그때만 해도 아버님은 마음 못 놓으시고 언제나 그때는 고무신을 신고 계셨는데. 고무신은 방에다 두셨어요. 언제고 누가 이상한 기척이 있으면 바로 도망, 다른 문으로 나가실 그런 준비는 늘 하고 계셨다구요. 내가 목격할 때는 장충동 시절이었어요. 아버님 방에는 언제나 고무신이 안에 있었다구요. …(중략)… 그 최(선길) 여사만 아니라 아버님이 영적으로 느끼시는 것도 있잖아요. 영적으로. 실체의 사람들보다도 영적으로 느껴오는 핍박, 그것이 늘 있었다구요. 청파동 축복(문선명 선생과 한학자 여사의 성혼식) 받으시기 전까지 늘 있었어요. 부산 대구 할 것 없고 서울에서도 장충동에 교회가 있을 적에. 세대문 집, 그 다음에 흥인동 장충동. 네 번째에 지금 청파동으로 옮기셨거든요. 옮기시기 전까지는 항상 영적인 사탄이의 침범을 크게 느끼고 있었어요. 그래서 고무신마저 방에다 둬 가지고, 아무튼 무슨 불길한 감이 드시면 다른 뒷문으로 밖으로 나가셨죠. (밖으로 나가는 것을 본 적이) 있어요. …(중략)… 기자들이 온다든가, 또 형사들이 온다든가. 사법 형사들. 정보부 형사들은 안 왔었어요. 거기 그 주위에 사법 경찰들이 매복이라고 그러나요. 그렇게 하고 그 있은 건 저희들은 알지요. …(중략)… 돌이 막 날아오고요, 그래도 우리는 아무 동요 되지 않고서 예배를 봤지요.

  제적을 당한 이화여대 학생들은 통일교 신도들과 함께 수감된 문선명 선생의 안위를 위해 기도를 하며 갖가지 물품을 차입하였다. 강정원은 문선명 선생을 면회했을 때 차입했던 물품명이 적힌 차입증, 면회신청서 등을 지금까지 소지하고 있었다. 강정원은 문선명 선생에게 떡을 차입하고 이계순은 유효원에게 "빠다(버터)"를 차입하였다고 한다. 고관절염으로 한쪽 다리를 구부릴 수 없었던 유효원은 원활한 신진대사를 위해 어느 정도의 걷기 운동이 필요했지만 수감된 탓으로 그것이 원활하지 않아 대변을 보는 데도 많은 어려움을 겪었다고 한다. 이계순은 유효원의 이러한 고통을 덜어주고자 버터를 차입했다고 한다. 그때를 강정원은 이렇게 회고했다.

    우리 아버님께서 또 간부들이 기소당하고 또 뭐 6·25사변 동안에 군 복무를 필하지 않았다고 해가지고 김원필 회장님도 그렇게 된 거지. 우리는 그때에 아버님 거기 교도소에 가 계실 때도 매일 같이 학생들이 시간을 정해 놓고 기도하고 또 서대문형무소에 가서 면회하고 로테이션rotation으로 면회하고. 또 그 담벼락에 가서 기도하고 오고.

  한편, 제적된 학생들의 일부는 이 구속 사건이 발생한 직후 유효원의 지시에 따라 칩거 생활을 했다. 서명진은 자신들이 제적 처분을 당했을 시기부터 경찰의 미행이 시작되었다며 다음과 같이 이야기했다.

우리보고 말이죠, 유효원 선생님이 옥중에서 아침 4시면 지금 우리들 뒤에 형사들이 따라 다니니까 "될수록 교회에 가까이 가지 말고 영향을 끼치지 말고 집에 가 있으라"고 그랬어요. 그래 나도 그때는 우리 집이 광주였어요, 광주. 광주로 이사했거든요. 광주에 가 가지고서는 그냥 방 하나 차지하고서는 성경보고 기도하고, 성경보고 기도하고 그것이 내 생활이었어요. …(중략)… 삼각산에 금식 기도를 하러 들어갔을 때 나중에 안 일이지만서도 우리의 배후에는 형사들이 다 따라 다녔어요. 미행했어요. 우리가 쌀을 팔러 그 산을 내려와 가지고 쌀집에 가 가지고서는 쌀을 사가지고 왔거든요. 거기까지도 전부 주변에 나타났더라구. 그런 걸 볼 때에 우리의 배후에는 형사들이 다 미행을 하고 있었던 것을 알 수가 있었어요. 그러니까 우리가 7·4사건 난 다음에 우리의 움직임에는 전부 미행이 따랐구나 하는 것을.

동년 10월 4일 오전 11시 열린 결심공판에서 법정은 "통일교주 문선명 피고에 대하여는 병역법 위반 사실을 인정할만한 증거가 없어 결국 범죄가 없음에 귀착하므로 형사소송법 제325조를 적용하여 무죄를 언도하고, 나머지 4명의 피고에 대하여는 병역 기피가 확실하여 유효원 벌금 5천환에 보석 허가하고, 유효민 유효영 김원필에게 각각 징역 8개월을 언도한다"[15]고 밝혔다. 기득권층의 통일교에 대한 강경 조치의 최종 공략 지점이었던 문선명 선생에 대한 처벌은 실패로 돌아갔다. 강정원은 7·4사건 발발에 대하여 이화여대에서의 통일교 과열 현상과 그 결과로 야기된 제적 처분 사건이 주요 원인이었다고 말했다.

이화여대 사건이 원인이지.

---

15) 『서울지방법원 판결문』, 1955년 10월 5일; 『경향신문』, 1955년 10월 5일자 재인용.

■ 1955년 그 이후

문선명 선생은 1955년 7월 4일 연행되어 동년 10월 4일 서대문형무소에서 무죄로 출감하였다. 구속되고 3개월 만의 귀환이었다. 정대화는 문선명 선생이 3개월 만에 돌아온 것도 "큰 뜻이 있는 것"이라며 나름의 의미를 부여했다. 문선명 선생이 수감되어 있는 동안 통일교 신도들은 그가 출감하면 더 큰 교회가 필요하리라 생각하여 청파동의 한 적산가옥을 구입하였다. 통일교는 청파동 시기를 재출발의 기회로 삼았다.

청파동 시대가 출발하고 이듬해 이화여대 제적생들 대부분은 타 대학으로 편입하여 학업을 끝마쳤다. 법대를 다녔던 강정원은 1956년에 사학과, 이계순은 1957년에 성악과로 전공을 바꾸어 경희대학교에 편입했고,16) 박영숙도 정치외교학에서 영문학으로 전공을 변

---

16) 강정원에 따르면 그녀의 아버지는 자신(강정원)을 경희대학교로 편입시킬 때 1억

경하여 1956년에 한국외국어대학교로 편입하였다. 약학과의 김경식, 김정은, 사길자, 서명진, 신미식, 그리고 가정학과의 정대화는 숙명여자대학교로 1956년에 편입하였다.

이화여대에서 제적 처분된 이듬해(1956년) 14명 중 6명은
숙명여대로 편입하여 졸업을 하게 되었다.
사진은 졸업식 날 부모님과 함께 기념사진을 찍은 모습
(좌측부터) 신미식, 정대화, 김경식, 서명진, 김정은, 사길자

경희대와 한국외국어대에서는 별다른 문제를 제기하지 않아서 무난히 편입이 가능하였다. 그러나 숙명여대로의 진입은 학생들의 숫자가 많기도 하였고, 전년도에 발생한 통일교 학생에 대한 이화여대

5천만원(1956년 현재)에 상응하는 부동산을 대학 측에 기부했다고 한다.
기부 조건은 '8명의 자녀들이 신앙의 자유를 누리면서 교육을 보장 받을 수 있게
학교 측에서 각별히 신경 써 달라'는 것이었다고 한다.

의 제적 처분, 통일교의 사교 논란, 그리고 문선명 선생의 구속사건 등이 사람들의 기억에 뚜렷이 남아 있었기 때문에 편입에 어려움이 따랐다. 이들에 대한 편입 문제는 숙명여대에서 교수 회의로까지 논의 되었다고 한다. 통일교 학생들에게 편입의 문호가 열린 것은 교수 겸 교목이었던 차광석의 협조가 있었다고 한다. 이에 대해 서명진은 이렇게 술회했다.

> 숙대는 어떻게 해서 들어갔느냐면 숙대에 교목이 있는데, 교목이 차 목사였어요. 차 목사. 우리 식구 아닌. 그런데 그 숙대에 총장이 임숙제였거든요. 근데 그 임숙제 총장님이 일본으로 교육 시찰인가 뭔가 때문에 일본으로 간 기간이 있었어요. 그때에 총장 대리를 이 차 목사님이 하셨어요. 그때에 김영운 교수님이 차 목사님을 전도했다고. 그래, "당신이 신앙을 하고 통일교에 대해서 바로 알아봐라. 이화대학교 처사가 잘못된 처사인가, 옳은 처사인가 알아보라" 해가지고서는 그 차 목사님을 김영운 교수님이 전도를 했어요. 그래서 차 목사님이 우리 원리를 갖다가 공부를 해가지고 그 총장 대리를 할 때에 아주 우리 원리를 공부하고 난 다음에 사람이 달라졌어요. 그래가지고 우리를 협조했어요. 그래가지고 우리를 갖다가 숙대에서 받아줬지. 우리가 숙대에 들어가 가지고서는 또 믿음직스럽게 하니까 차 목사님이 굉장히 우리를 갖다가 말하자면 아껴줬어요.

사길자도 서명진과 유사한 이야기를 했다.

> 그 숙대 차광석 교목이 우리를 받아주지 않았으면 우리가 정말 그래도 이화대학 다음에는 숙대인데 숙대 졸업 할 수 없었죠. 김영

운 선생이 미리 가서 강사로서 취직해서 그 인격과 신앙에 굉장히 차 목사가 은혜를 받았대요. 그러니까는 "이렇게 훌륭한 교수님 밑에 지도 받은 이화여대생들이 딴 것이 아니고 신앙 때문에 말하자면 일종의 순교인데 이 사람들 안 받아주면 어떡하느냐" 해가지고 학교 당국도 숙대도 기성교들인이 많잖아요. 그 발 벗고 나서가지고 그렇게 우리를 두둔해 가지고 무조건 합격시켰잖아요.

김경식과 정대화도 숙명여대로의 편입은 차광석 교목의 지지와 협조로 가능했다고 봐야 한다고 했다. 이화여대에서 제적된 통일교 학생들은 숙명여대 학생이 된 이후에는 이화여대에서와 같은 과열된 신앙 활동을 더 이상 전개하지 않았다고 한다. 사회적인 물의를 일으킨 입장에서 편입이 되었기 때문에 학업에만 열중하였다고 한다. 약대생들은 그 이후 전원이 약사 고시에 합격하여 약사 면허를 취득하였다.

경희대 성악과에 편입하였던 이계순은 1983년 경희대학교 졸업증명서를 가지고 이화여대 교육대학원 음악교육학과에 입학하여 학위를 취득하고 서울의 한 대학교에서 강의를 하였다. 이계순은 이에 대해 이렇게 말했다.

경희대학교에 졸업증명서를 가지고 들어갔지. 대학원을. 그래, 내 마음으로는 '내가 여길 극복해 가지고 결국은 여기(이화여대) 교수 하리라.' 그랬는데 그거는 안 됐어. 그거는 안됐어도 49세에 이화여대 대학원을 내가 들어가서 나왔다고.

이화여대에서 제적 처분된 통일교 학생들은 타 대학으로 편입하여 졸업한 이후 교단의 발전에 중추적인 역할을 담당했다. 대부분이 교단의 의례에 따라 축복결혼식을 하였고 교단의 순회전도사, 목회자의 사모로서 활동했으며 해외에서도 선교사로서 많은 활동을 전개하였다.

그러나 60년(1955년~2015년 현재)의 세월이 흐른 지금, 이들은 각자의 삶의 영역에서 살아가고 있다. 여전히 통일교 신앙자로서 신앙생활을 유지하고 있는 경우도 있었지만, 통일교를 휴교하고 사회적인 활동을 전개하여 나름의 기반을 구축한 경우도 보였다. 현재 이들은 한국과 미국 등에 거주하고 있으며 14명의 제적생 중 박승규가 2009년 10월 17일 타계하였다.

이화여대에서 퇴학 당한 동료들과 함께 기념사진 촬영 (1961년 4월)
(위, 좌측부터) 정대화, 사길자, 강정원, 최순화
(아래, 좌측부터) 신미식, 지생련, 김정은, 서명진, 강정원

■ 소결

    통일교 교수 5명이 면직되었음에도 불구하고 이화여대의 통일교 과열 현상은 진압되지 않았다. 오히려 더 확산되는 분위기였다. 이화여대 측은 감리교 재단인 대학의 존립 기반과 위상을 고려해 통일교 현상을 근절하기 위한 방안으로 통일교 학생들에 대한 제적 조치를 결정했다. 그러나 제적의 피해를 최소화하기 위한 방법론적 기준안 마련이 필요했고, 그래서 모색된 것이 설문 조사였다. 설문 조사가 몇 명에게 실시되었는지 그 범위에 대해서는 정확히 파악할 수 없지만 기숙사를 포함해 캠퍼스 전반에 걸쳐 이루어진 것으로 보인다. 설문 조사가 진행되었을 때 대부분의 학생들은 통일교 신앙을 포기했고, 이화여대는 내부 분석을 통해 최종적으로 14명을 제적 처분하였다.

1955년 5월로부터 60년의 세월이 흐른 2015년 4월 봄날 이화여대 동료들과 함께
(좌측부터) 정대화, 김경식, 박영숙, 강정원, 사길자
14명 중 한 명(박승규)이 세상과 아쉬운 작별을 고했다. 이들은 이화여대로부터 신앙의
자유를 빼앗겼던 60년 전 퇴학 사건을 바로 어제 일처럼 뚜렷이 기억하고 있다. 그리고
이화여대로부터 자신들의 소중한 명예가 회복되는 그날을 소망하고 있다.

그러나 이화여대의 학칙에는 종교적 이유나 신앙 행위 등으로 제
적 처분을 내릴 수 있는 조항이 존재하지 않았다. 또한 그때 당시 이
화여대 학생들은 기독교, 불교, 유교 등 다양한 종교 생활을 영위하
였거나 무종교였다. 이것은 이화여대가 학생들에게 헌법이 명시한
바대로 학칙에서도 신앙의 자유를 그대로 누릴 수 있도록 존중하였
음을 나타내는 증거라고 볼 수 있다.

이화여대가 통일교 학생들을 제적 처분한 것은 당시의 '제헌헌법'
제2장 제8조 ①을 위배한 것은 물론 결국 자신들이 설정한 학칙에 스
스로 반한 자가당착적 행위였다. 제적 처분을 당한 통일교 학생들은
헌법이 명시하고 있는 종교의 자유를 침해한 이화여대를 비판하며

복학을 위해 등교 시위를 감행했다. 그러나 이들의 항거는 학내 주요 구성원인 교수와 학생들 사이에서도 별다른 호응을 얻지 못하고 2개월 만에 소멸됐다.

여기서 우리가 고찰할 점은 이화여대의 강경 대응이 어떠한 입장에서 이루어졌느냐 하는 점이다. 이화여대는 제적 처분에 앞서 설문 조사를 실시했다. 구술자들의 기억을 토대로 한 설문의 주요 내용을 검토해 볼 때 통일교 신앙을 중지해달라는 이화여대의 입장이 점층적으로 강조되었음을 확인할 수 있다. 다시 말하면 이화여대 측은 설문 조사를 통해 학생들이 통일교 신앙을 단념해 줄 것을 기대했던 것이다. 또한 이화여대는 "안가겠다고 하면 지금이라도 받아준다고 했어요"라는 박영숙의 구술처럼 제적 처분된 학생들이 통일교 신앙을 포기하고 돌아오기를 일면으로 바랐다. 그러나 "죽음인들 가니까. 죽음이래도 우린 간다. 그때 심정은 그랬지"라는 이계순의 술회대로 그 당시 통일교 학생들의 의지는 결연했다. 그런 맥락에서 이화여대는 "대를 위해서 소를 희생"시킬 수밖에 없는 강경 대응에 나섰다고 볼 수 있다.

구술자들은 이화여대 측이 통일교 신앙을 했던 교수를 면직시키고 학생들을 제적 처분하는 강경 조치를 감행할 수 있었던 배경에는 국가 권력이 수면 아래에 깊이 개입되어 있었기 때문이라고 확신했다. 그리고 국가 권력과의 교량적 역할, 제적 처분을 실제 주도한 인물로 부총장 박마리아를 지목했다.

박마리아가 남편 이기붕의 정치권력을 이용해 통일교를 핍박했다고 보았던 결정적 이유로 구술자들은 당시 언론을 주도한 신문의 보도 변화를 들었다. 실제 통일교 학생들의 제적 처분 사건이 발발했던 초기, 신문들은 공정성과 객관성을 견지하는 보도에 나섰으나 시간이 경과하면서 기득권층의 대변자 역할을 자임하는 어용 언론으로 퇴색했다. 언론들의 보도 행태는 편향된 비판적 논조로 일색 하였고 사교 담론을 대거 생산해 냈다.

박영숙은 통일교 학생들의 제적 처분 사건은 "시작에 불과했어"라고 말했다. 그녀의 구술대로 이화여대에서 시발된 통일교에 대한 강경 대응은 그 이후 국가 권력의 개입으로 한 차원 더 확장되었다. 그 결과는 통일교 창시자 문선명 선생으로 초점이 모아졌다. 검찰 측과 협의 아래 통일교에 대한 내사를 진행 중이었던 치안국 특수정보과는 1955년 7월 4일 문선명 선생을 '병역법 위반 및 불법감금' 등의 혐의로 구속했다. 그리고 그 뒤를 이어 교회 간부 김원필(7월 5일), 유효민(7월 6일), 유효영(7월 6일), 유효원(7월 11일) 등을 구속했다. 동년 7월 20일 1심 공판에서 문선명 선생은 징역 2년을 구형받았다. 문선명 선생과 교회 간부들이 서대문형무소에 구속되어 있는 동안 통일교 신도들도 경찰서에 출두해 조사를 받았다. 동년 10월 4일에는 결심공판이 열렸다. 이날 법정은 "통일교주 문선명 피고에 대하여는 병역법 위반 사실을 인정할만한 증거가 없어 결국 범죄가 없음에 귀착하므로 형사소송법 제325조를 적용하여 무죄를 언도하고, 나머지 4명의 피고에 대하여는 병역 기피가 확실하여 유효원 벌금 5천환에 보석 허가하고 유효민, 유효영, 김원필에게 각각 징역 8개월을 언도한다"고 밝혔다. 기득권층의 통일교에 대한 강경 조치의 최종 공략 지점이었던 문선명 선생에 대한 처벌은 실패로 돌아갔다.

문선명 선생은 무죄로 풀려났지만 1955년 5월 중순부터 언론이 생산해 낸 갖가지 담론들에서 통일교는 해방될 수 없었다. 사회 전반에 걸쳐 통일교의 이미지는 실추되었고 대외적인 전도 활동에도 막대한 지장이 초래되었다.

　이화여대의 통일교 교수 면직 및 학생 제적 처분 사건은 통일교가 대학가를 중심하고 형성했던 전도 기반을 거의 유명무실화시켰다. 또한 엘리트 계층이 통일교를 경계하며 부정적 정서를 드러내게 하는 계기를 제공했으며, 통일교의 지식층을 향한 전도의 길을 차단시키는 암초로 작용했다.[17)]

---

17) "그때 퇴학사건이 벌어짐으로 말미암아 선생님은 감옥에 가게 되고 하나님의 섭리는 일대 문제가 제기되었습니다. 이대 연대 사건으로 인해 통일교회의 문이 완전히 철폐되다시피 했었습니다." 세계평화통일가정연합 역사편찬위원회, 『참부모님 생애노정』 3, 81쪽.

제5장

결 론

이화여대에서 제적 처분된 통일교 학생들에 대한 구술사 연구를 통해 필자는 기득권층이 형성한 거대 담론에 의해 통일교의 종교성이 심각하게 왜곡되었음을 파악하게 되었다. 또한 기득권층의 편향된 관점과 감정들에 의해 통일교가 사교邪教로 고착화되었음을 확인할 수 있었다.

역사의 기록이 기득권층의 특권이며 전유물이라는 측면에서 열세한 피지배층에 위치한 통일교는 기득권층이 이미지화한 사교 담론 Heresy discourse에서 결코 자유로울 수가 없었다. 이 사교 담론은 특히 기독교에 신앙적 근간을 두고 있는 지식층들에 의해 수많은 비판 문헌들로 생산되었다. 그리고 일반 사회는 이것을 마치 인증된 보편적 지식처럼 지속적으로 제공받고 공유하였다.

뿐만 아니라 기득권층은 자신들과 대등한 위치에서 통일교에게 스스로 말할 수 있는 발언의 권한 및 기회를 거의 부여하지 않았다. 서열화된 권력 형태에서 기득권층 그들의 종교성만을 정당화하고 나머지는 타자화하며 소외시켰다.

결과적으로 통일교는 자신들의 진리성·의례·문화·역사 등을 종교계와 사회에 오롯하게 피력할 기회를 확보하지 못하였다. 설사 그러한 기회를 갖고 자신을 표현한다 해도 기득권층이 이미 철옹성처럼 형성한 거대 담론 앞에서는 소통될 수 없는 무용지물이 되는 경우가 다반사였다.

통일교에 대한 사교 담론의 해체 작업은 통일교 스스로가 해나가야 한다. 통일교는 자신들을 향한 문헌화된 무수한 비판 자료들에 대해 대항 담론Defiance discourse을 형성해야 한다. 이것은 기득권층이나 기성 종교계가 책임져 줄 수 있는 부분이 아니다. 힘겨운 출발이 될지라도 통일교는 사교 담론이 형성되기 시작한 첫 지점으로 찾아들어가 그 비판적 거대 담론이 누구에 의하여, 언제, 어디서, 무엇 때문에, 어떻게 만들어졌는지를 명확히 밝혀내야 할 것이다. 이것은 마치 서구가 형성한 '오리엔탈리즘'에 대한 해체 작업, 대항 담론을 형성하는 것과 일맥상통하는 작업이 될 수 있다. 그러므로 승리자의 역사, 기득권층의 역사에 대항하는 피지배층의 역사는 거대 담론이 형성된 동기를 철저하게 파악하는 데서부터 출발해야 한다.

그러한 해체적 인식 하에 본 연구를 통해 필자는 다음과 같은 내용을 고찰할 수 있었다.

첫째로 통일교에 대한 사교 담론이 이화여대라는 캠퍼스 안에서부터 형성되었음을 파악할 수 있었다. 학내에 급속히 퍼진 통일교 현상을 이화여대는 더 이상 방치할 수 없었다. 그 이유는 이화여대의 설립이 미국 감리교 해외여선교회W.F.M.S.에 토대를 두고 있었기 때문에 학칙 제1조에 명시된 기독교 정신이 통일교의 교리인 원리로 와해되는 것을 막아야만 했다. 또한 W.F.M.S.를 중심한 기독교 단체가 이화여대의 직·간접적인 오랜 재정적 후원자로서 지원을 유지해온 관계로 결국 그들의 영향력을 간과할 수 없었기 때문이다.

더욱이 6·25전쟁 이후 대학의 재건 및 확장에는 보다 더 많은 원조가 뒤따르고 있던 상황이었으므로 이들의 기대를 이화여대는 저버릴 수가 없었다. 다시 말하면 기독교에 기반을 둔 이화여대 안에서 다른 종교 체계, 즉 통일교가 자신들의 독자적인 진리성을 나타내려 하는 것을 좌시할 수 없는 존립의 위기의식이 작동하였던 것이다. 결과적으로 이화여대는 통일교 신앙을 추구했던 수 명의 교수와 수백 명에 이르는 학생들에게 통일교에 대한 신앙의 자유를 불허하였다. 이화여대의 이러한 조치는 헌법에 명시된 신앙의 자유와 국민이 누려야 할 기본권의 일부분이 침해 되는 결과를 초래했다.

둘째로 이화여대에서 촉발된 통일교에 대한 사교 담론은 당시 언론의 대표 주자인 신문을 통해 이슈화되고 대중과 밀접히 공유되었다. 그러나 우리가 인지하듯 신문에는 논조가 존재한다. 이것은 신문이 보도하는 사실fact이 반드시, 그리고 언제나 사실real을 의미하는 것이 아님을 뜻한다. 언론에는 늘 선택의 문제가 관여하고 편집이 뒤따른다.[1] 이는 담론을 형성하는 그들의 견해이며 주장이다. 하지만

---

1) 정효선, 『국내 일간지의 종교보도 특성에 관한 연구』(한양대학교 언론정보대학원

그들의 주장 역시 자신들만의 의지로 채워지는 것은 아니다. 보다 더 강한 권력의 의지가 신문 보도의 방향성에 작용할 개연성이 항상 잠재해 있다. 그런 측면에서 통일교 학생들의 제적 처분 사건에 대해 언론이 어떠한 입장을 취하고 있었는지를 유심히 살펴볼 필요가 있다. 구술자들의 증언을 토대로 필자는 당시 신문들의 보도 행태를 검토하였다. 확인 결과, 제적 처분 사건이 발발한 초기에는 대부분의 신문들이 사실을 사실로서 인정하며 공정하고 객관적인 보도에 임하려는 충실성이 엿보였지만, 시간이 경과하면서 기득권층의 대변자 역할을 자임하는 어용 언론으로 퇴색했다. 신문들의 보도 행태는 편향된 비판적 논조로 일색 하였고 사교 담론을 대거 생산하고 유통시키는 통로 역할에 앞장섰다.

셋째로 통일교에 대한 강경 대응이 국가 권력의 개입으로까지 확대되었음을 확인할 수 있었다. 당시 국가 권력은 이승만 정부에 속하고 있었으며, 이들의 친기독교적 정책은 대한민국 정부 수립 때부터 공식화되고 있었다. 가장 주목되는 사건은 12월 25일 성탄절 지정이다. 전체 인구의 2~3%만 기독교인이었으나 이승만 정부는 성탄절을 법정 공휴일로 지정하였다. 그리고 1947년에는 서울방송을 통해 일요일마다 기독교의 복음이 전파되었고, 1951년에는 대통령령으로 군종제도를 추진하면서 개신교와 천주교만 참여할 수 있도록 하고 여타 종교에게는 문호를 개방하지 않았다. 여기에는 이승만 대통령 자신이 감리교의 장로, 부통령 이기붕이 감리교의 집사였던 데도 그 영향이 따랐을 것으로 판단된다.[2] 이것은 제헌헌법이 정치와 종교의

석사학위논문, 2010), 3쪽.
2) 이진구, 「해방 이후 국가권력과 종교」, 『참여불교』 9 · 10, 124~125쪽.

분리를 명시하고 있음에도 불구하고 제1공화국 스스로가 이를 위배하고 기독교 공화국을 추구한 것이다. 이러한 이승만 정부의 친기독교적 방향성을 고려할 때 감리교 재단의 이화여대에서 발생한 통일교 과열 현상을 정부가 그대로 지나쳤을 리는 만무하다. 더욱이 감리교의 집사였던 이기붕은 이화여대 부총장 박마리아의 남편이었다. 이와 같은 전제를 고려할 때 통일교에 대한 국가 권력의 강경한 처사, 즉 창시자 문선명 선생에 대한 구속은 예고된 수순일 수밖에 없었다. 그러나 '병역법 위반 및 불법감금' 등의 혐의를 쓰고 구속된 문선명 선생은 1955년 7월 20일 징역 2년을 구형 받았지만, 기득권층의 기대와 달리 동년 10월 4일 결심공판에서 법정은 "통일교주 문선명 피고에 대하여는 병역법 위반 사실을 인정할만한 증거가 없어 결국 범죄가 없음에 귀착하므로 형사소송법 제325조를 적용하여 무죄를 언도"한다고 밝혔다. 기득권층의 통일교에 대한 강경 조치의 최종 공략 지점이었던 문선명 선생에 대한 처벌은 실패로 돌아갔다.

반세기가 지난 오늘의 시점에서 통일교를 중심하고 야기된 이화여대 학생들의 제적 처분 사건, 권력에 편승한 언론의 편향적 보도, 국가 권력의 오남용 등은 민주주의가 갓 도입된 당시 한국 사회 지도층이 얼마나 미성숙한 리더십을 발휘하였던가, 그 일면을 보여준 사례라고 생각한다. 그런 맥락에서 성숙하지 못한 기득권층의 통일교에 대한 일방적인 강경 조치와 사교 담론을 오늘에 와서도 그대로 믿고 그 담론에 편승할 것인지는 오늘을 살고 있는 사람들 각자의 몫이 될 것이다. 그러나 필자는 기득권층에 의해 일반화 된 통일교에 대한 사교 담론과 유사 종교로의 취급이 어떠한 이유에 의해서 촉발되었고, 대중에게로 확산되었는지는 확실히 인식하고 넘어가야 한다고 생각한다.

넷째로 이화여대에서 통일교 신앙을 한 것으로 면직된 교수들과 제적생들이 통일교 내부 입장에서는 재개를 위한 핵심 동력이 되었음을 파악할 수 있었다. 이들은 문선명 선생이 추진한 국내 · 외 선교 활동의 핵심 인자로서 전국 순회사, 해외 선교사 등의 임무를 수행했다. 이화여대의 강경 대응으로 일순간 400여 명에 이르는 지식층 기반을 상실해 버린 통일교는 그나마 문선명 선생과 뜻을 함께 하기로 결의하며 "순교"와 같은 제적 처분에 응한 14명의 젊은 지식인들에게 상당 부분을 기대하고 의지하였으며 자연히 이들에게 힘을 실어줄 수밖에 없었다.

필자와 심층 면접한 9명의 구술자 중에는 통일교 협회장 사모가 4명 배출된 것 이외에도 겸직을 포함하여 교구장 사모, 언론사 사장 사모, 해외 선교사, 그리고 교단의 산하기관 회장단에 수 명이 배출되었다. 이것은 통일교의 지난 반세기가 이화여대 제적생들에 의해 적어도 한 축 이상이 담당되어져 나왔음을 입증하는 대목이라 할 수 있다.

한편, 문선명 선생이 무죄로 석방되었다는 것으로 통일교에 대한 그때까지의 수많은 왜곡된 담론들이 일소되는 것은 결코 아니었다. 1955년 5월 중순부터 언론이 생산해 낸 갖가지 담론들에서 통일교는 자유로울 수 없었다. 사회 전반에 걸쳐 통일교의 이미지는 실추되었고 대외적인 전도 활동에도 막대한 지장이 초래되었다. 이화여대의 제적 처분 사건은 통일교가 대학가를 중심하고 형성했던 전도 기반을 거의 유명무실화시켰다. 또한 엘리트 계층이 통일교를 경계하며 부정적 정서를 드러내게 하는 계기를 제공했으며, 통일교의 지식층을 향한 전도의 길을 차단시키는 암초로 작용했다. 이것은 서울권에서의 전도 활동이 사실상 불가능해졌음을 의미했다. 여론 형성이 주로 신문에 의존된 시절이었고 그 소비 또한 대부분이 서울권에서 이루어졌기 때문에 정보의 생산과 유통도 자연히 이곳에서 왕성히 이루어질 수밖에 없었다. 통일교가 이화여대 제적 처분 사건과 문선명 선생 구속이라는 포환을 맞은 이후 1957년 7월 20일 첫 번째 하계 40일 계몽 전도를 서울이 아닌 지방에서만 추진한 것도 이러한 배경과 무관하지 않음을 짐작할 수 있다.

반세기가 흐른 지금, 통일교의 교세는 미국 · 일본 · 러시아 · 몽골 · 유럽 · 아프리카 · 남미 등지에서 나름의 튼실한 면모를 보이고 있으며 193개국에 선교 기반을 확보하고 있다. 하지만 창립 1년 만에 기득권층으로부터 맞은 상흔傷痕은 여전하다.

기득권층에 의해 규정된 통일교의 사교 이미지Heresy image의 해체는 교단의 내부적 차원에서만 제시되는 것으로 안주해서는 안 된다.[3] 더 적극적으로 대외적인 이미지 개선을 위하여 노력해야 한다. 그러기 위해서는 초기의 비판 담론들이 생산된 시점에 살았던 주인공, 이 사교 담론에 대항하며 치열하게 살았던 주역들을 찾아서 그들로부터 저항의 경험이 담긴 구술과 관련 자료들을 수집해야 하며 그것을 역사적 담론으로 생산해 내야 할 것이다. 단지 교단의 내부 공동체에서만 옹호되는 신앙적 이야기가 아니라 외부 사회에 인식의

---

[3] 통일교는 『통일세계』, 『사보』, 『증언』 등을 발간하여 식구(신도)들의 신앙을 결속, 유지하고 있다.

전환을 가하는 동시에 종교계와 학계에 소통되고 대중적 차원으로까지 확장될 수 있는 담론으로 생산되어야 한다. 무엇보다 이것은 통일교 자체만을 위한 것이 아니라, 한국 종교계의 진정성 있는 발전과 건강을 위해 지향되어져야 할 것이다.

그러나 반세기 전 통일교의 주역이었던 1세대들은 자신의 생각을 기록으로 남기기에는 이제 너무나 고령이며, 전문성이 요구되는 작업이라서 그들의 능력을 넘어서고 있다. 이에 대한 대안의 출발이 필자는 구술사라고 생각한다. 사람의 기억이라는 것은 주관적이기 때문에 정확성의 문제에서 의심받을 수밖에 없다고 하지만 필자의 경험으로 비춰볼 때 자신에게 큰 아픔이나 충격으로 와 닿았던 사건에 대해서 구술자들은 이름, 날짜, 지명까지 정확히 기억하고 있었다. 문헌 자료와 비교 검증하면서 50여 년이 지난 구술자들의 기억에 필자도 놀라움을 금치 못할 때가 많았다. 객관성의 문제를 놓고 기존의 역사학계는 질적 연구의 한 축을 책임지고 있는 구술사에 대해 아직까지 호의적이지 못한 경우가 많다. 하지만 거대 담론에 대한 또 다른 입장을 고찰하고 피지배층에 놓여 있었던 사람들의 경험, 인식, 그리고 사건에 대한 그들의 대응 또는 항거가 어떻게 전개되었는지를 연구한다는 측면에서 구술사는 상당한 효력과 영향을 미칠 수 있다.

앞으로 통일교의 초창기 역사는 보다 다양한 관점에서 많은 구술 자료들이 수집되어 기득권층이 생산한 문헌 자료와 비교 연구되어져야 한다. 그리고 기존의 종교계 및 학계에 공유되고 있는 왜곡된 내용들을 제거 또는 전환할 수 있도록 질적방법론의 연구물들이 지속적으로 생산되어야 하며, 제3자적 입장에 있는 종교학자들의 참여

관찰자적 연구가 활발하게 전개될 수 있도록 통일교는 보다 많은 부분에서 문호를 개방해야 할 것이다.

끝으로 필자의 이화여대에서 제적 처분된 통일교 학생들에 대한 구술사 연구를 통해 통일교에 대한 사교 담론 형성의 원인이 파악되고, 그에 따라 통일교에 대해 일방적으로 쏟아졌던 편향적 담론들이 조금이나마 해체될 수 있는 단초가 마련되기를 기대한다.

부록

여기에 수록된 글은 통일교(현 세계평화통일가정연합) 초대 협회
장 유효원이 지난 1963년 10월 16일 대구교회 집회에서 설교한 내용
이다. 이 자료는 1955년 5월 이화여대에서 제적 처분된 사길자(1955
년 약대 4년, 현 세계평화통일당 회장)로부터 2014년 9월 CD자료로
필자가 받게 되었으며, 녹음된 파일을 전사한 후 이화여대 사건에 관
련한 부분만을 발췌하였다.

…… 여름이 지나가고 가을이 와서 점점 이제 희망을 갖고 나가는데 그러다가 양(윤영) 선생이 전도돼 가지고 이화대학에서 교수들이 한 분, 두 분 그때 들어오기 시작했습니다. 그 때 들어오신 분들이 교수 다섯 분이 들어왔어요. 여기 지금 같이 오신 선생님도 그 때 양 선생님 그 계통으로 해서 이화대학에서 교수들이 음대에서 오신 분들입니다. 이 이화대학 학생들이 점점 들어오기 시작해서 교회 안에서는 강의할 데가 없으니까, 양윤영 선생이 북학동에 있을 때 그 분은 자기 남편이 조흥은행의 지점장이었습니다. 조흥은행에 근 20년 가까이 있었기 때문에 주택도 큰 주택을 갖고 있었고, 그랬기 때문에 그 집에서 이제 강의를, 흑판을 세워놓고서 강의를 하기 시작했어요.

그런데 점점 이화대학 학생들이 많아지기 시작합니다. 이화대학 학생들이 점점 많아지니까 거기서 이제 강의를 할 수 없게 되었어요. 그래서 이제 그러니까 그것이 교회 세운 해가 언제인가 하면 1954년 내가 선생님 뵌 해가 1953년 12월 23일, 크리스마스 바로 전날입니다. 23일 날 올라오셔서 24일 날 뵈었습니다. 그렇지만은 내가 결심한 것은 벌써 이미 11월 달 그 때 최후의 편지를 보내서 끝까지 선생님을 따른다는 내 결심을 편지를 보낸 것은 그땐 아마 10월 달이나 11월, 10월 중이나 11월 초나 그럴 겁니다. 그러니까 지금 꼭 만 10년 되었어요. 그러니까 63년도 아닙니까 지금이. 10년 되었으니까 이제 가을이 지나는 11년, 11년차 들어가는데. 그러니까 10년 꼭 되었습니다. 그러니까 교회가 세워진 지는 만 9년이 되었지요. 그러니까 교회는 54년도 5월 초하룻날 창립일 날로 정해가지고. 그러니까 54년도를 지나니까 다음해 55년도가 돼 가지고 정월 초하룻날, '홍인동'이라고 지금 서울운동장 그 뒤로 이사를 했어요. 왜 그런가 하면, 거기서는 도저히 강의를 할 수 없고 식구들이 점점 많아지기 때문에 좀 큰 집을 얻어가지고. 거기 가서부터 이제 이화대학 학생들이 늘 나오기 시작합니다.

내가 영도에서 부산에서 처음 서울 올라올 때 전도하는 제1 목표가 어디인가 하면 연대와 이대 이 학생들을 전도하겠다는 그것이 학생들을 전도하겠다는 제1 목표가 되었습니다. 그렇기 때문에 학생들이 오기만 하면, 뭐 아주 놓지 않아요. 끝까지 붙들고서 원리 말씀을 해 가지고 그때는 하늘 역사도 많아서 그저 원리강의를 하면 그저 앉은 분들이 원리 말씀을 듣는 가운데서 막 계시를 받고 또 불을 받아가지고 거의 불 받지 않은 사람은 거의 없습니다.

거의 90퍼센트 이상이 강의 들으러 온 사람은 전부 불 받아 가지고 막 끄떡 거리고 그래 이화대학 학생들이 그 때만 하더라도 우리 교회에 온 사람은 학교에서 다 무슨 급장이고, 이런 위원장이고 이렇게 다 똑똑한 사람들만이 교회에 왔었어요. 그 똑똑한 사람들이 와 가지고 불을 받아가지고 남부끄러운지 모르고 이렇게 하고 막 끄떡 거리고 그리고 앉아서 남이 보면 참 흉할 정도로 그렇게 영적 역사가 막 일어났죠. 그래서 학생들이 점점 이제 늘어가니까 학교에서도 문제가 생긴 거예요. 그러다가 이화대학에서 김영운 선생도 그 때 들어오신 분인 김영운 선생 여러분 지금 샌프란시스코에 가서 지금 전도하고 계시는, 지금 포클렌드에는 김상철 선생이 있고, 지금 김영운씨는 샌프란시스코에 있고, 지금 워싱턴에는 박보희 총재가 있잖아요.

　　김영운 선생도 그때 이제 들어오게 되었는데 김영운 선생은 어떻게 해서 들어오게 되었는가 하면, 그분이 이화여대 학생들이 자꾸 이렇게 교회를 자꾸 나오니까 학교에서 문제가 생겼습니다. 왜 그러냐면 이화대학은 감리교 계통의 학교예요. 미국 감리교 재단에서 학교를 세워가지고 감리교에서 경영을 하는데 그 학생들이 이단 통일교회를 자꾸 나오게 되니까 학교에서 문제가 생겼어요. 그래서 별의별 짓을 다 해서 막았지만은 학생들이 막는데도 불구하고 전부 나옵니다. 그렇게 되니까 총장이 나가는 것 물론 막는 것은 좋지만 이렇게 막기만 해서는 안 되겠다. 왜 그런가 하면 학생들이 그래도 다 지능이 있는 학생들인데 그렇게 함부로 막는 것보다도 누구 어느 교수 한 분이 나가서 통일교회 원리가 뭔가를 알아가지고 그 통일교회 원리가 잘못이라는 것을 비로소 학생들에게 가르쳐 줌으로써 그렇게 해서 막아야지 그냥 못나가게 이렇게 강제로만 해서는 안 되겠다 해서 그 총장 선생이 물색을 하다가 누구를 선택을 했느냐 하면, 그 김영운 선생을 선택을 한 거예요.

김영운 선생은 관서신학을 나왔습니다. 아직도 지금 50을 바라보는 처녀로 있는 분인데, 그때 처녀로서 일본에 관서신학을 나오고 카나다에 가서 신학을 나왔어요. 카나다의 신학을 나올 때에 그 분은 무엇을 연구했는가 하면, 스웨덴보르그, 여러분들이 지금 제2 문예부흥 영향에 의해서 제2 종교개혁이라고 해 가지고서 그 가운데 이제 요한웨슬레나 그 동시대 스웨덴보르그라는 사람이 나오지요. 스웨덴보르그가 영계를 많이 보고, 영계를 소개해준 분입니다. 그때는 학자이면서 영계를 통해가지고 천사들과 문답을 한 내용이며, 또 천국과 지옥을 오르내리면서 거기서 본 관경을 많이 기록을 해서 그 학자적 양심으로써 아주 정확하게 자기가 본 그대로를 적어 놓은 책입니다. 당시에 있어서는 그것이 이단이라고 해서 도무지 용납을 하지 않았어요. 더구나 영운 선생이 있는 신학교에서는 스웨덴보르그를 반대하는 그런 신학 계통의 학교이기 때문에 김영운 선생이 졸업 논문을 그 스웨덴보르그에 대한 졸업 논문을 썼는데, 그 학교에서 문제가 생겼어요. 아, 이단파의 졸업 논문을 써 놨으니 졸업을 시키느냐, 시키지 않느냐 이 논문을 통과시키느냐 안 시키느냐 하는 문제가 컸습니다. 그런데 학교에서 결국은 의논한 결과 외국에서 와서 이렇게 유학을 하다가 그 논문 자체는 괜찮으니까 통과를 시키자 해서 그 논문을 통과시켰습니다.

그래가지고서는 그 학교에서 추천을 받아가지고 구라파에 가서 유학을 하고 있다가 다시 이화대학으로 와 가지고 이제 오랫동안 이화대학에 와서 교수로 계시던 분, 그래서 그 양반이 평생 참 기독 신자로서 일을 많이 했지만 그때는 몸이 약해서 누워 있을 정도입니다. 신장염이 있었어요. 어느 정도 신장이 약했는가 하면, 벌써 몇 달째 누워서 아주 일어나지 못할 정도로 되었는데, 여기 지금 식빵이 있잖아요. 식빵 파는 거. 거기에 소금을 조금씩 넣는데, 거기에 들어가는 그 정도의 염분을 먹어도 몸이 부었어요. 그래서 식빵도 먹지를 못했어요. 뭐 김 같은 것을 구워도 소금을 못 뿌리고 간장은 물론 먹지도 못하고 그러니까 간을 못해요. 조금만 먹어도 몸이 붓고 그랬어요. 몇 달째 그렇게 해서 일어나지 못한 분인데, 이화대학 총장이 가서 하는 말이 "암만해도 누굴 보낼 사람이 없다. 네가 가야되겠다. 네가 가서 통일교회의 교리를 듣고 통일교회의 교리가 나쁘다는 것을 성서를 중심하고 밝혀야만 이 학생들이 나가는 길을 막지 그렇지 않고는 이거 막을 도리가 없으니 네가 가봐라." 그래서 김영운 선생이 앓다가 겨우 일어나서 이 요를 차안에서 요를 쓰고 왔어요. 요를 쓰고 자동차를 탈 정도로 그 정도로 몸이 약했어요. 그래서 이제 교회는 그것은 아직 북학동에서 옮기기 전에 양 선생 댁에 있을 그 때입니다.

그래서 이 양반이 와서 보니까, 와서 이제 원리 말씀을 듣는데 원리 말씀 전체를 들어보니 자기가 지금까지 신·구약 성서에서 풀리지 못한 그 문제가 다 풀릴 뿐만 아니라 더구나 신기한 것은 무엇인가 하니 진리만 있는 것이 아니라 영계에 관한 사실, 자기가 스웨덴보르그를 연구했지만 스웨덴보르그가 기록해 놓은 것은 사실 가보니까 영계가 이렇더라는 소개에 지나지 않지 '그 영계는 왜 그렇게 되었으며, 왜 그런 조직이 있으며, 왜 영계의 활동이 그렇게 되었으며 지상의 활동은 왜 그렇게 나타나며 그 활동은 장차 어떻게 될 것인가' 이것을 전혀 몰랐어요. 몰랐는데 여기 와서 원리말씀을 들어보니까 영계에 관한 스웨덴보르그에 있는 모든 미지의 사실, 스웨덴보르그가 그 보고 듣고 온 기록한 모든 사실도 이 원리를 중심하고 전부 풀리게 되었어요. 그러니까 신·구약 성서도 진리적으로 풀리고, 신령적으로 풀리니까 신령과 진리가 한꺼번에 다 풀리게 되니까 이 양반이 가게 되겠어요? 그 온 다음으로 우리 식구가 돼 버렸어요. 그러니까 이화대학 총장이 우리 식구를 한 식구 보낸 셈이 되죠. 그러니까 학생들이 그 학교에서는 그 김영운 선생하면 김영운 선생이 다음 총장으로 물망에 떠오르던 분이 지금 김옥길씨가 총장이 되었지만 김영운씨가 있었으면 아마 그이가 총장이 되었을 겁니다. 그렇게 물망에 오른 분이에요. 그런데 그만치 학생들에게 신망이 있었던 그 선생인데, 그 신망이 있는 선생이 들어오니까 학생들이 또 바짝 관심이 또 더 커졌어요.

그래 통일교회에 나오는 선생들이 이화대학 선생들이 가만 보니까 그 뭐 보통 선생들이 아니야. 그 이화대학 교수들 가운데도 가장 똑똑한 과장급에 있는 선생들이 나오게 되니까 학생들이 지금 물고 가 터져요. 학교에서는 막지, 막으니까 관심은 더 커진다 이거에요. 이상하죠. 사람이 하지 말라면 더 해요. 그 더구나 젊은이들 스무 살 이런 사람들은 하지 말라면 더 하는 거거든. 아, 그런데 학교에서는 제일 똑똑한 선생들이 지금 가면 걸리고 그러니까 이 학생들의 호기심이 꽤 컸다 말이지. 도대체 어드런 곳인데 그 가면 걸리는가 하고.

그래가지고 김영운 선생이 들어왔는데 김영운 선생이 들어와 가지고 가만히 생각해 보니까, 이 통일교회 진리를 누가 받을 것인가를 생각해 보니까, 거기에 이정호 선생이라고 있어요. 이정호 선생이 지금은 어느 대학 학장으로 있으신데, 지금 우리 교회는 나오지 않습니다. 그렇지만 우리 교인이나 다름없는 입장에서 잘 지금 협조를 해 주고 계십니다. 어느 대학교 학장으로 계시는 분인데 그 분이 이화대학에 계셨어요. 그런데 그 분이 늘 머리를 깎고 산에 가서 기도하는 것도 보고 절간에도 가고 그러는 것을 봤거든요. 기독 신자이면서 또 아주 특별나게 절간에도 가 있고 그러니까, 이 사람이 좀 이치를 아는 사람이니까 이 사람이라도 전도를 해 보자 해서 이제 김영운 선생이 그 이정호 선생을 찾아가서 하는 말이 "지금 시내에 이상한 교파가 나왔는데, 그 교파에 한 번 안 가 보렵니까?" 그래 이 양반이 지금 자기도 지금 여러 가지 진리를 탐구하는 그 참인데, 그 김영운 선생은 기독교에도 보통 조예가 깊지 않은 그런 분이 와서 기독교에서는 신·구약 성서의 풀리지 않은 문제만 풀리는 것이 아니라 여타의 모든 문제도 풀린다고 하니까 이거 뭐 아주 홀깃했어요. 그래 이 사람이 "그럼 내가 가본다"고 했어요. 그 때는 교회에 오면 사흘은 있어야 한다는 것이 우리 말이었어요. 신문에 사흘 동안을 가두어 놓고 공작을 한다고 신문에 나오지 않았어요. 그때 뭐 기억하실런지 모르겠습니다. 그러기 때문에 내 죄목하나가 뭔고 하니 협박, 공갈, 불법감금 이것이 죄목의 하나야. 불법 감금이 뭐에요? 가둬났다는 거예요. 사실은 가둬놓기야 가둬났지요. 그런데 내가 가뒀나? 하늘에서 가뒀지. 이거 뭐 들으면 홀리거든 사실. 사흘만, 사흘만 그 영적인 분위기에서 볶아내면 안 넘어갈 도리가 없어. 지금 그렇게 하면 아마 뭐 온 사람마다 틀림없이 다 넘어질 거야. 지금은 영계와 육계가 그때보다 뭐 얼마나 가까워졌어요.

내가 원리강의 하던 그때만 하더라도 한국으로 주님 온다는 말을 가히 처음으로 해본 일이 없어. 왜? 그게 얼마나 그 이해하기 힘든 말이에요? 아, 자유당에서 찾아와서 아니 한국에 정도령이 온다고? 아니 정도령이 온다고 말해가지고서는 그렇게 민심을 소란시킨다고 해서 민심 소란 죄가 또 하나의 죄목이 되어버렸어. 민심 소란 죄가 죄목이 되었다 그 말이에요. 그런데 그 때는 한국으로 주님이 온다는, 더구나 예수님이 구름타고 온다는 말씀은 그건 더구나 좀처럼 그건 웬만치 원리 말씀을 들어 가지고 감명한 사람이 아니고는 못하게 되어있었다고.

그런데 그 때만해도 이렇게 거리가 멀 때인데, 이 양반이 이제 사흘만 와서 들으면 알아듣는다고 하니 사흘만 원리강의 전체를 듣고, 간증도 듣고 하면 그때는 웬만치 들어보면 반대하며 들어온 사람도 다 식구가 돼요. 그렇기 때문에 사흘이라는 말이 거기서 나오는데, 이정호 선생도 사흘 와 들으라고 하니까 "아, 그 사흘 듣지요" 그러면서 그 대학교수가 글세 보따리 짐을 해가지고 요를 해서 걸머지고 교회를 왔어요. 그러니까 참 장관이죠. 그 양반도 참 보통이 아닙니다. 진리를 찾기 위해서는 그 많은 체면도 차리지 않고 통일교회로 올 적에야 벌써 이불보따리 짐을 지고 올 적에야 온돌방이 없다는 것을 들었기 때문에 그랬을 것이 아니에요? 그런데 자기 집에서 교수가 집을 알뜰하게 채리고 살던 사람이 그거 통일교회 욕먹는 통일교회에 와서 원리 말씀을 듣겠다고 이불 짐 지고 오는 것은 보통이 아니죠 그 양반도. 그런데 이 양반이 와서 원리 강의를 듣기 시작하는데, 창조원리 듣고서는 손들었어요. 됐다는 거예요. 왜 됐느냐? 자기가 지금까지 신앙을 걸어온 신앙생활 그 얘기를 주욱 하는 거야. 뭔가 하면 자기도 기독 신자인데, 기독신자니까 성경도 진리란 말이에요. 성경도 진리인데 역학을 연구해 보니까 역학도 진리라는 거예요. 이것도 이 말이 길어지니까 안하지만, 정역학이라고 있어요. 역학도 복희씨와 문왕, 소생, 장성을 거쳐서, 역학도 한국의 김일부라는 사람을 통해서 완성되었습니다. 신·구약 성서와 우리 소생 장성 신·구약성서가 우리 한국에 와서 마감을 하는 것과 마찬가지로, 이 역학도 중국에서 된 것이 한국에 와서 김일부 선생을 통해서 역학이 정역학으로 이것이 마감을 지은 거예요. 완성한 거예요. 그래 이 사람이 정역학을 많이 연구했어요.

그 정역학을 연구하느라 산에 가서 연구를 많이 했는데, 그 정역학을 연구하니까 그게 기가 막히게 진리라는 거예요. 자, 그래서 기독교의 진리도 진리요, 역학도 진리인데 이 두 진리를 왜 합하지 못하느냐 이거예요. 기독교에서는 '역학' '역'자만 해도 큰 일나. 이거 뭐 큰 미신이고 거기만 가면 하나님이 벌만 주는 줄 알았지. 그저 '음양' 얘기만 해도 큰일 나는 줄 알아. 음양하면 뭐 남녀 관계만 그것만 음양인 줄 아는 모양이에요.

우리 그때 신문에 날 때 뭐라고 그러냐면 "음양 흑백교"라고 해가지고 신문에 뭐라고 하는고 하니 "내가 통일교회에 가 보니까 통일교회 강사가 뭐라고 강의를 하는가 하면 온 천지가 음양으로 창조됐다고 해서 앉은 청춘 남녀들에게 음양의 그 생각을 아주 발동을 시켜

가지고 아주 그 나쁜 짓하게 그 모든 공작을 가르치더라" 이렇게 신문에. 앞으로 그 신문 이제 기독신문에 여러분들이 다 같이 볼 때가 있을 거예요. 참 재미있는 일 많지. 아무리 하면 그 기독교 이름을 내걸고 음양 이치, 그 남녀 성문제 자극하는 게 음양이치야!

근데 그 기독교가 얼마나 어두운가 하면 그거 보면 알 수 있어. 기독교 신문 낸 사람이 음양이라는 것이 남녀 관계 그것만 음양인 줄 알아. 그렇기 때문에 신문 그렇게 낸 거죠. 그런데 그 음양이라 하면 도무지 좀 이단이라고 머리도 안 돌리던 그 기독 신자들. 그런데 이 사람은 기독 신자면서 연구 하고 보니까 그 음양 중심한 역학이라는 것 이게 진리야. 이건 바꿀 수 없는 진리라는 거예요. 바꿀 수 없는 진리인데, 기독교 진리도 진리요, 역학도 진리인데 이것이 어떻게 해야 하나 되는가. 이게 진리인데 왜 배치되는가. 그렇기 때문에 그 정역학을 보니까 정역학 안에 무엇이 있는가 하면 한국으로, 한국으로 앞으로 세계 위인이 나온다는 예언이 있어요 거기. 그리고 인간이 음란으로 타락했다는 계시가 그것도 전부 그것도 계시예요.

…(중략)… 이제 한국에 될 일과 이것을 전부 정역학에 갖다 예언해 놨는데 이 사람이 와서 원리 말씀 듣고 보니까 "아, 거기 기독교를 중심해서 기독교 안에서 이 원리가 나올 수가 있는가" 이거야. 기독교 안에서 이런 원리가 나올 수 없는 거예요. 아, 이상하다는 거예요. 그래서 이 사람이 손들고 손뼉을 치면서 됐다는 거예요. 그러면 기독교 진리도 진리요, 역학도 진리인데, 그러면 이것이 하나의 세계가 되려면 정역학을 이 사람이 믿고 있으니까. 정역학을 믿고 있으니까 한국에 위인이 나타날 거라. 한국에 위인이 나타나면 그 위인은 어떻

게 해야 될 것인가. 한국에 위인이 나타나면 그 위인은 반드시 역학도 반대해서는 안 되고 기독교도 반대해서는 안 돼. 그러면 그런 위인이라면 역학도 좋다, 기독교도 좋다 해야 될 거예요. 그러면 역학도 좋다, 기독교도 좋다 하려면 기독교와 역학을 한꺼번에 말해 줄 수 있는 그런 원리가 있어야 되요. 그렇기 때문에 이 사람 생각은 뭔고 하니 앞으로의 역학을 연구해 보니 역학의 말씀대로 한국에 이러한 분이 오신다면 그 인물은 반드시 기독교의 진리와 역학을 한꺼번에 풀 수 있는 이런 진리를 가지고 나타난 분이다 거기까지 이 사람은 알고 있었어. 그런데 이 사람이 와서 원리 말씀을 들으니 바로 이거야. 그래서 손뼉을 치고 무릎을 치고 다했다 이거야.

그런데 이 사람이 그렇게 해서 과장급에 있는 사람이 또 하나 들어왔어. 그렇게 해서 과장급에 있는 대학교수 다섯 명이 들어왔어. 다섯 명이 들어오니까 학교에서 큰 야단이 났어요. 야단이 났다는 거예요. 학교에서 학생들은 자꾸 쓸어들지, 학생들이 많이 나온 날은 학생들이 근 30명이 담을 넘어서 나오는 것을 전부 문을 다 막아놓고 앞에 문만 딱 열어 놓고 사람이 지키고 앉았는데 나올 때는 이런 바구니를 이렇게 놓고서 수건을 놓고 여기다가 세면도구를 넣고서 잠깐 목욕을 갔다 옵니다 이러고서는 교회에 오는 거예요. 이렇게 해서 나온 다음에 이런 핑계 저런 핑계를 대서 나온 학생들이 어떤 때는 토요일 같은 때는 한 30명이 이렇게 나왔어요. 이렇게 학생들이 점점 늘어가는데, 이화여대 학생들이 점점 불어 가는데 대단했어요. 뭐 이대로 가면 학교는 잠깐이면 다 넘어가게 되어있어. 왜냐하면 나오는 사람들은 뭔가 하면 그저 다 똑똑한 사람들, 그 급에 다 지도하는 똑똑한 사람들이 나오니까 자, 그래서 학교에서는 큰 야단이 났거든요. 대학 교수들도 제일 똑똑한 교수만 나가면, 가기만 하면 걸리거든, 학생들도 가기만 하면 걸리거든. 그런데 학교에서도 총장을 비롯해서 전부 다 가지 말라고, 너희들 그저 죽는다고 가지 말라고 그러지, 이거 호기심이 나겠어요, 안 나겠어요? 호기심이 나게 되어있단 말이에요 젊은이들이.

…(중략)… 그렇게 해서 이화대학 학생들이 막 들어왔어요. 자, 여러분 가만 생각해 봐요. 가만 내버려뒀으면 가만 내버려뒀으면 그 해가 다 갈 여지도 없어, 단 몇 달이면 연대, 이대. 그저 이화대학이 들어오면 또 연대가 이거 또 마음이 안 돌아오게 돼 있어? 그거 들어오게 돼 있단 말이야. 또 그렇지 않아도 이화대학에서 가장 그 학교 총무로 있는 가장 유력한 교수 한 분이 또 통일교회에 나왔거든요. 그러니 학교에서도 큰일이 났어요. 과장급에 있는 교수들이 나가면 걸리죠, 학생들이 나가면 걸리죠, 큰일이 났다 말이야. 그러니까 자기 분야는 보호자를 부르지도 못했어요.

여러분 생각해 보세요. 지금 중학교 다니는 처녀 학생을 하나 퇴학을 시키려고 해도 남자와는 달라서 여자는 한 번 퇴학을 시키면 그 여자는 시집도 안 된다고, 그 여자는 퇴학 맞은 처녀를 누가 상대를 하겠어요? 그런데 대학까지 공부시키면 부모들이 어지간한 희생을 하지 않고는 대학 공부를 못 시키는데 그것도 대부분이 졸업반이에요. 이제 몇 달만 있으면 졸업할 사람들이 반수 이상이야. 몇 달만 있으면 졸업할 사람들이야. 그런데 그거 한 번 퇴학시키면 얼마나 큰일인데, 언제 자기 부모들을 불러다가 물어볼 새도 없어. 자꾸 밀려가니까. 그러니까 보호자에게 물어보지도 않고 본인들 불러가지고 너희들 둘 가운데 하나 해라, 통일교회를 나가는 것을 그만두던가, 학교 나가는 것을 그만두던가, 둘 가운데 하나를 그만 둬라. 그러니까 그 학생들이 그만 두겠어요? 이체 처음에는 1차로서는 여러 사람을 할 수 없으니까 열네 명을 골라가지고서 이제 담판을 하는 거야.

아, 그 학생들이 원리가 들어가서 중심이 딱 잡혔는데 우리가 진리를 찾았는데 학교가 다 뭡니까? 아 또 학생들이 그 안에서 전도가 굉장했어요. 기숙사에 있는 학생들은 기숙사에서 다 쫓겨나서 갈 데가 없어서 이리저리 다 헤어지고. 여러분들이 지금 뭐 지방에 나가서 핍박 받는다고 하지만 그 사실 여러분들 생각해 보세요. 자기 부모가 딸을 옥구슬처럼 길러가지고 대학을 보내가지고 졸업시켜가지고 아니 지금 좋은 사위를 맞아가지고 부모가 자식을 잘 하려고 하는데 아 이거 통일교회 세상에 말 많은 통일교회 때문에 퇴학을 맞겠는데 그 부모가 어드렇겠나 한번 생각을 해 보세요.

그럼 학교를 나와서 갈 데가 있어요? 갈 데가 없어서 이불 짐 지고 나와서 지금 어디로 갈지 모르는 이런 상태로 지냈어요. 그렇지만 이 사람들은 벌써 진리를 알았는데 뭐 그게 학교가 문제에요? 학교에서 보따리 싸 가지고 이불 짐을 지고 어디든 좌우간 친구네 집이든 자기 짐 내려놓고 그렇게 해서 기숙사에서 우선 쫓겨나고 그다음에 자꾸 학생들을 이제 불러다가 권고하지만 말을 안 들으니까 퇴학을 시켰어요.

교수들도 마찬가지에요. 교수들도 당신네들도 학교에서 큰일을 하고 있지만 이거 지금 학교 전체가 말이 아니야. 그러니 당신네들도 통일교회에 나가는 것을 그만 두던가 그렇지 않으면 이화대학을 나오는 것을 그만 두던가 둘 가운데 하나 그만두라는 거야. 이정호 선생 그 남자 선생 말이죠. 그 선생도 그때 벌써 이화대학을 10년 동안을 있었어요. 그 사택에 있었는데 그 사택에 양계하고 양돈하고 그 신촌의 좋은 사택에다가 그 집에다가 자기 생활 근거를 아주 딱 짜구서 양계, 양돈 다하고 거기서 부수입까지 있어서 생활을 착실히 잘 하던 사람인데, 그런데 이 사람이 여기 나오면 그 양계, 양돈하던 거 다 버려야 할 판이고, 지금 뭐 생계가 아주 엉망이 될 사람인데, 아 내가 진리를 알았는데 그까짓 것이 문제가 될 것 같으냐고 다 내버리고 나왔어요. 그래서 그때 다섯 명 교수, 열네 명 학생이 퇴학을 맞았어요.

퇴학을 맞으니까 문제가 점점 커져요. 각 신문사에서 이화대학을 들이 때리는 거야. 퇴학시킨 그 이유가 뭔가 하면 교리가 달라서 퇴학을 시킨다 이거야. 교리가 다르기 때문에 퇴학시킨다. 그러면 그때는 한국에 있는 지금 5대 신문에서 이화대학을 들이 때리는 거야. 이화대학 학생들 가운데는 무당의 자식도 있고 불교 믿는 가정의 자식도 있고 별별 사람이 다 들어가 있는데, 아 통일교회라고 해서 아무리 거시기 하면 같은 기독교 계통인데 교리가 다르다고 해서 학생들을 그렇게 수많은 학생들을 무리 장사를 내는 법이 어디 있느냐고. 그 신문사에서 아주 들이 때리기 시작했어.

…(중략)… 어떻든지 좌우간 이화대학에서 그 모략하는 사람들이 손에 놀아가지고 이제 통일교회에 자기 입장, 자기 입장을 변명을, 학생들 퇴학을 시켰다는 것을 변명하기 위해서도 그랬고. 또 자기들을 모략하는 사람들 아주 가서 구체적으로 이야기 하니까 아 뭐 이 끝 저 끝이 다 좋으니까 전부 다 그 말에 실려가지고서는 통일교회

글쎄 음란한 교회라는 것을 아주 그 학교에서는 학생들 앞에 음란한 교회에 절대로 나가지 말라고 그렇게 선포를 해 놨어요.

여러분들 가만히 생각해 보세요. 지금 이것은 원리 말씀에도 있는 것이 아니고, 아무 데도 있는 말이 아니야. 그러니까 여러분이 똑똑히 들어야 돼요. 아무 데도 있는 말이 아니야. 나는 짐작컨대 그렇다 이거야. 짐작컨대. 여러분이 생각해 보라 이거야. 예수님이 십자가에 돌아가시기 일주일 전에 예루살렘 성전에 올라갈 때 나귀타고 올라가실 때 '호산나'라는 노래를 부르면서 이스라엘 민족들이 자기 나라에 왕이 왔다고 전부 옷을 다 깔아주고 나뭇가지, 종려나무 가지를 패고 막 예루살렘 성을 다 떠들면서 왕이 왔다고 전부 노래 부르고 그랬죠? 그랬어요, 안 그랬어요? (그랬어요.) 그런지 뭐 일주일이 조금 넘어서 십자가에 달리게 될 때는 그렇게 좋아하던 사람들이 메시아라고 호산나의 노래를 부르던 것이 한꺼번에 뒤집어 가지고 예수님을 한 사람도 남김없이 천하 없이 왔다고 그랬어요? 안 그랬어요? 아니 바라바 강도를 놔두고 예수를 죽이라고 했으니 예수를 당장 없애야 될 그런 반역자라고 하지 않았어?

자, 그럼 그 예수가 무슨 말을 들어가지고 그렇게 되었는지 한 번 생각해보라구요. 여러분 이거 말 잘못 들으면 안 돼, 이건 무슨 원리 강의도 아니고 아무것도 아니야. 난 짐작컨대 그렇다 이거야. 짐작컨대. 무슨 말이? 예수님은 도적놈이다 그러면 곧이들었겠어요? 지금 여기 박이자가 빨갱이다 하는 것도 말이야. 아니 처음엔 그럴 듯한데 너무 자꾸 하니까 빨갱이가 될 수 있나 그런 것과 마찬가지로 말이야, 아니 예수님이 도적질을 했다면 곧이듣겠어? 그럼 도적질 했다고 하면 아 그놈 죽일 놈 하려는지 모르지만 그러면 무슨 말을 해 가지고 그 예루살렘이 한꺼번에 다 돌아가지고 아 이거 당장 없애야 될 놈, 이렇게 나중에는 무슨 말이 그 사람들 마음을 그렇게 돌려놨겠는지 생각해 보라는 거예요. 무슨 말이 돌려놨겠나 생각해 보라는 거예요. 또 여러분들이 뭘 안 하려면 모르지만 할려면 나가서 내가 쓰도록 해야지 아 예수님은 이랬다더라 이러면 안 돼. 여러분들 원리강의 잘못 했기 때문에 기성교회에서 들어오는 분들 길 자꾸 막아. 그렇기 때문에 내가 이 말을 안 하려다가 말은 그래서 똑똑하게 해야 돼. 그 무슨 여론이 그랬겠어요. 또 예수님이 그런 모략은, 어떤 사람이 거짓말을 하더라도 말이죠, 거짓말을 갖다가 씌워놓으면 씌워지게 돼 있어요? 안 돼 있어요? 대다수 거짓말을 해도 씌워 놓으면 씌워지게 돼 있어, 안 씌워지게 돼 있어요? (돼 있습니다.) 도적 때는 벗어도 가는 때는 못 벗는다는 말이 있어요. 거짓말을 씌우게 되면 씌워지게 되어 있어요.

왜 그러냐? 여러분들이 그때는 남녀관계가 어떻게 되었어요? 여자가 죄를 지으면 근처 사람들이 돌을 들어 떼려 죽여도 말을 못하는 때지요? 예수님 앞에 음란한 여인을 갖다 놓고 돌로 때려죽이려고 그러지 않았어요? 그때는 나라의 법이 음란한 여자는 현장에서 막 돌로 때려 죽여도 말을 못하던 때야. 그렇게 남녀 관계가 그렇게 아주 엄한 때인데 예수님이 30이 다 되도록 총각이란 말이야, 여자들을 얼마나 데리고 다녔어요. 또 거기다가 처녀가 와서는 발에다가 눈물을 떨어뜨리고 손수건으로 씻어도 모르겠는데 머리카락으로 씻기고, 거기다가 또 눈물을 떨어뜨리고 머리카락으로 씻어 주고, 그거

남이 보기에 예수님이 오늘의 우리가 예수님이 그런다면 그렇게 생각 안하겠지. 아, 예수님도 지금 어떻게 해서든지 이건 모략해서 없애려는 판인데, 아니 그런 게 눈에 보이는데 가만히 두겠어? 그러니까 말 한마디에 뒤집어씌우니 뒤집어씌웠지. 별수 있느냐 말이야. 벗을 수 있어?

사실 그런 자리에서 또 한마디 하겠지만, 어떻든지 나는 짐작이 그럼직하단 말이야. 또 원리적으로 생각하더래도 사탄이가 하늘섭리를 무얼 가지고 때렸어? 무얼 가지고 타락을 시켰느냐 그 말이야. 음란으로 타락 시켰지. 본래 사탄이가 하늘섭리를 망치는 것은 음란으로 망쳤기 때문에 하늘 섭리를 때리는 방법은 그것밖에 없어. 그것밖에 없다는 거야. 그렇기 때문에 예수 이후 오늘날까지 특별히 기독교 인물은 무슨 모략을 받았냐면, 공통적으로 음란하다는 모략을 받아왔어.

보세요. 김영운씨가 이용도 목사라고 지금 선생님이 늘 말씀을 하시지만 이용도 목사라고, 이북에는요 재림역사를 위해서 굉장한 많은 영계의 사람들이 벌써 오래전에 이 한국에 8·15 해방 그 훨씬 전에 영계를 통해서 이북에서는 재림주를 모실 준비를 많이 했어요. 언제 시간이 있으면 여러분들에게 이런 말씀을 다 드려야 되겠지만, 그 가운데 신사참배를 위해서 세례요한적인 사명을 가지고 오셨던 분이 이용도 목사라고 그래요. 그런데 이 분은 얼마나 설교력이 강한가하면, 그 때는 일본사람들이 설교하는데 간섭을 많이 했어요. 혹은 애국사상을 불어넣는가, 또 기독신자들이 전부 애국사상이거든. 그 구약 성서를 보세요. 구약성서를 보면 전부 애국사상이야. 그 선지자들이 이스라엘 민족을 사랑하는 그 구약성서를 보면 애국사상이 안 일어날 도리가 없어. 그렇기 때문에 일본사람들이 성경 보는 것을 참 싫어했단 말이야.

또 더구나 구약에 말은 안하지만 구약에 이스라엘 민족이 나라를 사랑하던 그 역사를 얘기를 하면 앉아 있는 사람들이 대한민국 우리 민족의 자기의 그 설움에, 뭐 과부가 자기 설움에 운다더니 자기 설움에 말이죠, 자기 설움에 약소민족 이스라엘 민족의 그 설움을 내 설움으로써 자기 설움에 눈물을 흘리는 사람이 많았어. 그렇기 때문에 일본 사람들이 이 교회에서 그런 부흥회 하는 것을 제일 싫어했어. 그래서 이용도 목사는 그렇게 막 말씀 한 번 하면 팍 영계의 불을 막 뿜고 원리는 없었어. 원리는 없었지만 설교를 원래 잘하고 영력이 있는 분이기 때문에 순사가 잡으러 서너 사람이 왔다가는 순사가 와서 칼을 떼어 놓고 우는 판이야. 뭐 그런 일이 아주 많았어요.

그런데 김영운 선생이 그분을 이용도 목사를 따라 다녔어요. 이용도 목사를 따라다니는데 김영운 선생이 들어와서도 자기가 가장 사랑하는 친구 목사가 있는데, 그 목사가 편지를 뭐라고 했냐면. 너 통일교회를 왜 들어갔냐 이거야. 너 통일교회를 몰라서 그러지 지금도 그렇잖아요. 통일교회가 12단계가 있는데, 아니 내가 통일교회에 들어와서 3, 4년이 되었는데도 그런 것을 못 보았는데 너 그 쓸데없는 소리하지 말라구. 너 몇 해만 더 있어봐라, 넌 지금 3단계나 4단계밖에 안 되었을 거야. 12단계 올라가면 다 그때 나올 거야. 이러잖아요. 마찬가지로 김영운 선생한테 누가 편지를 그렇게 했어요. 김영운 선생이 그만 새카매졌단 말이야. 아 이 원리 말씀이 옳고 좋긴 좋은데 자기 목사, 친한 목사한테 이런 편지를 받았으니 이거 어떡 하냐 말이야. 그래서 자기 몰래 지금 냉가슴 안고서 벙어리 냉가슴 앓으면서 지금 혼자 고민하고 기도를 하고 야단을 한 거야.

그런데 하루는 이용도 목사가 나타나서 하는 말이 뭔가 하면, 김영운 선생이 열여섯 살 때부터 이용도 목사를 따라다니면서 부흥회 따라다니면서 은혜를 받을려고 애쓰던 분이에요. 이용도 목사가 하는 말이, 너 오래간만에 만난다. 너 내가 어떻게 돼서 죽은 것을 알지 않느냐? 이용도 목사가 어떻게 죽었는가 하면, 부흥회를 자꾸 일으켜서, 모든 교도들이 이용도 목사한테 자꾸 몰려가니까 기성교회에서 단합을 해 가지고 무슨 모략을 했냐면, 이용도 목사는 음란하다는 그런 모략을 했어요. 그래서 이용도 목사가 음란하다는 그 모략에 올라 가지고 33세 그렇게 한참 활동할 나이에 그만 걱정 근심에 쌓여 있다가 자기 일을 다 하지 못하고 서른세 살에 그만 억울하게 죽은 그 분이에요. 그런데 김영운 선생에게 그 이야기를 하면 너야말로 그 이야기를 알지 않느냐? 세상 사람들이 다 나를 음란한 사람이라고 하지만, 너야 나를 알지 않느냐? 그러면 문 선생님이 지금 나와 똑같은 그런 지금 모략을 받고 있으니 너는 끝까지 문 선생님을 따라야만 나도 너의 혜택을 좀 입을 수 있는 것이고, 네가 살 길을 간다고 자세히 가르쳐 주었어요. 그런 후에 그렇게 하고 김영운 선생이 다 풀어졌어요.

내가 이 이야기를 왜 하는가 하면, 기독 신자들은 오늘날까지 특별히 영계를 통한 사람들은 많이 이 모략을 옛날부터 지금까지 그 모략을 받아왔다 이 말이에요. 그 모략을 받아왔어요. 또 아까도 말했지만 예수 믿는 사람을 모략하기 위해서는 도적놈이라고요? 뭐라고요? 예수 믿는 사람이 도적놈이라고 하면 누가 곧이들어요? 그러니까 남녀 접촉은 많겠다, 더구나 신령집단은 뭐 한 시가 되던지, 두 시가 되던지 않아서 노래하고 손뼉을 치면서 기도하고 그러니까 거기에 뭐 또 씌워놓으면 씌우는 거지 뭐 별수 있어요? 씌우는 거지 별수 있어요? 씌워지는 거지. 그렇기 때문에 기독신자들 넘어트리는 데는 이게 제일 좋은 방법이거든. 그렇기 때문에 옛날부터 기독신자는 다 더구나 신령집단은 다 그런 모략을 받아온 거야. 그런데 신령집단들이 받아온 그 모략을 그대로 우리 교회에서 받게 됐어요.

…(중략)… 하여간 나쁜 말이 자꾸 돌아가니까 이것이 사실이 아닌가 그 사람들이 생각이 되어서 54년도 정월 초하루 날부터 1월 달에 홍인동 운동장 뒤로 옮겼는데, 그 때부터 교회에 와서 형사들이 뒤로 다니면서 밤이 어두운데도 거기서 무슨 나쁜 일을 하지 않나 뒤로 돌아보고 그 때부터 내사했다고 그래요. 이건 다 사건이 지나간 다음에 된 일이지만. 그런데 그러다가 이화대학 사건이 일어나 가지고서 이제 학교 입장이 곤란해지니까 점점 이 모략을 하기 시작하는 거야. 그러니까 신문사에서는 점점 어느 교회에 가면 장관과 이(승만) 박사 부인을 중심해 가지고 연대, 이대가 돌아가 가지고 또 연대에도 제일 중심에 있던 교수 한 분하고 연대 학생 세 사람 하고 연대에서 퇴학을 맞았어요. 그러니까 지금 연대도 싹이 터가고 있는데 연대 학생들이 많이 나왔죠, 많이 나오는데 퇴학을 당하는 바람에 그만 다 움츠러들었지만, 연대 이대 합해가지고서 합작을 해 가지고서 하니까 언론계란 언론계는 점점 거기에 가담을 해 가지고 통일교에 대한 나쁜 말을 쓰기 시작하는 거예요. 그래서 점점 날이 가니까 뭐 도무지 헤어나기 어려울 정도로 한국의 언론기관이란 언론기관은 하

나도 빼 놓은 거 없이 통일교회를 쳤어요. 통일교회는 음란하다, 뭐 여러분들이 다 그런 신문을 볼 날이 있을 테지만 사람의 입으로서는 그 이상 더 말할 수 없어요. 감히 그것은 뭐라고 생각하기도 끔찍끔 찍한 그런 더러운 말이에요. 그런 말이 신문에 전부다 실렸단 말이에 요. 그런 말을 해 가지고 전부다 실었어요. 그래가지고서는 여러 달 을 내사하고 가다가 형사 몇 사람이 와서 이제 원리강의도 들어보고 아무리 내사를 해 봐도 조건을 잡을 게 없어요. (이하 생략)

참고자료 목록

■ 심층면담 관련 1차 자료

강정원 심층면담 mp3 녹음파일, 2010년 4월 5일.

김경식 심층면담 mp3 녹음파일, 2010년 12월 17일.

박영숙 심층면담 mp3 녹음파일, 2010년 7월 28일.

사길자 심층면담 mp.3 녹음파일, 2010년 12월 9일.

서명진 심층면담 mp3 녹음파일, 2010년 6월 26일.

신미식 심층면담 mp3 녹음파일, 2010년 11월 25일.

이계순 심층면담 mp3 녹음파일, 2011년 5월 3일.

정대화 심층면담 mp3 녹음파일, 2010년 8월 5,7일.

지생련 심층면담 녹취문, 2002년 2월 23, 24일.

『최원복 선생 산수 기념 축하연』 답사答辞 녹취문, 1996년 6월 8일.

■ 신문자료

『경향신문』, 1955년 5월 16일자.

『경향신문』, 1955년 5월 17일자.

『경향신문』, 1955년 5월 26일자.

『경향신문』, 1955년 7월 6일자.

『경향신문』, 1955년 10월 5일자.

『대구일보』, 1955년 5월 22일자.

『동아일보』, 1955년 5월 17일자.

『동아일보』, 1955년 5월 19일자.

『동아일보』, 1955년 5월 28일자.

『서울신문』, 1955년 5월 15일자.

『서울신문』, 1955년 5월 22일자.

『서울신문』, 1955년 5월 23일자.

『서울신문』, 1955년 6월 5일자.

『서울신문』, 1955년 6월 6일자.

『연합신문』, 1955년 5월 19일자.

『연합신문』, 1955년 5월 26일자.

『연합신문』, 1955년 6월 4일자.

『연합신문』, 1955년 6월 5일자.

『연합신문』, 1955년 6월 6일자.

『자유신문』, 1955년 5월 20일자.

『자유신문』, 1955년 6월 24일자.

『조선일보』, 1955년 5월 16일자.

『조선일보』, 1955년 5월 17일자.

『조선일보』, 1955년 5월 26일자.

『중앙일보』, 1955년 5월 18일자.

『중앙일보』, 1955년 5월 27일자.

『중앙일보』, 1955년 6월 5일자.

『평화신문』, 1955년 4월 16일자.

『평화신문』, 1955년 5월 12일자.

『평화신문』, 1955년 5월 15일자.

『평화신문』, 1955년 5월 18일자.

『평화신문』, 1955년 5월 30일자.

『평화신문』, 1955년 7월 30일자.

『평화신문』, 1955년 9월 21일자.

『평화신문』, 1955년 12월 26일자.

『한국일보』, 1955년 5월 17일자.

『한국일보』, 1955년 5월 23일자.

『한국일보』, 1955년 5월 24일자.

『한국일보』, 1955년 5월 25일자.

『한국일보』, 1955년 5월 26일자.

『한국일보』, 1955년 6월 19일자.

■ 법정 기록물

『서울지방법원 판결문』, 1955년 10월 5일.

■ 단행본

가시모토 히데오, 『종교학』, 서울, 김영사, 1993.

강돈구 외, 『한국 종교교단 연구』 II, 경기도, 한국학중앙연구원, 2009.

강민길, 『고쳐 쓴 한국현대사』, 경기, 창비, 2011.

강준만, 『한국 현대사 산책』 2권, 서울, 인물과 사상사, 2004.

강준만, 『한국 현대사 산책』 3권, 서울, 인물과 사상사, 2009.

김기봉, 『역사들이 속삭인다』, 서울, 웅진씽크빅, 2009.

김기봉, 『역사란 무엇인가를 넘어서』, 서울, 푸른역사, 2008.

김경학 · 박정석 · 염미경 · 윤정란 · 표인주, 『전쟁과 기억』, 서울, 한울, 2005.

김승혜 편저, 『종교학의 이해』, 경북, 분도출판사, 2007.

김종서, 『종교 사회학』, 서울, 서울대학교출판문화원, 2010.

노길명, 『한국의 신흥종교』, 대구, 가톨릭신문사, 1988.

노길명, 『한국 신흥종교 연구』, 서울, 경세원, 2003.

노길명, 『한국의 종교운동』, 서울, 고려대학교출판부, 2006.

류병덕.『한국 신흥교사』, 서울, 시인사, 1986.

문선명,『평화를 사랑하는 세계인으로』, 경기도, 김영사, 2009.

문선명선생말씀편찬위원회 편,『문선명선생 말씀선집』제3권, 서울, 성화사, 1983.

문선명선생말씀편찬위원회 편,『문선명선생 말씀선집』제53권, 서울, 성화사, 1988.

민숙현 · 박혜경,『한가람 봄바람에』, 서울, 지인사, 1981.

서광선,『종교와 인간』, 서울, 이화여자대학교출판부, 2009.

서중석,『한국 현대사 60년』, 서울, 역사비평사, 2011.

세계기독교통일신령협회 문화부,『세계의 희망』, 서울, 진화인쇄, 1986.

세계평화통일가정연합 역사편찬위원회,『참부모님 생애노정』1, 서울, 성화사, 1999.

세계평화통일가정연합 역사편찬위원회,『참부모님 생애노정』2, 서울, 성화사, 1999.

세계평화통일가정연합 역사편찬위원회,『참부모님 생애노정』3, 서울, 성화사, 1999.

세계평화통일가정연합 역사편찬위원회,『통일교회실록』, 서울, 성화사, 1982.

세계기독교통일신령협회 역사편찬위원회 편,『증언』신앙수기 제1집, 서울, 성화사, 1982.

세계기독교통일신령협회 역사편찬위원회 편,『증언』신앙수기 제2집, 서울, 성화사, 1984.

세계기독교통일신령협회 역사편찬위원회 편,『증언』신앙수기 제3집, 서울, 성화사, 1986.

세계기독교통일신령협회 역사편찬위원회 편, 『증언』 신앙수기 제4
　　집, 서울, 성화사, 1989.

세계평화통일가정연합 역사편찬위원회 편, 『증언』 신앙수기 제5
　　집, 서울, 성화사, 2001.

세계평화통일가정연합 역사편찬위원회 편, 『증언』 신앙수기 제6
　　집, 서울, 성화사, 2007.

세계평화통일가정연합 역사편찬위원회 편, 『증언』 신앙수기 제7
　　집, 서울, 성화사, 2007.

세계평화통일가정연합 역사편찬위원회 편, 『유효원 일기』 1, 미간행,
　　2009.

세계평화통일가정연합 역사편찬위원회 편, 『사보』 통권179호, 2006.

안병직, 『오늘의 역사학』, 서울, 한겨레신문사, 1998.

양현혜, 『빛과 소망의 숨결을 찾아』, 서울, 이화여자대학교출판부,
　　2005.

이은봉 외, 『해방 후 50년 한국종교연구』, 서울, 도서출판 窓, 1997.

이화100년사 편찬위원회, 『이화100년사』, 서울, 이화여자대학교출판부,
　　1994.

이화100년사 편찬위원회, 『이화100년사 자료집』, 서울, 이화여자대학교
　　출판부, 1994.

윤이흠 외, 『한국인의 종교관』, 서울, 서울대학교출판부, 2004.

윤택림, 『문화와 역사역구를 위한 질적연구 방법론』, 서울, 도서출판 아르케,
　　2005.

윤택림, 『인류학자의 과거여행』, 서울, 역사비평사, 2004.

윤택림 · 함한희, 『새로운 역사 쓰기를 위한 구술사 연구방법론』, 서
　　울, 도서출판 아르케, 2006.

조한욱,『문화로 보면 역사가 달라진다』, 서울, 책세상, 2006.

정석천,『어려울 때 모신 영광』, 세계기독교통일신령협회 역사편찬위원회, 1986.

정수원,『소명하신 길을 따라』, 세계기독교통일신령협회 역사편찬위원회, 1982.

정진홍,『종교학 서설』, 서울, 전망사, 1980.

최중현,『한국 메시아 운동사 연구』제1권, 서울, 생각하는 백성, 1999.

최종고,『국가와 종교』, 서울, 현대사상사, 1983.

최종고,『법과 종교와 인간』, 서울, 도서출판 삼영사, 1989.

한국구술사연구회,『구술사』, 서울, 도서출판 선인, 2005.

한국사회학회 편,『한국전쟁과 한국 사회변동』, 서울, 풀빛, 1992.

한국종교문화연구소,『한국 종교와 종교학』, 서울, 청년사, 2003.

한국종교연구회,『종교 다시 읽기』, 서울, 청년사, 2004.

한국종교법학회 편,『법과 종교』, 서울, 홍성사, 1983.

통일교,『원리강론』, 서울, 성화사, 2010.

Carlo Ginzburg, Il formaggio ei vermi, Il cosmo di un mugnaio del 1500, Einaudi, 1976; 카를로 진즈부르그,『치즈와 구더기』, 김정하 · 유제분 옮김, 서울, 문학과 지성사, 2003.

Edwaded W. Said, Orientalism, Vintage Books ed edition, 1979; Edwad W. Said.『오리엔탈리즘』, 박홍규 옮김, 서울, 교보문고, 2003.

Edward Hallett Carr, What Is History?, Vintage, 1961; E. H. 카『역사란 무엇인가』. 김택현 옮김. 서울, 까치글방, 2010.

Gerardus van der Leeuw, Inleiding tot de Phaenomenologie von den Godsdienst, Haarlem, De Erven F.Bohn N. V., 1948; 게라르두스 반 델 레에우,『종교현상학 입문』, 손봉호 · 길희성 옮김, 경북,

분도출판사, 2007.

James Hoopes, Oral History, An introduction for students, Chapel Hill, University of North Carolina Press, 1979; 제임스 홉스,『증언사 입문』, 유병용 옮김, 서울, 한울, 1995.

Mit Beiträgen von Maurizio Gribaudi, Giovanni Levi und Charles Tilly, Herausgengeben von Jürgen Schlumbohm, Mikrogeschichte Makrogeschichte, Wallstein Verlag, 1998; 위르겐 슐룸봄 편,『미시사와 거시사』, 백승종 외 옮김, 서울, 궁리, 2002.

Marc Bloch, Apologie pour l'histoire, ou, Metier d'historien. A. Colin, 1993; 마르크 블로크,『역사를 위한 변명』, 고봉만 옮김, 서울, 한길사, 2008.

Richard van Dülmen, Historische Anthropologie, Entwicklung, Probleme, Aufgaben. UTB, Stuttgart, 2001; 리햐르트 반 뒬멘.『역사인류학이란 무엇인가』. 최용찬 옮김, 서울, 푸른역사, 2002.

Robert Darton, The Great Cat Massacre, And Other Episodes in French Cultural History, Vintage; 1st Vintage Books ed edition, 1985; 로버트 단턴,『고양이 대학살』, 조한욱 옮김, 서울, 문학과 지성사, 2009,

Walter J. Ong, Orality and Literacy, Routledge, 2 edition, 2002; 월터 J. 옹,『구술문화와 문자문화』, 이기우 · 임명진 옮김, 서울, 문예출판사, 2004.

■ 논문

강돈구,「세계평화통일가정연합의 현재와 미래, 천주청평수령원을 중심으로」,『한국 종교교단 연구Ⅱ』, 경기도, 한국학중앙연구원, 2009.
김귀옥,「지역조사와 구술사 방법론」,『한국사회과학』제22권 제2호,

서울대학교 사회과학연구원, 2000.

김귀옥, 「한국 구술사 연구현황, 쟁점과 과제」, 『사회와 역사』 71, 2006.

김용의, 「일본 구술사 연구의 동향과 쟁점」, 『日本語 文學 第12輯』, 한국일본어문학회, 2002.

나승만, 「민중 생애담 조사법」, 『역사민속학』 제9호(1), 한국역사민속학회, 2000.

류방란, 「구술사 연구의 방법과 활용」, 『한국교육』 25, 서울, 한국교육개발원, 1998.

양편승, 「신종교의 해외 전래과정에 대한 연구」, 『신종교연구』 19집, 2008.

염미경, 「지방사 연구에서 구술사의 활용 현황과 과제」, 『역사연구』 제98집, 서울, 역사교육연구회, 2006.

유승무, 「종교권력 현상의 문제점」, 『불교평론』 제10권 제2호, (재)만해사상실천선양회, 2008.

유철인, 「구술된 기억으로서의 증언 채록과 해석」, 『근 · 현대 사료의 이해와 수집 활용 방안』, 제20회 국사편찬위원회 사료조사위원회의 발표요지, 2001.

윤택림, 「기억에서 역사로」, 『한국문화인류학』 25, 1994.

윤평중, 「종교의 권력화와 종교성의 망실」, 『철학과 현실』 겨울호 통권 제75호, 서울, 철학문화연구소, 2007.

이용기, 「구술사의 올바른 자리매김을 위한 제언」, 『역사비평』 58, 서울, 역사비평사, 2002.

이진구, 「정교분리의 원칙과 정교유착의 현실」, 『참여불교』 5 · 6, 참여불교재가연대, 2001.

이진구,「통일교의 기독교 인정투쟁과 종교통일 담론」,『한국기독교와 역사』제20호, 서울, 한국기독교역사연구소, 2004.

이진구,「해방 이후 국가권력과 종교」,『참여불교』9 · 10, 참여불교재가연대, 2001.

정진홍,「종교제의의 상징기능, 통일교 제의를 중심으로」,『종교학서설』, 서울, 전망사, 1980.

정진홍,「종교와 힘」,『철학과 현실』겨울호 통권 제75호, 서울, 철학문화연구소, 2007.

정효선,『국내 일간지의 종교보도 특성에 관한 연구』, 한양대학교 언론정보대학원 석사학위논문, 2010.

최창우,『통일교 초대협회장 유효원의 세례요한적 사명 연구』, 선문대학교 신학전문대학원 석사학위논문, 2009.

Allessndro Portelli, "What makes Oral History Different," The Oral History Reader, 1998(1979), 67~68p.

Popular Memory Group, "Popular memory~Theory, Politics, Method~," The Oral History Reader, 1998(1982), 75~86p.

Thelen, David, "Memory and American History", Journal of American History, (1989), 172~182p.

White, "Marking Absences Holocaust Testimony and History," The Oral History Reader, 1998(1994), 172~182p.

■ Abstract

A study on the oral history of Unificationist students expelled from Ehwa Womans University

Kim, Sang Hee

This is a study about the Unification Church, one of the new religious which is considered to have made history in the messianic movement in Korea for the past fifty years. Even now in the year 2011, the Unification Church, founded on May 1, 1954, exists in Korean society while drawing the attention of various circles. It is strikingly inferior in terms of the number of followers when compared to the established churches. Despite this disadvantage, it has carried out continuous activities in the fields of politics, culture, the arts, sports and religion. Especially in the field of economics and the blessing marriage, which most prominently displays the color of this religious organization, the Unification Church has constantly been at the center of attention.

This study is not a hermeneutic analysis on the doctrine and ideology of the Unification Church; rather it is a study that takes a historical approach to the experiences of Unificationists in the early years of the church which were filled with instances where they were unable to fully express their voice and emotions due to the misunderstanding they faced from Christianity and society, and the remote position they found themselves in due to unnatural means of communications. In particular, in 1955, fourteen of its followers were expelled from Ehwa Womans University for choosing and maintaining their faith in the Unification Church. In this paper, we selected and studied important oral data collected from in-depth interviews with nine of these fourteen students.

Through this study on the oral history of Unificationist students who were expelled from Ehwa Womans University, the writer was able to discover how the religiosity of the Unification Church was severely distorted by the meta-discourse formed by the established circles. The writer was able to confirm how the Unification Church was branded a heretic due to the emotionally charged and biased views of the established circles. History records are the privilege and exclusive property of established circles. In this light, the Unification Church, placed in an inferior subjugated class, was never free from the heresy discourse instigated and formed by the established circles. This heresy discourse led to the production of numerous literature criticizing the Unification Church especially by scholars and intellectuals who were based in the Christian faith. Such literature was continuously supplied and shared with the general society as if it was the universal norm.

Furthermore, the established circles virtually gave no right or opportunity to the Unification Church to speak for itself on an equal footing. Under this system of authority, the established circles justified their own religiosity while separating and alienating the rest. In the end, the Unification Church was unable to secure a chance to fully express its truth, rituals, culture and history to the religious circles and society.

The Unification Church must take it up on themselves to deconstruct this heresy discourse. The Unification Church should form a defiance discourse against the countless criticism that were documented. This is not something that the established circles or existing religions will shoulder. It may begin as an arduous task but the Unification Church should go back to the first instance when such heresy discourse against them began to emerge, and clarify by who, when, where, what, why and how this critical meta-discourse was created. This task may be something in common with the deconstruction process and formation of a counter discourse of 'Orientalism' which was formed by the occident.

With this deconstructive perspective, the writer was able to identify the following points through this study. First, the writer discovered that the heresy discourse regarding the Unification Church was formed from within a college campus, the Ehwa Womans University. Second, this heresy discourse regarding the Unification Church which was triggered at the Ehwa Womans University became a social issue through the newspaper, a leading means of mass communication, and was intimately shared with the general public. Third, the writer confirmed that the strong response against the Unification Church escalated to include even intervention of state power. Fourth, the writer confirmed that the professors and students who were dismissed or expelled from Ehwa Womans University because of their faith in the Unification Church later became the key force within the Unification Church in its revival.

A half a century later, the followers of the Unification Church have shown strength in Japan, the United States, Russia, Mongolia, Europe, Africa and other regions, and boasts mission foundations in 192 nations. However, the scars caused by the established circles one year after its foundation still remains. Efforts to deconstruct this heretical image branded by the established circles should not be limited to within the Unification Church. The Church should make more effort to actively improve its social image. For this purpose, the Church should collect oral and other related material containing the experiences of the very people who lived at the time when these early critical discourses were created and of those who fiercely opposed and lived within such heresy discourses. This material should then be produced as historical discourse. It should not simply remain a story of their faith that is upheld solely within the religious community; rather it should be produced as a discourses that can cause a shift in the perception of society, while being communicated to the religious and academic circles and expanded to the general public.

끝나지 않은 역사
1955년 이화여대 14명의 퇴학사건

| 초판 1쇄 인쇄일 | 2015년 5월 10일 |
| 초판 1쇄 발행일 | 2015년 5월 11일 |

지은이	김상희
펴낸이	정구형
편집장	김효은
편집/디자인	박재원 우정민 김진솔
마케팅	정찬용 정진이
영업관리	한선희 이선건
책임편집	김진솔
표지디자인	박재원
인쇄처	월드문화사
펴낸곳	국학자료원 새미(주)
	등록일 2005 03 15 제25100−2005−000008호
	서울특별시 강동구 성안로 13 (성내동, 현영빌딩 2층)
	Tel 442−4623 Fax 6499-3082
	www.kookhak.co.kr
	kookhak2001@hanmail.net

| ISBN | 979-11-86478-14-1 *93200 |
| 가격 | 18,000원 |